미국의 제재 외교

미국의 제재 외교

피 흘리지 않는 전쟁, 그 위력과 어두운 이면

アメリカの制裁外交   스기타 히로키(杉田弘毅) 지음 | 이용빈 옮김

한울

AMERICA NO SEISAI GAIKO

by Hiroki Sugita

ⓒ 2020 by Hiroki Sugita

Originally published in 2020 by Iwanami Shoten, Publishers, Tokyo.

This Korean edition published 2021

by HanulMPlus Inc, Paju

by arrangement with Iwanami Shoten, Publishers, Tokyo

머리말

　1990년대 전반 필자는 미국 뉴욕에서 특파원 생활을 했다. 그런데 어느 날, 미국이 캐나다의 기업과 쿠바의 거래를 금지하는 법을 제정한 것에 대해 캐나다 정부가 항의를 하고 있다는 뉴스가 흘러나왔다. 미국이 쿠바를 적대시하고 있다는 것은 잘 알고 있었지만, 미국이 왜 캐나다 기업과 쿠바의 상거래를 금지했는지, 솔직히 말해서 그 법적 근거는 잘 알 수 없었다.

　이에 대해 조사하는 와중에 미국이 제정한 '쿠바 민주주의법(Cuban Democracy Act)'이 문제가 되고 있음을 파악하게 되었다. 이 법률은 캐나다 및 유럽 등 외국에 있는 미국 기업의 자회사(子會社)가 쿠바와 상거래를 했을 경우에 벌칙을 부과하도록 규정하고 있었다. 쿠바는 1959년의 쿠바 혁명 이래, 미국과 대립하며 단교하고 전면 금수, 그리고 미소 양국이 핵전쟁의 일보 직전까지 갔던 1962년의 '쿠바 위기' 등을 거치며 적대 관계에 있었다.

　그러나 쿠바는 캐나다 및 유럽과 무역을 왕성하게 행했는데, 쿠바 혁명정권의 붕괴를 지향하는 미국은 쿠바와 타국의 관계에 불만을 갖고 있었다. '쿠바 민주주의법'은 미국 기업의 외국에 있는 자회사가 쿠바와 무역을 행하는 것을 금지했을 뿐이지만, 미국 기업이 외국에 설치한 자회사가 그 외국의 법인기업이며, 그 국가의 법률에 따라 운영되기 때문에 미국의 법이 적용되는 것은 명백히 이상한 일이다. 따라서 캐나다 정부가 미국 기업의 자회사라고 하더라도, 캐나다의 기업이 미국의 법률에 의해 벌칙이 부과되는 것에 항의하는 것은 당연한 일이다.

국제법의 원칙은 각국의 주권을 존중하는 것이며, 그것은 어떤 국가의 영역 내에서 일어난 사안은 그 국가가 관할한다는 것이다. 미국이 세계의 초강대국이기 때문이라고 해서, 유럽 및 일본의 영역 내에 간섭하는 것은 법률적으로 성립되지 않는 것임에 틀림없다. 하지만 미국은 그러한 원칙 등은 개의치 않고 손을 들이댄다. 이것은 미국의 법제도를 국외에도 적용한다는 미국의 횡포이다.

● ●

뉴욕에서 활동하기 이전에 필자는 테헤란 특파원이었다. 이란은 1979년의 이슬람 혁명으로 친미 성향의 왕정(王政) 체제를 타도하고 그해 11월 혁명파의 학생들이 테헤란 주재 미국대사관을 점거하여 미국 외교관 52명을 1년 2개월 동안 인질로 삼은 일로 인해 미국의 단독제재가 부과되었다.

이란 항공의 여객기는 노후화된 것을 그대로 사용했으며 외국인 관광객도 적었고, 풍부한 석유 및 천연가스 자원을 자랑하는 국가라고는 생각할 수 없는 침체 분위기 속에 있었다. 반미(反美)의 기치를 선명하게 내걸었기 때문에 경제제재가 부과되고 빈곤에 처해 있는 어두운 영향은 이곳저곳에서 느껴졌다.

그러나 이 무렵 '이란 제재'는 미국 기업의 이란과의 거래를 금지하는 것으로, 일본 기업은 원유의 수입 및 자동차, 기계제품의 수출을 활발하게 행했으며, 일본의 이란 비즈니스는 왕성했다.

하지만 그러한 화려했던 일본의 이란 비즈니스도 종언을 맞이하게 된다. 1996년 미국은 '이란·리비아 제재법(Iran and Libya Sanctions Act)'을 발동시켰다. 이 법률은 이란과 리비아의 '대량살상무기(Weapons of Mass Destruction: WMD)'의 개발 및 확산, 그리고 테러 지원을 이유로 내세우며 양국을 처벌할 필요가 있다면서 석유자원 개발을 지원하는 외국도 포함하는 개인 및 기업에 대해 제재를 부과하는 것이다. 또다시 미국의 제재법(制裁法)을 외국 기업에 적용하고 있는 것이다.

한편 이란은 2002년 비밀리에 추진하고 있던 핵개발 계획이 발각되어, 몹시 아끼는 원유에 대한 금수(禁輸)라는 준엄한 제재를 국제 사회로부터 부과 받았다. 이란은 제재가 가져오는 경제의 피폐를 이유로 하여 2015년 일단 국제 사회와 핵개발의 제한에 절충을 하며 '포괄적 공동행동계획(Joint Comprehensive Plan of Action: JCOPA)' 합의가 성사되었지만, 2018년 5월에 미국 트럼프 정권이 이 합의로부터 이탈하여 제재를 부활시켰다.

그리고 미국은 다시 외국 기업도 이란 원유의 수입을 중단하도록 압력을 가했으며 유럽 및 일본은 이란 비즈니스로부터 철수하도록 내몰리게 된다. 미국에 '불합리'하다고 항의하더라도 이란을 증오하는 미국은 그 말에 아랑곳하지 않는다.

테헤란 주재 특파원으로 있었던 1990년대 초에는 이웃나라 이라크에서 대통령 사담 후세인(Saddam Hussein)이 국경 지대였던 유전(油田)

의 영유 문제를 놓고 대립하던 쿠웨이트를 침공하여 간단하게 전역을 점령하고, 사우디아라비아를 또한 노리고자 했다. 이에 따라 미국은 유엔 안보리 결의를 정리하여 상정하며 전면적인 금수 제재를 부과했다. 냉전이 종식된 직후이기도 하여, 미소 양국 간의 협조하에 이루어진 유엔 역사상 최초의 포괄적 경제제재였다.

당시 필자는 사우디아라비아의 수도 리야드(Riyadh)에 설치된 다국적군 사령부를 거점으로 취재를 했는데, 준엄한 국제 제재에 이라크가 굴복할 것인지 여부, 본격적인 경제제재의 효과를 시험하는 장대한 실험을 보고 있는 심경이었다. 결국 이라크가 양보하지 않았고 걸프전쟁에서 패배하여, 1년도 채 되지 않아 쿠웨이트를 포기했다. 그 이후 이라크의 후세인 체제는 제재 아래에 계속 놓였다. 하지만 제재는 이라크의 일반 국민을 피폐하게 만들었을 뿐이며, 후세인 정권은 태도를 바꾸지 않았는데, 2003년에 이라크전쟁으로 인해 그 체제가 붕괴된다.

• •

지금의 세계는 경제제재를 빼놓고 말할 수 없다.

미국의 경제제재, 특히 금융제재는 최근 두드러지게 증가해왔다. 미국의 중추부를 가격한 '동시 다발 테러(9·11 테러)'에 대한 반격을 위해 미국은 총력전 체제를 가동시켰고 금융제재는 테러와의 전쟁에서 중요한 무기가 되었다. '테러 조직의 자금줄을 차단시켜라'라는 것이다.

그 이후에는 북한, 이란, 시리아, 러시아, 과격파 조직 '이슬람국가(IS)', 터키, 그리고 중국 등 미국의 제재 전선은 확대일로에 있다. 매우 흥미로운 것은 대량살상무기(WMD)의 개발, 테러 지원 등을 행하는 '불량한' 국가 및 조직뿐만 아니라, 중국과 러시아 등 미국을 위협하는 라이벌의 대두 또한 다양한 제재를 통해 봉쇄하고자 하고 있다는 점이다. 그만큼 제재가 미국 외교의 정면에 위치하고 있는 것이다.

트럼프 정권은 특히 제재를 다용(多用)하고 있다. 제재를 상세하게 파악하고 있는 미국 법률사무소의 보고서는 트럼프 정권의 발족 이래, 외교의 수단으로서 제재를 확대하고 있으며 "그 수는 제재의 역사에 남을 신장(伸張)을 기록하고 있다"라고 논하고 있다.

경제제재라고 하면 드는 생각은 태평양전쟁 개전 이전의 일본에 대한 석유 금수 'ABCD 포위망', 냉전 시대의 '대(對)공산권 수출통제위원회(COCOM)' 또는 '걸프 위기' 시의 이라크에 대한 전면적인 무역 금수이다. 즉 물품의 차단이다.

그러나 지금 미국이 전개하고 있는 경제제재의 중심은 적대하는 국가 및 조직을 옥죄기 위해 기축통화 달러와 세계 경제의 동맥인 미국의 금융 시스템을 풀(full)로 사용하는 금융제재이다.

물품의 차단은 아무리 하더라도 구멍이 발견되어 효과가 약하다. 물품은 어디에서도 생산할 수 있으며 무역을 할 수 있기 때문이다. 따라서 달러를 사용하지 못하도록 하는 금융제재는 미국이 독점적으로 달러의 사용을 결부시켜 잘 활용한다면 구멍을 봉쇄할 수 있다. 그만큼 효과는 올라간다.

또한 미국의 금융제재에 위반하여 이른바 '불량한' 국가 및 조직에 송금 등의 금융 서비스를 제공한 은행에 대해서는, 경우에 따라서 1조 엔(円)이라는 엄청난 거액의 제재금을 지불하도록 만든다. 미국의 은행뿐만이 아니다. 일본의 은행도 제재금을 부과받기 때문에 남의 일이 아니다. 왜 그러한 제재금 지불 명령이 가능한가 하면, 뉴욕 월스트리트에서의 업무를 필수조건으로 하는 대형 은행에게 미국의 의향을 거스를 경우 은행의 '면허 몰수'라는 위협을 들이밀고 있기 때문이다.

금융제재의 활용에는 숨겨진 이유가 있다.

그것은 세계 최강의 군사력을 지닌 미국이라고 하더라도 전쟁에 나서지는 못하기 때문이다. 핵무기 등으로 대표되는 무기의 압도적인 살상 능력, 병사의 사망 및 상대국 시민의 살상을 바라지 않는 국민 여론에 의해 본격적인 전쟁을 할 수 없는 시대이다. 하지만 대립 및 분쟁은 도처에서 일어나고 있다. 전쟁이 불가능한 시대에 상대를 억누른다고 하는 감각이 느껴진다는 것이 제재를 다용하는 이유이다. 경제제재가 '다른 수단에 의한 전쟁'이라고 불리는 까닭이다. 그 결과가 21세기에 진입하면서부터 더욱 준엄한 금융제재의 '발명'이라고 할 수 있다.

인명을 희생하게 되는 전쟁이 아니라, 경제제재로 상대국을 억누르고자 하는 미국의 경향은 버락 오바마(Barrack Obama), 도널드 트럼프(Donald Trump)라는 2대(代)의 대통령 시기에 강해졌다. 두 사람 모두 해외에 대한 미국의 관여를 기피하는 '미국제일주의'를 내세우는 대통령이었으며 전쟁을 혐오해왔다. 더 나아가, 빌 클린턴(Bill Clinton)도 '미국제일주의'였다. 조지 부시(George W. Bush)도 이라크전쟁의 실패로부터 내향적으로 전환하여 금융제재에 의지했다. 트럼프 정권에서 제재 정책을 담당하는 재무장관 스티븐 므누신(Steven Mnuchin)은 제재를 과도하게 발동하고 있다는 비판에 대해 "경제제재는 국제 분쟁에서 전쟁을 대신하는 수단이다. 그리고 전쟁보다 훨씬 좋은 수단이다"라고 말하며 정당화하고 있다.

이렇게 보면, 미국의 전쟁 기피는 향후에도 계속되는 경향이 되지 않을까 여겨진다. 그리고 이것에 반비례하듯이 금융제재에 대한 의존이 높아질 것으로 전망된다. 중국 및 러시아에 대해서는 미국 의회가 제재의 발동에 백악관보다 적극적이다. 그것은 미국 전체가 제재를 선호하고 그 효용을 믿고 있기 때문인 것처럼 보인다.

그러나 제재란 대상국의 정책 변경을 지향하기 위해 부과하는 것인데, 생각한 것과 같은 효과를 올리고 있다고는 말할 수 없다.

북한은 핵을 포기하기는커녕 오히려 증강시키고 있다. 이란은 제재의 하중을 견딜 수 없어 일단 '핵 계획'의 제한에 합의했지만, 트럼프 정권의 불합리한 대응으로 인해 걸프 지역의 긴장 요인이 계속되고 있다. 자금원이 차단될 것으로 상정되었던 테러 조직도 알카에다(Al-Qaeda)부터 IS, 그리고 더욱 소규모의 조직까지 여전히 군생(群生)하고 있으며 테러는 그 끝이 보이지 않고 있다.

중국과 러시아 등 미국의 '라이벌'들은 미국의 제재에 굴복하기는커녕, 느슨한 연대를 구축하며 서로 하나가 되어 도전적인 자세를 강화하고 있을 뿐이다. 제재란 상대의 태도를 바뀌게 만들어야 비로소 임무가 종료되는 것이기 때문에 이러한 국가들에 변화가 보이지 않게 된다면 제재는 해제될 수 없다. 반영구적으로 제재를 부과한다는 건전하지 못한 상태가 계속될 것이라고 각오해야 할 것이다.

시민 생활에서의 부정적인 영향도 간과할 수 없다.

은행 등 금융기관은 제재 위반의 문책을 당하면 막대한 제재금을 지불해야 한다는 우려 때문에 특정 국가·지역 및 업계와의 송금 업무 및 융자의 비즈니스를 거절하는 '디리스킹(de-risking, 리스크 회피)'에 내몰리고 있다. 그 결과, 그러한 국가·지역의 사람들이 해외 송금을 받지 못하는 등의 부당한 피해를 받고 있는 것이다. 테러 지원자로 지목되는 억울한 '누명'을 뒤집어쓰고 미국의 금융 시스템으로부터 배제되어 비즈니스를 포기할 수밖에 없게 된다. 그 오명을 씻어내는 것은 이만저만 고통스럽고 힘겨운 일이 아니다.

금융제재는 '전쟁의 대체 수단'이라고 말해지지만, 금융제재에 대해서 조사해보면, 베트남전쟁에서 장기간 전쟁 포로가 되었던 고(故) 존 매케인(John McCain) 상원의원의 말을 상기시킨다. 그것은 미국 병사의 희생을 철저하게 회피하는 1990년대 후반부터 시작된 미국의 전쟁에서의 '전투 방식'에 대해 의문을 제기한 말이었다. 미국 본토에 있는 기지에서 버튼을 누름으로써 멀리 떨어져 있는 적의 기지를 무인기(無人機)로부터의 정밀 유도 무기로 제압한다는 무력행사는 지상전(地上戰)에 의한 미국 병사의 희생을 고려하는 일 없이 목표를 달성할 수 있기 때문에 무력행사의 문턱(부담)을 대단히 낮추었다. 그것에 대해서 매케인은 "자신의 죽음도 각오하며 전쟁을 시작한다는 엄숙함, 전쟁터에 대한 윤리관을 훼손시킨다"라는 취지의 우려를 드러냈던 것이다. 전쟁터 및 시가지에서 적의 병사 및 시민이 고통을 당하고 죽어나가는 장면에 직접 참여하지 않고, 자신의 목숨도 걸지 않는 전쟁에 대한 의문이었다. 금융제재도 자신의 아픔을 수반하지 않고 상대에게 최대한 많은 희생을 강제하는 것이기 때문에 상대에게 미치는 부정적인 영향에 대한 생각이 부족한 것은 아닐까? 손쉬운 강제 조치라는 인상을 아무리해도 불식할 수 없다.

· ·

제재를 다용하는 미국의 경향은 세계를 어떻게 유도하게 될까?

미국의 제재에 반발하는 중국, 러시아, 이란 등이 달러를 매개로 하지 않는 결제 시스템을 구축하고자 하고 있다. 달러를 대신하는 통화로서 '디지털 통화'도 주목을 끌고 있다. 아직까지는 비(非)달러 결제 시스템은 규모가 작고 사용하기에 불편한 것이 확실하다. 하지만 결국에는 세계의 기축통화 달러가 동요되고, 미국 패권의 쇠퇴로 연결되어갈 것이라고 경종을 울리는 식자(識者) 및 실무가도 증가하고 있다.

미국이 기축통화 달러를 장악하고 금융의 힘으로 세계를 지배하고 있는 상황을 고통스럽게 지켜보았던 중국과 러시아는 미국의 금융제재 의존 상황을 비달러 시스템을 만들어 달러의 패권을 흔들어버릴 수 있는 기회로 간주하며 도전하고 있는 것처럼 보인다.

자유와 민주주의의 이상을 내세우고 있는 미국이 강권적으로 제재를 발동하는 사태에는 동일한 가치관을 지닌 우리로서는 실망할 수밖에 없다. 또한 그 패권의 동요가 가속되면 될수록 일본에도 심대한 영향을 미치게 된다. 이상하다고도 보일 정도로 제재를 다발하는 미국의 패권이 천천히 쇠퇴해가고 있다는 느낌을 갖지 않을 수 없다.

차례

제1장 ● ● ●

멍완저우는 왜 체포되었는가

캐나다의 밴쿠버는 화교 등 아시아계 이민자가 많이 거주하는 따뜻한 기후의 도시다. 대국(大國)의 파워(power)가 충돌하는 국제정치와는 관계가 없는 것처럼 보이는 시가지이다.

그러한 밴쿠버 국제공항에서 2018년 12월 1일, 한 명의 중국인 여성이 캐나다 경찰에 의해 체포되었다. 통신기술 혁명을 가져오고 있는 제5세대(5G) 이동통신 시스템의 세계적인 대기업 화웨이기술(華爲技術, 이하 '화웨이'로 약칭)의 멍완저우(孟晚舟) 부회장 겸 최고재무책임자(CFO)였다. 46세의 멍완저우는 홍콩에서 밴쿠버에 들어왔고 그 이후 멕시코로 향하는 비행기로 환승하기 직전에 체포되었다. 그녀의 체포는 미국 법무부가 캐나다 측에 요청한 것이었다.

항공, 우주, IT(정보기술) 등 신세대 기술의 우위를 미국과 중국 중에 어느 쪽이 장악할 것인지에 따라, 양국의 패권 경쟁의 귀추가 결정된다. 화웨이는 신세대 기술 개발의 청사진인 중국의 국가전략 '중국제조(中國製造) 2025'의 핵심을 담당하는 기업이며, 멍완저우의 체포는 이러한 기술 개발을 포함하는 미중 양국 간의 교섭이 행해지고 있던 와중에 발생했기 때문에 전 세계적인 주목을 끌었다.

멍완저우는 밴쿠버에서 일단 보석이 허가되었는데, 미국 법무부는 그녀의 신병 인도를 캐나다 측에 요구했으며 해가 바뀌어 2019년 1월 28일에는 기업 화웨이와 함께 은행 사기 및 자금 세탁, 사법 방해 등의 미국 형법 위반 외에 '국제긴급경제권한법(國際緊急經濟權限法, IEEPA)'[1] 위반이라는 별로 들어보지 못한 죄목으로 기소되었다.

멍완저우의 체포에는 미국이 실시하고 있는 금융제재의 가혹함이 상징적으로 나타나고 있다. 세계의 누구라고 하더라도, 또한 어디에 있다고 하더라도, 미국의 의향에 따르지 않고 달러와 미국의 금융 시스템을 사용하는 인물 및 조직은 처벌한다는 의지가 보이고 있다는 것이다. 미국의 사직(司直, 수사) 당국은 국경을 초월하여 적발하는 긴 팔을 갖고 있다고 말해지고 있는데, 결국 흥륭(興隆)하고 있는 중국의 핵심기업에 대해서도 그 손이 미치게 되었다.

미국의 금융제재는 이 '사직 당국의 긴 팔'에 의한 집행력이 포인트이다. 또한 겹겹이 규제를 가하여 위법성을 추궁할 수 있는 제도의 뒷받침이 존재한다. 아울러 검사와 판사의 역할을 모두 미국의 당국이 맡기 때문에 타깃이 된 외국의 기업은 공평성에 의문을 느끼게 되어버린다.

멍완저우의 사건을 구체적으로 살펴보면서 미국에 의한 제재의 가공할 모습을 부각시켜보도록 하겠다.

---

1 International Emergency Economic Powers Act(IEEPA)를 지칭한다. 1977년 12월 28일 지미 카터(Jimmy Carter) 대통령(당시)의 서명을 거쳐 발효되었다.

호화로운 보석 생활

멍완저우는 화웨이의 창설자인 런정페이(任正非)의 장녀로서 1972년에 청두(成都)에서 출생했다. 1999년 화중과기대학(華中科技大學)을 졸업한 이후 화웨이 재무부(財務部)에 입사했고, 2011년에 CFO에 취임했으며, 2018년에 부회장이 되었다. 미국의 컴퓨터 관련 대기업 IBM과의 공동사업을 담당했으며, 미국 ≪포천(Fortune)≫의 중국 여성 사업가 리스트 중에서 제8위에 선정되었던 적도 있다. 입사 이래 약 20년 후 부회장으로 승진되었던 것으로 보아 결국 런정페이의 후계자가 될 것으로 관측되었다.

화웨이 창설자 런정페이는 중국인민해방군 공병부대에서 4년간 재적했는데, 그 때문에 화웨이가 중국인민해방군, 중국공산당, 중국 정부와 깊이 결부되어 있고 화웨이의 제품은 내밀한 공작에 이용되고 있으며 스파이 행위에 사용되고 있다는 의혹을 받게 되었다.

중국의 부유층에는 흔히 있는 일이지만, 멍완저우는 캐나다 시민권도 2009년까지 보유하고 있었으며, 미국 미디어에 의하면 4개의 중국 여권, 3개의 홍콩 여권을 소지하고 있다고 한다. 마치 스파이 영화의 주인공과 같은 모습이다. 밴쿠버에는 호화 저택을 2채 소유하고 있으며 체포 날로부터 10일 후에 보석되었는데, 그 보석 금액은 1,000만 캐나다 달러(약 7억 7,700만 엔)였다. 소재지를 확인할 수 있는 전자기기의 착용, 밴쿠버가 소재해 있는 캐나다 브리티시콜롬비아 주 내에서의 체재를 명령받았으며, 중국으로의 귀국 자체는 불가능하지만 약 5억 엔 규모의 호화 저택에서 우아한 보석 생활을 보내게 되었다.

화웨이가 이란에 대한 제재 위반을 범하고 있다는 보도는 2012년 봄부터 미국에서 출현하기 시작했고, 멍완저우는 수사망이 좁혀져 오고 있는 것에 주목하게 되었다. 멍완저우에게는 4명의 자녀가 있으며, 그 중의 1명이 미국 보스턴에서 교육을 받고 있기도 하여, 2014년부터 2017년까지 모두 33회 미국을 방문한 바 있다. 하지만 신변에 이변이 발생하고 있음을 느꼈는지는 몰라도 멍완저우는 2017년 3월부터는 한 차례도 미국에 발을 들여놓지 않았다.

그처럼 신중한 멍완저우였지만, 미국 법무부는 2018년 8월에 체포 장을 확보하여 '범죄인인도조약'을 맺고 있던 동맹국 캐나다 측에 멍완 저우의 체포를 요청했던 것이다.

미국의 위신을 걸다

2019년 1월 28일, 미국 법무부는 화웨이와 멍완저우에 대한 기소를 발표했다.

해당 발표는 워싱턴의 법무부에서 행해졌는데, 당시 법무부 수장을 맡았던 매튜 휘태커(Matthew Whitaker) 법무장관대행, 커스틴 닐슨 (Kirstjen Nielsen) 국토안보장관, 윌버 로스(Wilbur Ross) 상무장관, 크리 스토퍼 레이(Christopher Wray) 연방조사국(FBI) 국장 등 트럼프 정권의 간부가 즐비하게 서서 미국의 위신을 걸고 진행하는 수사라는 인상을 갖게 만들었다.

실제로 법무부 장관대행은 "중국은 중국인, 중국 기업을 법에 따르 도록 하지 않으면 안 된다"라고 말하며, 화웨이라는 한 기업 및 그 간부 인 멍완저우뿐만 아니라 중국이라는 '국가'를 기소하고 있다는 고양감 을 엿볼 수 있게 했다.

기소장에 의하면, 멍완저우와 화웨이의 죄가 되는 사실은 네 가지 분야로 나뉜다. ① 은행에 대한 사기, ② 미국에 대한 사기, ③ IEEPA

위반에 해당하는 이란에 대한 제재 위반, 그리고 ④ 자금 세탁이었다.

우선 은행 사기에 대해 살펴보도록 하겠다. 화웨이가 홍콩에 보유하고 있던 자회사 스카이컴(Skycom)[2]이 이란에 제재 대상이 되었던 통신기기를 수출하는 데 있어서 2007년 이래, 영국의 대형은행 HSBC 등에 대해 이란 제재에 대한 위반 행위를 하지 않고 있다는 허위 보고를 했으며, 송금 업무 등을 실행하도록 했다는 것이다. 그런데 HSBC는 아편전쟁 이후에 영국이 홍콩에 창설한 홍콩상하이은행(香港上海銀行)으로서 장기간 알려져 왔으며, 중국 관련 비즈니스에 강점을 갖고 있다.

미국에 대한 사기 행위란, 화웨이의 창설자 런정페이의 진술 등이 추궁되었다. 2007년 7월에 FBI가 화웨이의 대(對)이란 제재 위반 관련 수사를 위해 런정페이를 취조했는데, 런정페이는 이란과의 상거래에 대해서 전면적으로 부정했고, 통신기기는 이집트에 수출하고 있다는 거짓 설명을 했다. FBI에 대한 거짓 진술은 중대한 죄이다. 기소장에는 피고인의 성명 리스트 가운데 일부가 먹칠이 되어 있었는데, 런정페이도 기소되어 있었던 것은 아닌가 하는 억측이 발생했다.

또한 화웨이는 이러한 송금 업무에 대해서 대(對)이란 제재를 감시하며 은행 면허의 발급 등과 관련하여 은행을 감독하는 미국 재무부와 제재를 담당하는 재무부 해외자산관리국(外國資産管理局, Office of Foreign Assets Control: OFAC)을 속이며 정당한 활동을 방해하고자 했던 것도 미국에 대한 사기 혐의로 추궁을 받았다.

다음으로 기소장이 추궁하고 있는 것은 이란 제재에 대한 위반이다.

---

2 정식 명칭은 'Skycom Tech'이며 중국어 표기로는 싱퉁기술(星通技術)이다.

이것은 IEEPA 위반이다. 화웨이는 스카이컴을 이용하여 OFAC의 이란 제재 규칙에서 규정되고 있는 미국 원산의 물품, 기술, 서비스를 허가 없이 이란에 수출했고, 또한 2007년 8월 이래에는 스카이컴이 화웨이의 자회사임에도 불구하고 미국 정부 및 은행에 수차례나 상이한 설명을 함으로써 제재 위반을 거듭했다. IEEPA 위반은 형사죄로서 100만 달러 이하의 벌금 또는 20년 이하의 징역 혹은 그 양쪽이 부과되는 것으로 정해져 있다.

그리고 자금 세탁이란 이러한 이란 제재 위반의 무역에 관한 불법 송금을 미국의 은행을 통해 함으로써 정당한 자금으로 전환시켰다는 것이었다.

미국의 스파이가 있었다

기소장을 읽어보면, 미국 법무부가 멍완저우를 타깃으로 삼아 이 사건을 엮었다는 것을 알 수 있다. 거기에서는 멍완저우가 HSBC 등의 은행을 속이고 달러 송금을 계속하도록 하여 미국의 금융 시스템을 악용함으로써 기소되었다는 사정을 상세하게 설명하고 있다.

멍완저우의 죄상은 다음과 같은 스토리로 묘사되고 있는 것이다.

화웨이와 거래를 하고 있던 은행은 화웨이가 제재 대상품을 이란에 수출하고 있다는 의혹이 있다는 2012년 말의 보도로 인해 동요했다. 화웨이의 무역에 관한 송금 업무를 담당하고 있던 은행도 미국의 제재법 위반을 추궁 받아, 이와 연좌되어 처벌을 받게 될 우려가 출현했기 때문이다.

이러한 사태에 멍완저우는 2013년 8월, HSBC 간부와의 회합을 행하고 보도가 틀린 것이라는, 중국어로 17쪽 분량의 파워포인트로 작성된 자료를 사용하여 호소했다. 멍완저우는 영어 통역원도 대동했고, 나중에 이 은행 간부에게 파워포인트로 작성된 자료의 영어판도 보낸다.

멍완저우는 이 중에서 ① 화웨이는 이란에서의 활동에 있어서 유엔 안보리 결의안, 미국 제재법, 유럽연합의 제재 규칙을 엄격하게 지키고 있다. ② 화웨이와 스카이컴은 통상적인 상업 거래를 행하고 있다. 스카이컴은 화웨이의 대리점이며, 모회사-자회사의 관계가 아니다. ③ 멍완저우는 스카이컴의 임원을 맡았던 적이 있지만, 이것은 스카이컴의 사업 실태를 파악하기 위해서였으며 자회사를 총괄하는 것이 목적은 아니었다. ④ 화웨이의 자회사는 제재 대상국에 대한 송금 업무를 행하고 있지 않다는 것 등을 설명했다고 한다.

스카이컴과의 관계가 모회사-자회사가 아니라고 강조했던 것은 미국의 제재법에는 자회사의 제재 위반에 대해서는 모회사도 책임이 면제되지 않는다는 규정이 포함되어 있기 때문이다.

멍완저우는 그 이듬해 2014년 초에 뉴욕의 JFK 공항을 통해 미국에 입국했는데, 이때에도 '설명 요점'이라는 제목의 파일을 지참했으며, 그 중에는 화웨이가 과거에 스카이컴의 주식을 소유하고 경영에 영향력을 행사했지만 주식은 매각 완료했다는 설명도 포함되어 있었다. 이러한 설명을 믿고 HSBC는 화웨이와의 거래를 계속했으며 1억 달러가 넘는 액수의 송금 업무를 행했다고 한다.

HSBC는 2017년이 되어 화웨이의 이란 등 제재 대상국과의 관계에 다시 의구심을 갖게 되어 자발적으로 거래를 끊었지만, 화웨이는 다른 은행에 이 거래 중지는 화웨이 자신이 HSBC가 제공하는 금융 서비스에 불만을 갖고 있었기 때문이라고 말하며, HSBC가 계약 해제를 신청했던 것은 아니라고 허위 설명을 했다.

미국 법무부는 멍완저우의 파워포인트로 작성된 자료 및 파일까지 모두 입수하여 기소를 하여 넘겼던 것이다. 이렇게 보면, 우수한 형사가 철저한 내사를 통해 멍완저우의 측근을 협력자로 확보하여 기소에 넘겼다는 이미지가 연상된다. 하지만 그렇지는 않았다.

실은 HSBC가 2012년에 자금 세탁에 대한 대책이 충분하지 않아 제재 위반이 되는 이란에 대한 송금 업무가 있었다고 하며, 미국 법무부 등에게 19억 달러나 되는 제재금을 지불했는데, 이때에 미국 정부로부터 처벌의 일환으로서 은행 업무에 대한 감시자를 받아들였다. 이 감시자가 화웨이 및 멍완저우와 관련된 정보를 미국 법무부에 연락하여 전달했다고 한다. 즉 미국 법무부의 스파이가 있었던 것이다.

화웨이의 오산

런정페이와 멍완저우의 오산은 미국 '사직 당국의 긴 팔'을 너무 안이하게 보았던 점이다.

그러한 오산을 추측해보면, 다음과 같은 것이 아니었을까?

화웨이는 제품을 이란에 수출했다. 이란은 2002년 비밀리에 진행하던 핵개발 계획이 발각되어, 그것을 이유로 하여 유엔 안보리 제재 및 미국의 단독 제재가 부과되었다. 유엔 안보리 제재는 이란으로부터의 석유 수입 또는 핵무기 등 대량살상무기, 미사일 개발에 관련되는 물자 및 기술의 이란에 대한 수출·금융 서비스의 제공은 금지되고 있지만, 화웨이가 취급하고 있는 휴대전화 등의 시민 생활에 사용되는 통신기기는 금수 대상이 아니었다.

미국의 제재는 유엔 안보리 제재보다도 훨씬 준엄하지만, 화웨이의 비즈니스는 중국·이란 간의 상거래이기 때문에 미국이 적발할 수 없다. 중국인인 런정페이와 멍완저우가 미국의 바깥에서 그 어떤 행위를 행하더라도 미국법 위반으로 추궁당할 리가 없는 것이다.

이렇게 보면, 두 사람의 판단은 납득이 되어버린다. 국제법의 원칙은 외국에서 일어난 일에 자국의 법을 적용하지 않는다는 속지주의이기 때문이다. 그럼에도 미국 법무부는 멍완저우와 화웨이를 기소했다. 그 법리는 무엇이었을까?

기소장을 다시 한 차례 잘 읽어보면, 미국은 화웨이, 런정페이 및 멍완저우의 다양한 행위를 언급하며 미국의 법을 적용하고 있음을 알 수 있다. 이른바 미국법의 '국외 적용'이다.

우선 전제가 되는 것은 화웨이가 이란 측에 제품을 판매했다는 것 자체가 '미국 제재법' 위반으로 인정되고 있는 것이다. 경제제재를 주관하는 재무부 해외자산관리국(OFAC)이 정한 대(對)이란 제재 규칙은 '비(非)미국인', 즉 미국 국적이 아닌 개인 및 기업이라고 하더라도 미국 원산의 물품, 기술, 서비스를 허가 없이 이란으로 수출하는 것을 금지하고 있다. 이것은 제3국 경유를 통해 이란으로 재수출되는 것도 포함된다. 화웨이는 중국의 기업이기 때문에 '비미국인'에 해당하지만, 이란에게 판매한 통신기기는 미국제 반도체 등 미국 원산의 물품이 조립되어 포함되어 있으므로 대(對)이란 수출은 위법이 된다는 것이다.

다음으로 소인[訴因, 공소사실(公訴事實)]을 법적으로 구성하는 것의 상당한 부분은 2007년부터 2015년 5월까지 화웨이, 스카이컴, 멍완저우가 HSBC 등 대형 은행의 미국 자회사를 속이고 자금 및 신용을 획득하고자 했다는 것을 인정한 것이다.

화웨이는 HSBC의 미국 자회사를 속이고 다액의 달러 송금 업무를 이란과의 사이에서 행하게 했다. 또한 이 송금 업무 등을 런정페이가

FBI에 대해서 정당하다고 허위의 설명을 하고 나아가 딩사오웨이(丁少韋) 상급(上級) 부사장이 2012년 9월에 미국 의회에서 이란에서의 비즈니스는 그 어떤 제재법에도 위반되지 않는다고 증언했는데, 이러한 것이 미국 기업 및 미국을 기만했다는 것이다. 따라서 미국은 피해자가 되었으며, 미국법의 적용이 가능하다는 논리이다.

아울러 화웨이는 달러의 송금을 뉴욕 연방준비은행에 있는 HSBC의 계좌를 통해 행했는데, 뉴욕 연방준비은행은 미국 국내 조직이기 때문에 미국은 이 송금 업무에 관할권을 지닌다. 여기에서 불법적인 대(對)이란 송금이 있었던 것이 된다면, 그것은 미국이 수사하고 어떤 처벌을 할 권한을 지닌다는 것이다. 법무부는 화웨이의 행위를 중층적으로 해부하고 미국 원산품이 이란에 수출되고[대(對)이란 제재 위반], 그 행위가 미국에서 일어났으며(달러 송금 규제에 대한 위반), 미국 및 미국 기업이 피해자(허위의 설명에 속아 불법적인 송금 업무를 행하게 되었음)라고 인정하며 미국의 법률을 적용했다.

국제긴급경제권한법

멍완저우와 화웨이의 기소장에서 주목해야 할 것은 '국제긴급경제권한법(IEEPA)'에서 제시되고 있는 내용이다. IEEPA는 미국의 안전보장에 있어서 이례적이며 중대한 위협이 있을 경우에 비상사태를 선언하고 그 위에서 제재를 부과하는 것을 대통령에게 인정하고 있으며 현재미국의 다양한 금융제재의 근거가 되는 법이다. 단순히 대통령에게 금융제재를 부과할 수 있는 권한을 부여할 뿐만 아니라, 위반자를 취조하고 형사처벌을 부과할 수 있는 형사법이기도 하다.

IEEPA는 1977년에 발효된 법으로, 중대한 위협으로 인정된 국가, 단체 및 개인과 미국 기업 간의 금융 거래를 금지하는 권한을 대통령에게 부여하고 있기 때문에 이번의 화웨이 사건처럼 미국의 금융 시스템을 통한 무역 결제 등을 봉쇄하는 강력한 힘을 갖게 되었다.

IEEPA가 처음으로 활용되었던 것은 1979년 이슬람 혁명 직후에 이란의 혁명파 학생이 테헤란의 미국대사관을 점거하고 미국 외교관을 인질로 삼았던 사건이다. 당시 미국 대통령 지미 카터는 IEEPA를 사용하여 이란을 제재 대상국으로 지정했다. 그 이후 이란과 미국의 다양한 상거래는 제재 대상이 되었는데, 그중에서도 IEEPA가 인정하고 있는 금융제재가 가장 효과를 올리고 있다. 달러 결제를 정지시키는, 즉 달러를 사용하지 못하도록 하는 조치가 포함되어 있기 때문이다.

IEEPA는 "명령, 규칙, 금지 사항에 대해 그 어떤 자라고 하더라도 위반하거나, 위반을 기도하거나 일으키는 것은 위법이다"라고 규정하고 있다. 미국의 제재법에서는 'US person'이라는 표현이 흔히 사용되며, 그것은 미국 국민(국적 보유자), 영주권자, 미국의 법률로 설립된 법인, 미국 국내에 합법적으로 거주하는 자를 지칭하는 것으로 정의되고 있다. 달러 결제란 대부분의 경우 미국 은행을 사용하므로 'US person'이 관여하게 되기 때문에 미국 제재법의 대상이 된다.

IEEPA는 게다가 '그 어떤 자(any person)'라는 표현을 사용하고 있다. 이것은 미국 국민 및 미국에 거주하고 있는 자 또는 미국 기업만이 대상이 아니라는 것을 의미한다. 대통령이 내린 제재 명령에 대한 위반자는 국적 및 거주지를 불문하고 처벌된다는 취지이다. 이러한 IEEPA에 따라 만들어진 OFAC의 대(對)이란 제재 규칙은 'non US person'도 위반했을 경우에는 처벌된다고 명기되어 있다.

IEEPA는 가공할 만한 법률이다. 우선 외국인에 대해서도 세계의 기축통화인 달러 거래를 금지한다는 내용이 있기 때문에, 외국의 기업 및 개인에게 국제적 비즈니스를 영위하는 데 있어서 결정적인 징벌을 부과할 수 있다. 또한 미국 국민이 아닌 자도 포함하는 '그 어떤 자'에게도 형사처벌을 부과한다고 되어 있기에, 국경을 초월한 소추가 가능하다. 미국의 '사직 당국의 긴 팔'은 어디라도 뻗어져 가는 것이다.

미국 금융 시스템을 지키다

미국의 제재가 지닌 강함은 세계 경제의 동맥이라고 말할 수 있는 달러를 사용한 금융 시스템을 장악하고 있다는 점에 그 원천이 있다. 무역의 대다수는 달러로 결제된다. 그것은 은행 간의 규칙이며 '금융 센터' 뉴욕을 통과한다. 그리고 그 단계에서 미국법이 적용된다. 화웨이는 제재 위반의 무역을 행하고, 나아가 그 무역을 위해 달러로 결제했다고 하여 처벌의 대상이 되었다.

화웨이와 멍완저우에 대한 기소를 발표한 기자회견에서 미국 정부의 관료들이 얼마나 미국을 정점으로 하는 금융 시스템을 자랑스럽게 생각하고 또한 세계를 지배하는 무기로서 생각하고 있는지를 엿볼 수 있게 하는 발언이 계속되었다.

미국 국토안보부 커스틴 닐슨[3] 장관은 "화웨이와 멍완저우는 미국법을 위반했고 미국의 안전보장에 있어서 유해한 행위를 행했다", "국토안보부는 극악무도한 무리가 미국의 금융 시스템에 접근하여 악용하는 것을 방지하고 적대자에게 정당한 경제 활동을 틈타도록 할 수 없다"라

---

3 2017년 12월 6일부터 2019년 4월 10일까지 미국 국토안보부 장관을 역임했다.

고 논했다. 또한 미국 상무부 윌버 로스[4] 장관은 "여러 해에 걸쳐 중국 기업은 미국의 수출 관련법과 제재를 깨뜨려왔다. 자주 미국의 금융 시스템을 사용하여 불법적인 거래를 진행해왔다. 그러한 행위는 이제 끝나게 된다"라고 말했다.

한 수사 책임자인 뉴욕 동부지역 연방검사[5] 리처드 도노휴(Richard Donoghue)[6]는 "미국 금융기관 및 그 외국 파트너를 속이고자 하는 기업은 미국의 안팎을 불문하고 책임을 지도록 할 것이다"라고 역설했다. 그 발언으로부터는 금융 시스템 자체가 미국의 세계 패권의 중요한 도구이며, 그것을 사수하겠다는 결의가 느껴진다. 멍완저우에 대한 기소는 "우리의 결의를 보여주는 경고"(크리스토퍼 레이 FBI 국장의 발언)라고 한다.

초강대국 미국은 금융제재와 그것의 철저한 이행에 국운을 걸고 있는 것이다.

'블랙 스완'

화웨이는 5G의 기수(旗手)로서 세계를 수중에 넣고 있었다. 멍완저우와 화웨이에 대한 기소로 인해 상황은 암전(暗轉)되었다.

구미의 대형 거래 은행들이 차례로 화웨이와의 비즈니스를 취소했다. 화웨이는 구미 은행들로부터의 자금 조달을 통해 사업을 확대해왔

---

4 2017년 2월 28일부터 미국 상무부 장관을 맡고 있다.

5 영어로는 United States Attorney for the Eastern District of New York으로 표기된다.

6 2018년 1월부터 2020년 7월까지 뉴욕 동부지역 연방검사로 재직했다.

다. HSBC와 영국의 스탠다드차타드은행(Standard Chartered: SCB)이 과거 10년간 화웨이가 획득한 투자액 170억 달러의 대부분을 제공했다고 한다.

화웨이는 2012년에 미국 하원 정보위원회가 화웨이의 부품을 사용하면 스파이 행위에 노출될 위험이 있다는 보고서를 발표한 이래, 미국에서 요주의 기업이 되었다. 2018년 8월에 성립된 '국방수권법(國防授權法)'[7]은 미국 정부가 화웨이와 중국의 통신기기 제조사 중싱통신(中興通訊, ZTE)의 정부 조달을 금지하는 결정을 내리고, 모두 미국 연방정부와의 거래로부터 쫓아냈다.

2019년의 기소로 화웨이는 구미의 대형 은행으로부터는 관계가 끊어졌고, 또한 미국 정부는 영국, 독일, 호주, 일본 등의 동맹국에게 화웨이 등 중국의 통신기기를 사용하지 말도록 요구하고 있다. 격렬함이 증가하고 있는 미중 대립 속에서 미국 기업이 반도체 등을 화웨이 측에 매각하는 것도 금지되었다.

1987년에 런정페이가 창설한 화웨이는 스마트폰 등 저렴한 통신 관련 기기의 판매로 급성장을 했으며 170개 국가에 그 상품을 판매하고 세계의 대형 50개 통신회사 중에 45개 회사가 화웨이 제품을 사용했다. 당초에는 한국, 일본 및 구미 기업에 비해 기술적으로 뒤쳐져 있었지만, 5G 네트워크망 가운데 3분의 1을 장악하기에 이르게 되며 이 분야에서 세계 최대의 기업이 되었다.

미국으로부터 화웨이를 배제하라는 지시를 받고 각국은 업계 제2위,

---

7 영어로는 National Defense Authorization Act(NDDA)로 표기된다.

제3위를 차지하고 있는 핀란드의 노키아(Nokia), 스웨덴의 에릭슨(Eric-sson) 측에 생산을 늘려줄 것을 요구했지만, 두 회사 모두 화웨이와 같은 고성능의 제품을 대량 생산할 능력은 없다고 한다.

하지만 미국이라는 거대한 시장을 상실하고 미국제 반도체 및 소프트웨어를 수입할 수 있는 길이 끊어진 지금, 화웨이의 위기는 심화되는 일로에 있다. 런정페이는 이러한 제품 및 기술의 국내 생산 체제를 확립한다고 하지만 그것에는 시간이 걸릴 것이다.

중국 남부의 선전(深圳)에 위치한 화웨이 본사에는 연못에 '블랙 스완 (black swan, 검은 색 백조)'이 놓여 있다. '블랙 스완'이란 예상 밖의 재난을 지칭한다. 항상 긴장감을 갖고 업무에 임하라는 런정페이의 발상인데 미국 법무부에 의한 기소는 실로 '블랙 스완'이었다고 할 수 있다.

미중 양국의 패권 경쟁

이제까지 멍완저우와 화웨이에 대한 기소를 검증해봤는데, 잊어서는 안 되는 것은 이 기소의 배경에는 미중 양국의 패권 경쟁이 있다는 점이다. 미국은 중국을 봉쇄하기 위한 최초의 표적으로 화웨이를 주도면밀하게 선택했다.

화웨이와 마찬가지로 중국의 5G 모바일 통신기기 대기업 ZTE도 이란과 북한 측에 제품을 수출했다고 하여 2017년 4월에 미국 상무부로부터 제재를 부과 받았다. 구체적으로는 반도체 등 ZTE에게 불가결한 부품의 수출을 미국 기업에게 금지하는 것이었다. ZTE는 반도체를 입수할 수 없게 되었고, 이에 따라 주력 제품이었던 스마트폰의 생산 및 판매의 중단에 내몰리게 되었다.

결국 ZTE는 10억 달러의 벌금 납부, 경영진의 교체, 미국 정부가 지명한 감시자의 수용에 동의했고, 이때의 제재는 그로부터 45일 이후에 해제되었다.

트럼프가 이끄는 미국은 중국에 대해 추가 관세를 가하는 무역전쟁에 나섰으며, 이와 병행하여 중국의 흥륭(興隆)을 봉쇄하는 패권 경쟁도 그 치열함이 극에 달하고 있다. 그중의 하나는 기술을 둘러싼 싸움이다. 2018년 8월에 화웨이와 ZTE를 정부 조달에서 배제시킨 것에 이어서, 2019년 8월에는 통신기기 대기업 하이닝다통신(海能達通信, Hytera), 감시 카메라 관련 대기업 항저우하이캉위시수자기술(杭州海康威視數字技術, Hikvision), 저장다화기술(浙江大華技術, Dahua Technology)로부터의 정부 조달도 금지했다. 중국의 첨단기술 기업 중에 안전보장 등을 이유로 미국의 제재 대상이 된 것은 2019년 말까지 200개 회사를 넘는다.

미국의 첨단기술 부문에 대한 중국으로부터의 투자 및 연구자, 유학생의 수용 제한도 시작되고 있으며, 기술의 방면에서는 급속하게 미중 양국 간의 디커플링(decoupling, 분리)이 진전되고 있다. 수입품에 부과하는 추가 관세를 둘러싼 공방전도 격렬함이 증가되고 있다.

다음으로 트럼프가 대중 제재(對中制裁)를 단행하기 위해 꺼낸 카드는 이러한 기술 관련 기업이 이란과 북한 등 제재 대상국과 지속하고 있는 달러 결제를 통한 무역을 도마 위에 올려놓고 제재를 부과하는 것이다. 화웨이처럼 형사소추로까지 가지 않더라도, ZTE가 2018년에 미국 정부와 화해했던 것처럼 방대한 제재금을 부과하고 미국인 감시자를 수용하도록 만들어 그 활동을 통제하는 것은 가능하다.

이미 미국은 북한, 이란과의 거래를 이유로 하여 중국의 소규모 은행 및 무역 기업에 대해 차례로 제재를 부과하고 미국 금융 시스템으로부터 추방하고 있다. 향후에는 이란과 북한에 대한 제재 위반은 구실에 불과하고, 미중 양국의 패권 경쟁이라는 맥락에서 중국 기업을 옥죄는 것이 주된 목적이 될지도 모른다.

트럼프는 멍완저우가 체포되었을 때, "만약 중국과의 통상 관련 합의 및 미국의 안전보장에 좋은 일이라면 개입하고자 한다"라고 말하며, 멍완저우의 석방을 무역전쟁에서 중국의 양보를 이끌어내는 재료로 사용하려는 듯한 발언을 했다. 사법 수사 및 제재가 정치 목적에 이용되고 있다는 의구심은 항상 존재한다. 멍완저우와 같은 중국 경제계의 유명인사라면 더욱 그러하다. 미중 양국의 패권 경쟁이 격렬해지는 가운데 제재가 다양한 의미에서 정치와 외교에 결부되어가는 시나리오가 시야에 들어온다.

그런데 멍완저우의 죄상은 결국 HSBC 등 대형 은행에게 화웨이 제품의 이란 수출과 관련하여 거짓말을 했다는 것이다. 화웨이의 창설자 런정페이라면 제재 위반도 포함하여 이란 비즈니스를 총괄했으며, FBI에 거짓 진술 등을 한 적도 있기에 그 죄가 무겁다. 하지만 거래 은행과의 업무상의 대화에서 허위 사실을 전했다는 것만으로 멍완저우에 대한 체포 및 기소가 이루어진 것은 그 정도가 지나치다는 인상을 준다. 5G의 세계에서 패권을 장악하고 있는 화웨이를 미국은 눈엣가시로 여기고 있으며, 모든 수단을 사용하여 무너뜨리고자 하고 있다. 화웨이의 자금 흐름을 알고 있는 멍완저우로부터 그러한 목적에 도움이 되는 정보를 얻을 수 있을 것임을 읽어냈다는 것은 틀림없다.

미국이 중국에 대해서 무역 및 기술 개발에서 강경한 자세를 취하는 것과 보조를 맞추고 있는 체포 및 기소에는 정치의 냄새가 풍겨 나온다.

일본 기업도 제재 대상이다

미국 '사직 당국의 긴 팔'은 금융제재에서만 발휘되는 것은 아니다.

미국 법무부는 '해외부패방지법(海外腐敗防止法, Foreign Corrupt Practices Act: FCPA)'을 기초로 하여 차례로 외국 기업을 적발하고 거액의 벌금을 부과하고 있다. FCPA는 미국 기업이 해외에서의 공공사업 수주에 있어서 외국 정부에게 지불하는 뇌물 사건이 다수 발각되어 그러한 부패 행위를 적발할 목적으로 1977년에 제정되었다. 다만 이 법은 미국 기업만을 제재하기 때문에 뇌물을 그 어떤 문책도 받지 않고 보내는 외국 기업에 대해서 미국 기업이 불리해졌다는 불만에 따라, 1998년에 법 개정이 이루어져 외국 기업 및 외국인도 처벌할 수 있는 국외 적용을 가능케 했다. 이 때문에 미국 기업도 적발되고 있지만, 독일의 지멘스(Siemens), 프랑스의 토탈(Total), 영국의 BAE 시스템즈(BAE Systems), 독일의 다임러(Daimler) 등 유럽 기업이 거액의 벌금을 지불하는 기업이 되고 있다. 일본의 플랜트 대기업 닛키(日揮)[8]도 2011년 4월 나이지리아의 액화천연가스(LNG) 사업과 관련된 뇌물 의혹으로 미국 법무부에 2억 1,880만 달러(약 182억 엔)의 벌금을 지불한 바 있다.

닛키는 나이지리아의 액화천연가스 생산 시설을 건설하는 '보니 섬 (Bonny Island) 계획'에서 미국, 프랑스, 네덜란드의 3개 기업과 함께 합자기업을 만들고 계약을 획득하기 위해 이 합자기업이 약 10년 동안에 걸쳐 나이지리아 정부의 고관에게 뇌물을 계속해서 바친 사건으로 적발되었다. 이 사건에서는 상사(商社)인 마루베니(丸紅)도 합자기업의 대

---

8 일본휘발유주식회사(日本揮發油株式會社), 영어로는 Japan Gasoline Company (JGC)로 표기된다.

리인으로서 뇌물 공여에 관여했으며, 2012년 1월에 5,460만 달러(약 42억 엔)의 벌금을 지불했다. 닛키와 마루베니는 모두 미국 기업은 아니지만, 미국 기업이 참가한 합자기업의 파트너였으며 대리인이었기 때문에 미국 법무부는 처벌 대상으로 인정했던 것이다.

이 밖에 마루베니는 인도네시아의 화력발전소 건설을 둘러싸고 프랑스 기업의 미국 자회사와의 합자기업이 행했던 인도네시아 정부의 고관에 대한 뇌물 공여 사건에서도 적발을 당해 2014년 3월에 8,800만 달러(약 91억 엔)의 벌금을 미국 법무부에 지불했다.

일본 기업으로서는 브리지스톤(ブリヂストン)도 석유 수송용 호스(hose) 판매에서 편의를 획득하기 위해 중남미 정부의 당국자에게 뇌물을 공여했다고 하여 2011년 9월에 미국 법무부에 2,800만 달러(약 22억 엔)를 지불하기도 했다.

이러한 '사직 당국의 긴 팔'에는 미국 경제계의 이권이 결부되어 있다고 지적하는 책이 최근 출간되었다. 프랑스의 중전기(重電氣)[9] 대기업 알스톰(Alstom)의 전 임원 프레데릭 피에루치(Frédéric Pierucci)의 『미국의 함정(Le Piège Américain)』이라는 책으로, 2013년 4월에 그가 뉴욕의 JFK 공항에 도착했을 때에 인도네시아에서 뇌물을 받았다는 이유로 체포되어 그 이후 5년 6개월 동안에 걸쳐 겪었던 수감과 보석 시기의 체험을 밝히고 있다. 이례적으로 긴 기간의 구속은 알스톰 본사 측에 그 노른자에 해당하는 에너지 부문을 미국의 전기 대기업 제너럴 일렉트릭(General Electric: GE)에게 매각시키도록 하기 위한 일종의 압력이

---

9 발전기, 전동기, 변압기 등과 같이 중량이 큰 전기(電氣) 기구를 지칭한다.

아니었는가 하는 것이 피에루치의 견해이다.

2017년 1월에는 독일의 자동차 대기업 폭스바겐(Volkswagen)의 중역이 해당 회사가 배기가스 규제와 관련하여 허위 보고를 했다고 하여 마이애미의 공항에서 미국 수사 당국에 의해 체포되어, 금고 7년과 40만 달러의 벌금형을 언도받았다. 이러한 사례로부터 미국 수사 당국의 수사 대상이 되고 있다고 판명되었을 경우에는 기업 임원의 미국 출장을 삼가도록 하는 지시를 하달한 유럽의 기업도 있을 정도였다.

이러한 미국의 '긴 팔'에 지금 세계의 기업들이 겁을 먹고 있다.

제 2 장

경제제재와 그 역사

그럼 여기에서는 경제제재란 무엇인지를 살펴보고, 아울러 그 역사에 대해 이해해보도록 하겠다.

경제제재란 '외교, 안전보장상의 목적을 실현하기 위해 타국에게 부과하는 경제적인 강제 수단'으로 정의할 수 있다. 여기에서 말하는 '경제적'이라는 표현을 '군사적'으로 치환하면 전쟁이 되기 때문에 경제제재란 '군사력을 사용하지 않는 전쟁'을 의미한다.

외교적 해결을 바라는 온건파는 경제제재에 대해 '무력을 사용하지 않고 해결을 지향한다'는 인상으로부터 호감을 느낀다. 강경파도 제재로 상대방이 양보를 하지 않을 경우 다음에는 무력행사로 나아간다는 것으로 이해하기 때문에 반대하지 않는다. 양쪽 모두를 만족시키므로 위정자는 다용(多用)하게 된다.

세 가지 형태와 그 효과

경제제재에는 ① 국가가 단독으로 행하는 단독 제재, ② 뜻을 같이

하는 국가들을 모아 전개하는 유지연합(有志聯合)의 제재, 그리고 ③ 국제 사회가 폭넓게 제재에 참가하는 유엔(UN) 안전보장이사회(안보리) 결의에 의한 제재 등의 세 가지 형태가 있다.

미국이 2018년의 5월에 이란과의 핵합의인 '포괄적 공동행동계획(JCPOA)'[1]으로부터 이탈하고 대(對)이란 제재를 부활시켰는데, 이것은 유럽도 일본도 중국, 인도, 러시아도 찬성하지 않는 미국의 단독 제재(독자 제재)에 해당한다.

미국 이외의 주요국은 이란이 핵합의를 이행하고 있음에도 제재를 부과하는 것은 불합리한 것이라고 비판하고 있다. 트럼프 정권은 쿠바에 대한 제재도 계속하고 있는데, 이것도 많은 국가가 반발하고 있는 단독 제재이다.

트럼프 정권이 석유 금수 및 금융제재를 부과하고 있는 베네수엘라는 중남미의 친미 국가 등 세계 4분의 1의 국가들이 미국과 함께 니콜라스 마두로(Nicolás Maduro) 정권에 반대하고 있지만, 효력이 있는 제재를 부과하고 있는 것은 미국뿐이며, 미국의 단독 제재로 규정된다.

유지연합에 의한 제재 사례로서는 냉전 중의 '코콤(COCOM)', 즉 '대(對)공산권 수출통제위원회의(Coordinating Committee for Multilateral Export Controls)'에 의한 동측(東側)에 대한 군사 전략 물자의 금수였다. 1949년에 창설되어 북대서양조약기구(NATO), 일본, 호주 등의 동맹국이 가담했다.

중국에서 톈안먼 사건(1989년)이 발생한 후에는 주요 선진 7개국

---

1   영어 전체 명칭은 Joint Comprehensive Plan of Action(JCPOA)이다.

(G7)이 대중(對中) 정상외교의 중단 및 무기의 금수, 세계은행(World Bank)에 의한 융자 중지 등의 제재를 부과했다. 민주화의 추진을 공유하는 목표로 삼아왔던 '선진 민주주의 국가'라는 유지(有志, 뜻을 함께하는 것)에 의한 제재였다.

최근에는 2014년 3월의 러시아에 의한 우크라이나 크림 반도의 병합에 대한 G7 제재가 있다. 일국(一國)의 영토를 병합하며 국제 규범을 깨뜨린 러시아의 행위에 대해 미국은 제재를 부과했고, 유럽연합(EU) 및 일본도 그 뒤를 이었다.

세 가지 형태 중에서는 유엔 안보리 결의에 의한 경제제재가 가장 효과적인 것으로 여겨진다. 유엔 회원국은 안보리의 제재 결의에 따를 의무를 지닌다. 국제 사회 전체가 어떤 국가에 대해 경제적인 압력을 가하며 고립시킨다면, 그 가운데 백기를 들게 될 것임에 틀림없다는 '수읽기'이다.

유엔 안보리 제재의 한계

유엔 안보리에 의해 냉전 기간 중에 행해진 경제제재는 남로디지아(Southern Rhodesia, 현재의 짐바브웨)와 남아프리카공화국에 대한 것뿐이었다. 모두 백인 강경파 정권이 흑인 차별을 계속했던 것에 대한 제재로, 냉전 시대의 동서 대립 중에서도 미소 양국이 일치된 대응을 할 수 있었던 진귀한 사례였다.

냉전이 종식된 이후에는 걸프 위기에서 이라크에 대한 본격적인 제재 결의를 유엔 안보리가 가결했고, 그 이후 옛 유고슬라비아, 소말리아, 리비아, 라이베리아, 아이티, 앙골라, 르완다, 수단, 시에라리온, 아프가니스탄의 탈레반, 국제 테러 조직 '알카에다', 에티오피아, 에리트

레아, 콩고 민주공화국, 코트디부아르, 시리아, 이란, 북한, 기니비사우, 중앙아프리카, 예멘, 남수단, 말리, 과격파 조직 '이슬람국가(IS)'에 대한 유엔 안보리 경제제재가 발동되었다. 이라크, 옛 유고, 소말리아, 아이티 등에 대한 완전한 경제제재로부터 일부 제재까지 그 농담(濃淡)은 다양하다.

유엔 안보리 결의에 의한 제재는 안보리 이사국 15개국의 이해관계가 결부되어 있기 때문에 그 내용이 물에 희석되는 것처럼 약하다. 수 개월이나 되는 장기간의 논의 끝에 제재가 부과되고 그때까지 대상국과 조직은 자산 및 물자 비축 등의 대응을 끝내버리기 때문에 제재의 효과가 없어지게 되는 일이 흔히 발생한다.

1990년대에 필자는 뉴욕 특파원으로서 유엔 안보리가 차례로 지역 분쟁을 다루며 제재를 부과하는 현장을 취재했는데, 그 논의가 시기적으로 뒤쳐지고 제재가 약했던 것에 놀랐던 적이 있다. 북한의 핵·미사일 개발 문제를 최초로 유엔 안보리가 다루었던 것은 1992년이었기 때문에 그로부터 약 30년이 흘렀지만 그 사이에 유엔 안보리 제재가 수차례나 부과되면서도 북한은 핵·미사일 개발을 추진해버렸다.

최근에는 미국과 중국·러시아의 대립에 의해 유엔 안보리가 제재 결의를 채택할 수 있는 가능성이 적어졌다. 냉전 시대에 미소 양국의 거부권을 둘러싼 공방전으로 인해 유엔 안보리가 기능 마비 상태에 빠졌던 상황으로 다시 되돌아간 듯한 인상을 받는다.

제재 목적의 다양화

이리하여 경제제재가 다용됨에 따라 그 목적도 광범위해졌다.

경제제재의 목적은 크게 나누면 다음과 같이 다섯 가지로 구분된다.

① 우선 국제적인 분쟁과 대립이 일어날 때에 '적국'의 경제력을 약화시키는 고전적인 경제제재가 있다. 이것은 단독 제재 또는 유지연합에 의해 부과된다.

태평양전쟁 이전에 미국(A), 영국(B), 중국(C), 네덜란드(D)가 일본에 대해 부과했던 '석유 제재'인 ABCD 포위망이 그 전형적인 사례이다. 냉전 시대의 코콤도 그러하다. 코콤은 '적국'인 공산권 국가들에게 군사 관련 물자를 수출하지 않음으로써 군사 기술의 발전을 약화시키고 봉쇄한다는 것이 의도되었다. 현재 미국이 중국에 대해 부과하고 있는 추가 관세 및 화웨이 등 첨단기술 기업을 축출하려는 것도 그러한 노림수를 지니고 있다.

'적국'은 아니지만 이스라엘과 제4차 중동전쟁에 돌입했던 아랍 국가들이 대(對)이스라엘 정책의 변경을 선진국에게 요구하며 1973년에 석유의 수출 제한을 발표했던 '석유 금수'의 발동도 이 범주에 들어간다. 일본에서는 생활필수품이 부족해지는 '석유 쇼크'가 일어나, 일본 정부가 대(對)이스라엘 정책을 아랍의 의향에 따르는 형태로 재검토하는 것을 결정했다.

② 다음의 목적으로서 핵무기의 개발 및 확산의 저지가 있다. 냉전 이후에 경제제재의 주요 목적으로서 부상했다. 이란과 북한에 대한 경제제재도 핵무기 및 핵무기로 장래 연결될 것으로 우려되는 핵 계획을 포기시키는 것이 목적이다. 핵확산방지조약(NPT)의 준수, 즉 핵무기 보유국을 5대국(미국, 러시아, 중국, 영국, 프랑스)으로 제한하는 것에 이러한 5개국은 이해의 일치를 본다. 해당 5개국은 유엔 안보리의 상임이사국이기도 하다. 이 때문에 유엔 안보리 결의에 의한 제재의 형태를 취하는 일이 많다. 그렇게 하면 국제 여론의 지지를 얻기도 쉽다.

한편으로 5대국은 핵무기를 손에서 내려놓지 않기 때문에 새로운 핵보유국에 대한 제재는 불공평한 것이라는 느낌을 만들어낸다. 새로운 핵보유국도 국제적인 고립을 각오하면서 행한 것이기 때문에 제재를 받는다고 해서 핵을 포기하지는 않는다. 1998년에 인도와 파키스탄이 핵실험을 행하여 제재를 부과 받았지만, 결국 유명무실해졌다.

③ 세 번째로 인도적 목적이 있다. 남아프리카공화국의 아파르트헤이트(Apartheid, 인종 격리) 정책에 대한 유엔 안보리 제재(1985년)가 대표적이다. 그 이후에도 쿠르드족 및 이슬람교 시아파를 탄압하는 이라크의 사담 후세인 정권, 마찬가지로 소수민족을 박해·살해한 옛 유고슬라비아의 세르비아 및 르완다, 소년 병사를 전쟁터에서 사용한 아프리카의 국가들에 대한 제재 등 냉전 이후 민족 분쟁의 확대와 함께 제재의 주요 이유로서 제시되었다. 북한의 일본인 납치 사건에 대한 일본 정부의 제재도 그중의 하나이다.

제2차 세계대전의 경험으로부터 생겨난 인권 의식의 고조는 뉘른베르크 국제군사재판 및 극동 국제군사재판(도쿄 재판) 등 전쟁 범죄를 재판하는 국제 여론을 도입하여 결국 옛 유고슬라비아 분쟁의 인도 범죄를 다룬 국제전범법정(國際戰犯法廷) 등을 거쳐 국제형사재판소(ICC)로 결실을 맺었다. 인도(人道)를 목적으로 한 경제제재는 이러한 여론의 발전에 따른 것이다.

인도적 목적으로부터 발전하여 민주화 운동에 대한 탄압 중단도 제재의 목적이 되었다. 1980년대에 폴란드의 독립자치노동조합 '연대(Solidarity)'의 민주화 운동을 탄압한 소련과 1989년에 톈안먼 사건을 일으킨 중국에 대한 제재가 그것이다. 미국의 쿠바 제재도 그중의 하나이다. 다만 이러한 제재는 강권적인 정치 체제에 대한 제재이며, 서방 선진국이 '비(非)민주주의국가'를 인정하지 않는다는 이데올로기적인 성격이 강하다. 이 때문에 참가국은 한정되어 있고, 단독 제재 및 유지연합을 통한 제재가 된다.

2019년에 일어난 홍콩의 민주화 요구 시위에서는 미국이 탄압에 관여한 중국 당국자에 대해 제재를 부과하는 법을 발동했다. 또한 국제적으로 큰 뉴스가 된 신장(新疆) 위구르자치구의 인권 탄압에서도 미국 의회는 대(對)중국 제재법의 제정을 추진했다. 중국이 내정간섭이라고 맹반발하고 있기 때문에 이것에 동조하는 국가는 확대되고 있지 않기에 이러한 것은 단독 제재가 될 수밖에 없다.

④ 네 번째의 목적은 테러 대책이다. 9·11 테러는 세계를 뒤흔들었는데, 국제 테러 조직 '알카에다' 및 그 지원자에 대한 경제제재가 차례로 부과되었다.

테러 대책의 경제제재는 여객기 파괴 등의 테러 행위를 지원했던 리비아를 대상으로 1980년대부터 시작되었다. 미국은 '테러 지원 국가'로서 리비아, 수단, 이라크 등 8개국을 지정하고 경제제재를 부과했다. 9·11 이후에는 엄격한 금융제재를 부과함으로써 재발을 방지하는 것을 노렸다. 테러는 국제 사회에 공통되는 위협이며, 과격파 조직 'IS' 등 실행 주체에 대한 제재는 유엔 안보리 제재의 형태를 취하는 일이 많은데, 미국의 '테러 지원 국가'에 대한 제재는 단독 제재 또는 유지연합의 제재라는 형태를 취한다. '지원'에 대한 인정이 명확하지 않은 일이 있으며, 아무래도 정치적인 색채가 내포되어 있기에 폭넓은 국제 합의가 이루어지지 않기 때문이다.

⑤ 마지막 다섯 번째로 국제법 위반이 되는 행위에 대한 징벌로서의 제재가 있다. 소련의 아프가니스탄 침공(1979년), 러시아의 크림 반도

병합(2014년)에 대한 제재 등이 그것에 해당한다. 이라크가 1990년에 쿠웨이트에 침공했을 때에는 유엔 안보리 제재가 이루어졌지만, 소련의 아프가니스탄 침공 및 러시아의 크림 반도 병합은 유엔 안보리 상임 이사국으로 거부권을 보유하고 있는 소련(러시아)이 당사국이었기에 유엔 안보리는 움직이지 못했고 유지연합을 통한 제재가 되었다. 이러한 것은 그 국제법 위반 행위의 철회 및 추가 위반의 억지를 요구하고 있지만, 실제에 있어서 제재만으로는 그것은 실현되지 않는다. 하지만 타국 영토의 병합 등 명백한 국제법 위반에 대해서 국제 사회로서는 무언가를 하지 않으면 안 된다. 그렇다고 해서 군사력을 사용할 상황도 아니다. 그러한 때의 '고육지책'인 것이다.

물론 하나의 제재에는 다양한 목적이 포함된다. 미국의 이란에 대한 제재는 핵 계획의 포기뿐만 아니라 탄도미사일 개발, 테러 지원 및 이라크, 예멘, 시리아에 대한 개입, 이스라엘, 사우디아라비아에 대한 협박의 금지가 포함된다. 이란의 종교 지도체제의 소멸을 추구하고 있다는 속내도 엿볼 수 있다.

또한 제재의 초기 목표가 변용되고 새로운 목적이 추가되는 사례도 있다. 대(對)러시아 제재는 2014년의 크림 반도 병합에 대한 제재로서 시작되었지만, 그 이후 2016년 미국 대통령선거에 대한 개입 문제, 러시아의 인권 경시 상황, 블라디미르 푸틴(Vladimir Putin) 대통령의 측근 및 정상(政商)에 의한 부패 등도 대상이 되었다. 그 결과, 무엇을 하면 제재가 해제되는 것인지 쉽게 알 수 없는 혼란이 발생하고 있다.

전쟁과 경제제재

경제제재는 과거에 전쟁의 한 수단으로서의 성격을 농후하게 갖고 있었다. 지금처럼 평시에 제재가 빈번하게 외교 수단으로서 사용되고 있는 것과는 달랐다.

역사상 최초로 경제제재가 발동되었던 것은 고대 그리스 시대의 펠로폰네소스 전쟁(Peloponnesian War, 기원전 5세기)에서였던 것으로 간주되고 있다. 아테네와 스파르타 사이에서 일어난 이 전쟁으로 아테네는 아테네 연합군에 가담하는 것을 거부했던 중소 도시국가들을 포위하고 무역제재를 발동했다. 결국 신흥국 스파르타가 승리했으며 아테네의 황금시대는 종언을 고했다.

펠로폰네소스 전쟁은 기존의 대국에 신흥국이 도전할 경우 대다수는 전쟁이 일어난다고 하는 '투키디데스의 함정(Thucydides Trap)'으로도 알려져 있다. 투키디데스는 아테네의 장군으로서 이 전쟁의 경과를 역사서[2]로 남겼다.

로마 제국도 골(Gaul,[3] 현재의 프랑스) 지방에 대해 금과 은의 수출입을 금지하는 제재를 부과했다. 또한 종교전쟁 중의 금수는 가톨릭과 프로테스탄트 쌍방 간에 빈번하게 부과되었다.

미국에서는 18세기 후반의 독립운동 시기에 영국이 부과했던 다양한 세제(稅制)에 반대하며 영국 제품의 수입금지에 나섰으며, 유명한 '보스턴 차 사건(Boston Tea Party)'으로 발전하여 독립이 불가피해졌다. 그 이후의 미영 전쟁(1812년), 남북 전쟁(1861~1865년), 미서 전쟁(美西戰爭, 1898년) 등 미국은 전쟁 때마다 경제제재를 활용했다. 산업혁명으로 무

---

2 *History of the Peloponnesian War*를 지칭한다.

3 갈리아(Gallia)라고도 불리며 로마 제국이 멸망하기 이전까지 현재의 프랑스, 벨기에, 스위스 서부, 그리고 라인 강 서쪽의 독일을 포함하는 지방을 가리켰다.

역이 활발해지고 철광석, 석탄, 석유 등 전략 물자의 금수가 상대방의 전쟁 능력과 의사에 손실을 초래한다는 것을 알게 되었기 때문이다.

20세기가 되어 시작되었던 것이 이 책에서 다루고 있는 테마 중의 하나인 '국외 적용'이다.

제1차 세계대전에서 영국은 독일에 대한 전면 금수 제재를 위해 독일과 거래하고 있던 제3국 기업의 블랙리스트를 작성하고 영국 기업이 이러한 기업과 거래하는 것도 금지했다. 이것은 영국법에 의한 영국 기업에 대한 명령이었는데, 독일과 거래가 있는 외국 기업에 대한 제재가 되기도 하여, '국외 적용' 효과를 지녔다. 또한 영국은 영국 생산품을 독일에 재(再)수출하지 않겠다는 외국 정부의 약속도 받아냈다.

그때까지의 경제제재는 펠로폰네소스 전쟁에서의 중소 도시국가들에 대한 금수 및 나폴레옹의 '대륙 봉쇄'였다. 나폴레옹은 유럽 대륙을 지배하에 둔 이후, 영국의 경제력을 파괴하기 위해 영국과 유럽 대륙의 무역·통신을 물리적으로 차단했다. 하지만 영국이 제1차 세계대전에서 시작했던 것은 무역의 담당자인 기업에 압력을 가하여 무역을 멈추게 한다는 훨씬 교묘한 것이었다.

미국은 제1차 세계대전에서 장기간 '중립국'의 입장을 취했으며, 영국이 고안한 대(對)독일 제재의 '국외 적용'에 반대했다. 미국의 제재가 '국외 적용' 효과를 노리고 부과되는 지금에 있어서는 믿어지지 않는 일이지만, 당시 미국 정부는 영국의 제재가 국가의 주권 원칙에 위반되며 미국의 무역업자에게 불리한 것이 된다고 반론했던 것이다.

그러나 1917년에 참전한 이후부터 미국은 '적성국교역법(敵性國交易法, TWEA)'[4]을 제정하고, 영국과 마찬가지로 중립국에게 제재하겠다는 위협을 가하며 독일과의 무역을 제한하도록 만들었다. 미국과 영국 양국이 동일한 '국외 적용' 효과를 지닌 제재를 부과함으로써 당시 독일의 무역은 80%나 감소되었다.

세계대전과 금수

제1차 세계대전을 통해 탄생한 국제연맹은 분쟁을 억지하는 수단으로서 경제제재의 발동을 정했다. 하지만 일본의 만주 사변, 이탈리아의 에티오피아 침공 등에 직면하여 추축국을 억지하지는 못했다. 국제연맹의 제재는 이사회가 결정하더라도 그 이행은 각국이 자발적으로 행한다고 하는 강제력이 없는 것이었으며, 제1차 세계대전 시에 미국과 영국 양국이 행했던 '국외 적용'을 강제할 수 있는 힘도 없었다. 국제연맹에 대한 미국의 불참으로 상징되는 국제 사회의 발걸음이 엇갈리면서 결국 좌절하는 것으로 끝나버렸다.

하지만 총력전이 되었던 제2차 세계대전에서는 경제력의 차이가 경제제재에 의한 효과의 차이가 되어 나타남에 따라, 결국 연합국이 추축국을 압도했다. 공해상(公海上) 및 적국의 항만 앞바다에서 물자의 유입을 저지한다는 해상 봉쇄도 실시되었던 것 외에, 독일 및 일본으로 향하는 전략 물자를 취급하는 제3국 기업의 블랙리스트를 만들고 그러한 기업을 단속하는 국외 적용의 철저함이 도모되었다.

미국 대통령 프랭클린 루스벨트(Franklin Roosevelt)는 "이러한 리스트에 올라온 자는 독일과 이탈리아(진주만 공격 이전에 일본은 적국이 아니었음)의 국적을 지닌 자로서 취급한다"라고 선언했다. 추축국과 비즈

---

4 영어 전체 명칭은 Trading with the Enemy Act of 1917이다.

니스를 행하는 자는 형사처벌 및 민사 배상 책임의 추궁 대상이 되기도 했다.

일본에게 있어서 중대한 의미를 지녔던 것은 1941년 8월에 시작된 석유의 대일(對日) 전면 금수였다. 1937년에 파시스트 국가의 격리를 주장했던 루스벨트는 항공기 및 그 관련 물자의 대일 수출 규제로부터 시작하여 알루미늄, 마그네슘 등 전략 금속, 항공기용 연료, 철, 공작기계 등으로 수출 대상이 서서히 확대되었고, 이윽고 1941년 8월의 석유 금수에 이르게 되었다.

석유를 수입하는 것이 불가능해진 일본은 중국과의 전쟁을 수행하며, 국가로서의 생존을 도박에 걸며 인도네시아 등 석유가 풍부한 동남아시아 지역의 획득을 목적으로 개전(開戰)에 나섰다. 이른바 '석유 한 방울은 피 한 방울'이라는 것이었다. 일본은 철저한 경제제재 아래에 놓였는데, 침략적인 행동을 바꾸지 않았고 오히려 전쟁을 격화시켰다.

냉전하의 경제제재

미국이 냉전 시기에 전개한 경제제재의 기둥은 '코콤'이었다.

코콤은 소련을 비롯한 동측(東側) 진영의 군사력 강화에 직결되는 전략 물자의 수출을 금지할 목적으로 1949년에 창설되었다. 제2차 세계대전 중의 대일 금수처럼 전면적인 금수가 아니라, 군사에 관계되는 물자만을 대상으로 했다. 현재 미국이 안전보장상의 우려가 있다고 하며 중국의 화웨이 등 첨단기술 기업을 배제하는 한편으로 다른 경제 관계는 유지하고 있는 것과 유사하다.

코콤에 대한 대응에는 서측(西側) 진영 중에서 온도차가 발생했다. 소련과의 비즈니스 확대를 노리며 '최소한의 규제'를 요구했던 유럽 국가들에 반해서, 소련 봉쇄를 국가 목표로 삼으며 '최대한의 규제'를 바랐던 미국이 서로 대립했다.

그러한 대립이 외교 문제로 비화되었던 것이 1982년의 시베리아 파이프라인 사건이다. 소련은 파이프라인 증설로 천연가스의 대(對)서유럽 수출의 확대를 노렸다. 하지만 1979년 소련의 아프가니스탄 침공과 1980년 폴란드의 독립자치노동조합 '연대'에 대한 탄압으로 인해 미국 국내에서는 대소(對蘇) 강경 정책이 제창되었고, 대통령 로널드 레이건(Ronald Reagan)은 석유 및 가스 수송의 관련 기술에 대한 대소(對蘇) 수출 금지를 제기했다.

미국은 수출관리법에 미국제 기기(機器) 및 미국산 부품과 기술을 포함하는 기기를 제3국으로부터 소련으로 수출하는 것을 금지한 규정이 포함되어 있다는 것을 방패로 삼아 영국, 서독, 프랑스, 이탈리아의 기업이 소련에게 파이프라인 관련 기기를 수출하는 것을 금지하고자 했다.

이에 대해서 유럽 측은 '미국의 대(對)소련 제재는 미국법의 국외 적용이며 국제법 위반이다'라며 받아들이지 않을 것임을 통고했고, 해당 기업들에게 소련과의 계약을 성실하게 이행하도록 명령했다. 결국 유럽 4개국과 캐나다, 일본이 소련에 대한 수출에 관해서 더욱 엄격한 규제를 행하는 것을 조건으로 하여 미국의 수출 금지 명령은 해제되었다.

제재의 '국외 적용' 효과를 노리는 미국에 대해서 유럽과 일본이 국제법 위반을 이유로 제동을 걸었던 이 사건은 지금에 있어서는 격세지감을 느끼게 한다. 미국의 금융제재에 관해서는 국외 적용의 위협이 파워의 원천이며, 세계 각국은 실로 어쩔 수 없이 속수무책인 상태에서 받아들이고 있기 때문이다.

한국전쟁과 OFAC

한국전쟁(1950~1953년)은 열전(熱戰)이었기 때문에 미국은 제1차 세계대전, 제2차 세계대전에서 효과를 올렸던 '적성국교역법'을 근거로 제재를 부과했다. 대통령 해리 트루먼(Harry Truman)은 중국의 한국전쟁에의 참전이 확인되었던 1950년 12월에 국가비상사태를 선언하고 TWEA에 따라 북한과 중국에 대한 무역 및 금융 거래의 제재를 부과했다.

한국전쟁은 현재도 휴전 상태에 있으며, 종전 선언에는 이르지 못하고 있다. 북한은 2008년에 TWEA의 적용 대상에서 제외가 되었지만, TWEA에 의해 부과되었던 제재는 계속되고 있다.

한국전쟁에서의 제재에서 주목되는 점은 미국 재무부 가운데 제재를 주관하는 조직으로서 해외자산관리국(OFAC)이 창설되었다는 점이다. OFAC은 미국의 안전보장 및 외교를 위해 경제, 무역 및 금융제재를 담당하는 조직이다. 대통령의 비상사태선언에 기초하여 재무부가 권한을 위양(委讓) 받고 OFAC이 미국의 안전보장에 위협이 되는 외국, 비(非)정부 조직 및 개인과 상거래를 하는 것을 미국인에게 금지시킨다. 이 지시에 따르지 않을 경우, 벌금과 자산 동결, 미국에서의 활동 금지 등의 처분이 내려진다.

OFAC은 미국의 금융제재의 파수꾼이며, 일본을 비롯한 전 세계의 금융기관으로부터 '괴물'로 여겨지며 두려움의 대상이 되고 있다. 미국의 금융제재는 달러를 사용한 결제를 위반했다며 적발하는 것이기 때문에 외국 기업의 수출입 및 송금을 또한 처벌의 대상으로 삼는다. '국외 적용' 효과가 엄청난 것이다.

특히 OFAC이 작성하는 '특별 지정(SDN)' 리스트[5]에는 미국 기업 등이 비즈니스를 해서는 안 되는 국가, 기업, 단체, 개인 등 제재 대상이 등재되어 있으며, 이 블랙리스트에 게재된다면 세계에서 위험한 기업 및 개인으로 알려지게 되기 때문에 비즈니스 활동을 계속하는 것이 어려워지게 된다.

최초의 이란 제재

트럼프 정권이 이란 핵합의인 '포괄적 공동행동계획(JCPOA)'으로부터 일방적으로 이탈하고 대(對)이란 제재를 부활시켰을 때, "왜 미국은 이란에 엄격한가?"라는 의구심에 가득한 목소리가 전 세계에서 들려왔다. 핵무기를 보유하고 있는 김정은 북한 조선노동당 위원장을 향해서는 "사랑에 빠졌다"라고 말하는 후대(厚待)와 비교해보면, 이란에 대한 대응은 매우 다르다.

그 답은 1979년에 일어났던 테헤란 주재 미국대사관 인질 사건의 굴욕이 지금도 미국 국민의 이란에 대한 관점의 근저에 있다는 점이라고 할 수 있다.

그때까지의 제재는 제2차 세계대전 중의 독일과 일본, 냉전의 상대였던 소련과 중국, 북한, 쿠바 등 적대 진영의 국가들이 대상이었다. 하지만 동측 진영에 속하지 않으며 미국에 전쟁을 가해올 힘도 없었던 이란은 미국의 '적국'이 될 수 없다. 오히려 친미적이었던 왕제(王制)를 추방한 혁명과 미국 외교관 52명을 1년 2개월 동안에 걸쳐 인질로 잡았던 반미적 행위에 대한 징벌적인 색채를 띠었다.

미국대사관 인질 사건에 대한 제재에서는 그 2년 전에 만들어진 '국

---

5 전체 명칭은 Specially Designated Nationals and Blocked Persons list이다.

제긴급경제권한법(IEEPA)'이 근거가 되었다. 미국은 무기 수출의 금지, 이란산 석유의 수입 금지, 금융 서비스의 정지, 미국 국내에 있는 이란 자산 120억 달러의 동결 등의 단독 제재를 부과했다. 또한 그 제2탄으로서 모든 무역의 금지라는 제재에 나섰으며, 이란과의 외교 관계도 단절했다.

그 이듬해 1980년 9월에는 이란·이라크전쟁이 시작되어, 이슬람교 시아파의 신학자 루홀라 호메이니(Ruhollah Khomeini)가 이끄는 이란은 무기의 입수도 석유의 판매도 불가능해지게 되면 패배해버리게 될 것이라는 위기감에서 미국과의 교섭을 개시한다. 결국 1981년 1월에 인질이 해방되고 무역 및 자산 동결 등의 제재가 해제되었다.

그러나 미국은 1983년에 일어난 레바논에서의 미군 해병대 숙소 폭파 사건에서는 이를 이란계 민병조직의 범행으로 단정하고, 1984년에 이란을 '테러 지원 국가'로 지정하며 무기 금수 및 경제제재를 부활시켰다. 그리고 1996년에는 이란의 테러 지원 및 대량살상무기 개발의 의혹을 이유로 하여 현재의 상황으로까지 연결되는 엄격한 제재가 시작되었다.

이라크 제재의 실패

1990년 이라크의 쿠웨이트 침공으로 인해 시작된 대(對)이라크 제재는 미국이 의도했던 효과를 올리지 못하고 결국 이라크전쟁으로 향하는 길을 열었던 '실패 사례'로서 기억되고 있다.

쿠웨이트와의 국경 지대에 있는 이라크 최대의 루마일라(Rumaila) 유전의 원유를 쿠웨이트가 '도둑질'하고 있다고 이라크 대통령 사담 후세인이 주장하며, 1990년 8월 이라크군이 쿠웨이트를 단시간 내에 점령하고 유전을 점거해버렸다.

이것에 대해서 미국은 유엔 안보리에서 대(對)이라크 제재 결의를 채택시키고 무기를 비롯한 모든 무역의 금수, 금융 거래의 금지, 이라크와 쿠웨이트의 자산 동결 등을 국제 사회의 차원에서 부과했다. 그럼에도 이라크가 쿠웨이트로부터 철수하지 않자, 그 이듬해 1991년 1월 미군을 중심으로 하는 다국적군이 공격을 개시하여 이라크를 쿠웨이트로부터 철수시켰다.

하지만 사태는 그 이후 진흙창이 되었다. 후세인 정권이 대량살상무기에 관한 유엔 조사단의 수용을 거부하고 북부의 쿠르드족 및 남부의 시아파 등 소수파에 대한 탄압도 계속되었기에, 미국을 중심으로 제재가 계속되었다.

장기간의 제재는 이라크의 일반 국민의 생활을 피폐하게 만들었기 때문에 유엔은 후세인 등 정치 지도부 및 집권당, 군을 대상으로 하여 맞춤형 타격을 가하는 스마트 제재(smart sanction, 현명한 제재)도 시도했다. 국민 생활을 유지하기 위해 이라크가 석유를 수출하는 것을 인정하고 그 대금은 유엔이 만든 특별 계좌에 입금시키며, 이라크 측에 식량 및 의료품 등 생활필수품에 한정하여 구입시키도록 한다는 '석유·식량 교환 프로그램(Oil-for-Food Programme)'도 시작되었다.

그러나 '현명한' 제재를 전개해도 후세인 정권은 동요하지 않았고, 또한 '석유·식량 교환 프로그램'에서 후세인 정권이 석유와 식량의 가격을 조작하여 100억 달러의 불법적인 부를 획득했던 것으로도 말해지고 있다. 영화 〈바그다드 스캔들〉에서 묘사되고 있는 바와 같이, 유엔 직원도 결탁하여 대규모 부정부패가 발생했고 유엔 제재는 실패하게 되었다. 결국 미국은 2003년이 되어 이라크에 대한 군사 침공을 감행하여 후세인 체제를 붕괴시켰다.

미국에서는 1990년대 이라크와의 아무런 진전이 없는 유엔 안보리 제재가 도움이 되지 않는다는 판단이 강해졌다. 21세기가 되어 최초로 일어난 대사건에서는 미국 중추에 대한 동시 테러(9·11 테러)를 계기로 하여 미국이 단독으로 제재를 부과할 수 있게 되었으며, 더욱 강력하고 더욱 효과적인 금융제재가 미국이 발동하는 제재의 주력으로서 부상하게 되었다.

미국의 금융제재는 '사형 선고'

21세기에 진입하여 미국의 경제제재라고 하면, 곧 금융제재를 지칭한다고 단정해도 과언은 아니다. 그 특징은 그때까지의 물품을 대상으로 했던 무역제재가 아니라, 달러 결제 및 미국의 금융 시스템을 사용하는 것을 금지한다는 것에 있다. 금융제재는 외국 기업을 속박하는 '국외 적용성'을 지니고 있으며, 제재 대상국과 비즈니스를 하는 국가 및 기업을 시장으로부터 추방한다는 '2차 제재'의 위협도 존재한다. 단독 제재이면서도 미국의 호령(號令)에 등을 돌리기는 어려우며, 그 특징은 폭넓은 국가의 참가를 강제하여 결국에는 국제 제재로 발전하도록 만든다는 점에 있다.

즉 번잡한 논의 끝에 약한 제재밖에 만들어내지 못하는 유엔 안보리를 이용하지 않고, 국제 사회에 대한 설득이 불필요하며 훨씬 강력한 제재 체제를 만들어낼 수 있는 것이다. 미국 중추에 대한 동시 테러(9·11 테러)로 '테러와의 전쟁'이 미국의 최우선 정책이 됨에 따라, 이러한 독단적이며 신속한 국제 제재를 부과하는 금융제재는 미국 대외정책의 주요한 도구가 되었다.

금융제재에는 ① 자산 동결, ② 투자, 원조, 국제기관의 지원 중단, ③ 금융 시스템으로부터의 추방 등이 포함된다. 물품을 대상으로 하는 무역제재는 그 사업자의 수가 방대하며 무역 경로는 육로, 해로, 공로(空路)를 사용하기에 모든 것을 파악하는 것이 불가능하다. 즉 제재로부터 도피하는 것이 간단한 것이다.

그러나 금융제재의 경우에 있어서 통화의 흐름은 은행 등 금융기관을 통할 수밖에 없으며 그 경로가 한정된다. 정부는 은행 등에 영향력을 활용하여 쉽게 감시할 수 있으며, 게다가 은행은 정부의 면허제 아래에서 사업을 하고 있기 때문에 정부의 규제를 받아들이게 된다. 그리고 정부는 위반을 한 은행에 대해 거액의 제재금을 부과할 수 있는 권한을 보유하고 있다. 또한 은행 등 금융기관은 신용도가 중요하기 때문에 설령 억울한 누명이라고 하더라도 '제재 위반'이라고 비난을 받게 되면 그것 자체로 데미지가 된다.

미국의 금융제재에서는 위반자에게 달러를 사용하지 못하도록 하고 미국의 금융 시스템으로부터 배제한다는 엄격한 형벌이 마련되어 있다. 위반하는 것을 도운 은행 등 금융기관도 마찬가지의 형벌을 부과받는다. 달러를 사용하지 못하게 된다면, 세계에서 비즈니스를 계속할 수 없게 된다. 국제적인 기업에게 있어서 금융제재의 위반에 대한 형벌은 '사형 선고'라고 말해지는 까닭이 바로 여기에 있다.

그런데 세계의 과거 '금융제재' 가운데 미국이 발동한 것이 약 90%라고 한다. 또한 제2차 세계대전 이후에 실시된 경제제재 중에서 무역제재가 어떤 상대국의 행동을 변경시킨 것은 25%였는데, 금융제재는 36%였다고 한다.

이미 단독이라든지 유엔 안보리라는 제재의 형태를 둘러싼 논의는 의미를 갖지 못하게 되었다. 미국이 각국 정부, 기업 및 조직에 대해 '달러를 사용하지 못할 것이다'라는 위협을 얼마나 효과적으로 사용할 것인지를 고려하고 있는 시대이다. 바로 기축통화 달러와 최강의 금융 시스템을 장악하고 있는 미국이기 때문에 자유롭게 그리고 가장 위력을 지닌 금융제재를 부과하고 있는 것이다.

제 3 장

미국 제재를 바꿔버린 9·11 테러

푸른 하늘에 높이 솟아 있는 빌딩을 향해 여객기가 충돌하면서 마치 슬로모션처럼 빌딩이 붕괴되는 충격의 TV 영상을 보며 21세기는 시작되었다. 전 세계 모든 사람이 초강대국 미국의 심장부를 파괴한 것이 누구인지에 대해 여러모로 생각했을 것임에 틀림없다. 동시에 미국이 크게 분노하여 땅 끝까지 추적하여 범인들, 그것이 국가든 테러 조직이든 그 뿌리까지 뽑아내며 제거할 것임을 예상할 수 있었다. 미국의 모든 힘을 총동원해서 말이다.

필자는 당시 도쿄 본사에서 편집 책임자를 맡고 있었는데 워싱턴 특파원 경험자라는 이유로 즉각 워싱턴으로 출장을 가라는 지시를 받았다. 상사로부터 "10년에 한 번 일어날까 말까 한 빅뉴스다. 그러니까 힘내기 바란다"라는 말을 전해 들으며 파견되었다. 확실히 뉴욕의 금융가와 워싱턴 교외의 국방부 건물이 공격을 받아 3,000명이나 되는 사람이 일거에 희생된 것은 역사적인 사건이었다. 수십 년에 한 차례 일어날 대사건이었으며, 결국 시작될 대규모 전쟁을 취재하는 것은 국제 저널리스트에게 있어서 몸을 긴장하게 만드는 책무에 해당했다.

미국이 직접 공격을 받은 것은 진주만 사건 이후 처음 있는 일이었으며, 그 이전에는 약 200년 전의 미영 전쟁에서 워싱턴이 불탔던 적이 있었을 뿐이다. 바로 그렇기 때문에 미국이 '모든 힘을 총동원할 것'이라는 것은 간단하게 예측할 수 있었으며, 핵무기 사용이라는 국제정치의 상식을 뒤집는 일도 상정 외의 일이라고는 말할 수 없었다. 이 밖에 '이제까지의 상식을 초월한 미국이 지닌 힘은 무엇일까?' 등, 그러한 것에 대해서 비행기 기내에서 생각하면서 미국으로 들어갔다.

필자가 워싱턴에 도착하자, 미국 대통령 조지 부시는 이미 범행 조직을 국제 테러 조직 '알카에다'라고 단정하고 사우디아라비아인이자 알카에다의 수장인 오사마 빈 라덴(Osama bin Laden)의 지시에 의한 것이라고 결론 내렸다. 공격을 받은 세계무역센터 빌딩은 1993년에 이미 이슬람 과격파 조직의 폭탄 테러 대상이 된 바 있었다. 이 빌딩을 무너뜨리는 것은 미국에 대한 도전으로서 이슬람 과격파의 궁극적인 목표였기 때문에 2001년의 단계에서 조직력, 행동력이 모두 압도적이었던 알카에다의 범행일 것이라는 추측은 그 누구나 하고 있었다.

그렇게 되면, 다음으로는 빈 라덴을 체포·살해하고 알카에다를 괴멸시키는 군사 작전을 미국이 언제 시작할 것인지에 관심이 옮겨진다. 하지만 그 제1격(第一擊)은 좀처럼 시작되지 않았다. 빈 라덴과 알카에다 간부는 아프가니스탄에 은거하고 있다는 것이 파악되었지만, 우선은 아프가니스탄을 당시 지배했던 이슬람 원리주의를 신봉하는 탈레반과의 사이에서 빈 라덴의 인도(引渡)와 관련된 교섭을 하지 않으면 안 되었다. 이것이 언제까지 계속될 것인지 알 수 없었다. 군사 공격은 반드시 실행되겠지만, 미국의 견지에서 볼 때 지구의 반대편에 있는 아프가니스탄에서의 전쟁 계획의 입안, 부대 및 무기의 수송, 출격 기지가 되는 파키스탄과 우즈베키스탄의 협력을 얻어내는 등의 어려운 절차를 밟아야 할 필요가 있었다. 유엔 안보리에서 공격에 대해 이해를 확보하는 결의도 필요했는데, 이것도 시간이 걸린다.

결국 공격이 시작된 것은 9·11 테러가 발생한 지 약 1개월이 지난 10월 7일이었다. 부시 대통령은 즉시 보복 공격에 나서지 못했기 때문에 이 사이에 공적인 장소에서는 초조한 표정을 숨기지 못했다.

이채로움을 발산하는 재무부

부시 대통령은 테러의 현장에서 필사적인 구출 작업을 계속하고 있던 9월 12일, 모든 부처(部處)에 대(對)테러 전쟁에 참가하고 테러 조직을 괴멸시킬 정책의 개시를 명했다. 아프가니스탄에서의 전쟁 준비에 들어간 미국 국방부와 합동참모본부(합참)에 더하여, 세계 각국으로부터 지지를 확보한 국무부, 테러 조직의 정보를 입수하여 대(對)테러 작전에 들어간 중앙정보부(CIA), 대테러 작전에서의 법적 기초를 정리한 법무부 등이 그것이다. 그중에서도 이채로움을 발산했던 것은 재무부였다. '테러 조직의 파괴에는 자금을 차단시키는 것이 불가결하다'라고 주장하며 금융제재의 방법을 다양하게 고안해냈던 것이다.

미국의 안전보장 정책에서 재무부의 그림자는 그때까지 엷었다. 전쟁을 포함하여 대통령의 안전보장 정책을 입안하는 국가안전보장회의(NSC)는 국가안보 담당 대통령보좌관이 의장을 맡고 국무부, 국방부, 합참, CIA 등이 주요 멤버로서 출석한다. 통화 달러의 인쇄 및 관리, 환율 정책, 연방세(聯邦稅)의 징세, 그리고 국가재정의 운영을 임무로 하는 재무부는 안전보장은 물론이고, 더욱이 대테러 전쟁과는 관계가 없는 것으로 생각되어왔다.

그러나 테러 조직을 괴멸시키라는 정책의 지시를 받고, 어떤 부처보다도 신속하게 움직였던 것이 재무부였다. 알카에다 및 그 지원자가 미국 국내에서 보유하고 있던 자산 동결을 비롯하여 외환 거래의 금지, 송금 업무의 금지 등 이른바 금융제재를 폭넓게 발동했던 것이다. 9·11 테러로부터 약 2주일이 지난 9월 24일, 부시 대통령은 백악관에서 대통령명령을 공표하며 테러와의 전쟁은 군사뿐만 아니라 경제, 외교, 정보, 사법 등의 총력전이라고 논하며, "테러 조직의 재정 기반에 대한 공격을 개시했다. 테러 조직을 굶겨 죽이게 될 것이다"라고 선언했다.

이날 부시 대통령은 중요한 의미를 지닌 발언을 했다. "테러 조직과 거래하고 지원한다면 미국에서는 비즈니스를 할 수 없게 될 것이다"라고 경고하며, 각국 정부뿐만 아니라 각국의 은행 등 기업에 대해서도 '테러와의 전쟁'에 가담하도록 요구했던 것이다. 또한 전 세계에서 테러 조직의 자금원을 끊어내기 위해서 미국 정부가 법률을 바꿀 것이라고 언급하며, 강제력을 동원하여 세계의 금융기관을 미국이 주도하는 테러와의 전쟁에 따르도록 만들겠다는 결의를 보였다.

현재 전 세계의 은행이 두려워하는 제재 위반을 이유로 한 미국에서의 제재금 및 미국으로부터의 추방이라는 악몽의 시나리오가 묘사되었던 것이다. 이러한 것은 미국 재무부가 고안해냈으며 그 권한은 재무부에 부여되었다.

당시 미국 재무부에서 알카에다의 자금원을 끊어내는 정책의 입안에 참가했던 후안 자라테(Juan Zarate)는 2013년에 집필한 저서 『재무부의 전쟁(Treasury's War)』[1]에서 "우리는 이 세계, 즉 안전보장과 금융이 합체되어 있는 세계에서는 신참자(新參者)였다. 재무부가 중심이 되어 훨씬 확대된 금융 전쟁의 무대를 만들게 될 것이라고는 생각하지 못했다. 우리는 이때 금융 전쟁의 청사진을 만들어냈다"라고 논하고 있다.

확실히 이때 묘사되었던 수법은 그 이후 전 세계의 은행 등 금융기관을 동원하여 '불량배(테러 조직은 물론이고 북한, 이란, 베네수엘라, 나아가서는 미국을 위협하는 러시아, 중국의 조직 및 기업 등)'를 미국의 금융 시스템으로부터 추방하고 아울러 세계로부터 고립시키는 전략의 청사진이 되었다.

자라테는 미국 재무부의 당시 모습을 "양복을 착용한 관료 게릴라에 의한 봉기(蜂起)"라고 드라마틱하게 표현하고 있다.

블랙리스트

애당초 미국은 금융제재를 부과하는 다양한 도구를 갖고 있었다. 빌 클린턴 정권은 옛 유고슬라비아 분쟁에서 미국과 대립했던 세르비아인 세력에 대해서 그 재미(在美) 자산을 동결하고 재정 지원을 저지했다. 1995년에는 미국 재무부 해외자산관리국(OFAC)을 이용하여 콜롬비아의 마약조직 관계자를 '특별 지정(SDN)' 리스트에 올리고 미국 기업에게 그 조직과의 거래를 금지하도록 함으로써 미국 금융 시스템으로부터 추방했다. 그것은 이러한 사람들 및 단체가 달러로 송금을 보낼 수 없게 되는 것을 의미했다. 또한 클린턴 정권은 알카에다 및 이슬람교 시아파 민병조직 헤즈볼라(Hezbollah)를 '테러 조직'으로 지정하고 미

---

1 Juan Zarate, *Treasury's War: The Unleashing Of A New Era Of Financial Warfare* (PublicAffairs, 2013).

표 3-1_ 미국에 의한 경제제재의 주요 근거법

적성국교역법 (TWEA)	1917	대통령이 전시에 적국과의 무역을 제한·금지할 권한을 보유함. 현재는 쿠바에 대한 제재의 근거법. 북한은 2008년에 적국 리스크에서 제외됨
수출관리법 (輸出管理法)	1940	안전보장·외교·비확산의 이유로 미국 측에 불리해지는 것에 대한 수출을 금지, 제3국으로부터의 재(再)수출 금지(entity list 게재)
국제긴급경제권한법 (IEEPA)	1977	미국에 대한 비상한 위협이 외부로부터 있을 때에 대통령이 국가 긴급사태를 선언하고 국제 통상을 규제할 권한을 지님. 미국의 경제제재에서 가장 기본이 되는 법
해외부패방지법 (FCPA)	1977	미국 기업의 해외에서의 부패 행위를 적발하는 것을 목적으로 함. 1998년에 개정되어 외국 기업 및 외국인도 처벌의 대상이 됨
쿠바 민주주의법	1992	쿠바의 민주화를 목적으로 함. 미국 기업의 외국 자회사가 쿠바와 무역을 하는 것을 금지함
이란·리비아 제재법	1996	이란과 리비아에 대한 경제제재법. 2004년에 리비아가 핵 계획을 포기했을 때에 이란 제재법으로 전환됨. 이란의 석유 개발을 방지하고 외국 기업도 속박함
애국자법(Patriot Act)	2001	9·11 테러의 직후에 테러의 저지를 위해 미국의 대(對)테러 안전보장 정책을 강화하는 것을 목적으로 함. 자금 세탁의 방지를 위한 철저한 대책을 요구하며 자금 세탁 '금융제재'를 발동하는 근거법
포괄적 이란 제재법	2010	이란 제재법을 강화하여, 외환 업무 및 은행 서비스 제공의 금지 등 금융제재 부분을 추가함
마그니츠키 법 (Magnitsky Act)	2012	러시아의 인권 침해자에 대한 제재법으로서 성립됨. 2016년에는 미얀마의 로힝야 난민, 사우디아라비아의 저널리스트 살해에 관여한 자 등 타국의 인권 침해자도 제재 대상으로 삼음
우크라이나 자유지원법	2014	크림 반도의 병합 및 우크라이나에 대한 무력 개입을 이유로 러시아의 에너지, 국방 부문에 제재를 부과함. 제3국의 개인 및 기업도 제재 대상으로 삼음
북한 제재 강화법	2016	북한의 핵·미사일 개발 및 독재체제 유지에 연결되는 자금을 차단함. 거래에 관여한 제3국의 개인 및 기업도 제재 대상으로 삼음
제재에 의한 적성국 대항법	2017	러시아에 의한 우크라이나 및 시리아에 대한 관여, 2016년 미국 대통령선거에 대한 개입, 사이버 공격 등을 이유로 제재를 부과한 법. 이란, 북한에 대한 제재도 규정하고 있음
2019년도 국방수권법	2018	중국 첨단기술 기업 5개 회사의 정부 조달 금지, 중국 기업에 대한 투자 심사를 엄격화함

국 국내에 있는 자산의 동결 및 미국 기업과의 거래 중지를 결정했다.

OFAC이 최초로 SDN 리스트를 발표했던 것은 1986년이며, 미국인 및 미국 기업을 속박하는 국내 규정으로서 시작되었다. 따라서 순전히 미국 국내의 조치로 생각하기 일쑤인데, 실상은 그렇지 않다. 지금은 국제 사회를 폭넓게 속박하는 거대한 효과를 지니고 있다.

미국의 금융제재가 지닌 파워의 틀을 다시 설명해보도록 하겠다.

어떠한 개인 또는 조직이라고 하더라도 국제적으로 행동한다면 미국의 금융 시스템, 구체적으로는 뉴욕 연방준비은행(FRB)에 대한 접근이 필요해진다. 국제적인 상거래의 대다수는 미국 달러로 행해지는데, 그것은 뉴욕 연방준비은행에 각 민간 은행이 보유하고 있는 결제용 계좌를 통하는 것이 일반적인 방법이기 때문이다. 석유의 매매든, 대형 플랜트에 대한 융자든, 스마트폰과 의류 등 소비품의 수출입이든 그 어떤 것이나 그렇다.

그것은 미국의 관할권을 통과하기 때문에 만약 SDN 리스트에 올라온 테러 조직의 송금 업무를 담당한다면 OFAC으로부터 위반을 행했다며 견책 처분을 받는다. 그러한 업무에 관여한 은행은 고액의 벌금 및 화해금의 지불에 내몰리게 된다. 은행 업무를 행하는 면허의 몰수라는 최악의 시나리오도 있다. 은행은 그 악몽의 시나리오를 어떻게든 피하고자 하기 때문에 고객을 SDN 리스트와 서로 대조하며 위험한 송금은 중단시키게 된다.

또한 은행에 송금을 의뢰하는 기업 및 개인은 미국의 외부에 체재하고 있더라도 미국에 현지 법인을 갖고 있는 경우가 많다. OFAC은 미국 법에 반하는 기업을 미국으로부터 추방한다고 압력을 가하기 때문에, 부시 대통령이 9월 24일에 말했던 "미국에서 비즈니스를 할 수 없게 된다"라는 것은 실제적인 위협인 것이다.

금융제재의 내용을 포함시켰던 것이 9월 24일에 발표된 대통령명령 제13224호이다. 대통령명령에 비상사태를 선언하고 경제제재를 부과할 수 있는 권리를 부여한 '국제긴급경제권한법(IEEPA)'에 근거한 이 대통령명령의 특징은 알카에다를 표적으로 삼고 있을 뿐만 아니라, 알카에다의 관계자가 소유하거나 또는 제휴하고 있는 기업 등도 SDN 리스트에 올리는 것이 가능했다는 점이다. 테러 지원 조직을 국제적으로 고립시키려는 노림수도 있었다.

80 : 20의 원칙

대통령명령 제13224호에 의한 OFAC의 SDN 리스트 작성은 테러 예방이 주안점이며, 기업 및 개인이 실제로 테러 지원 활동을 행했다는 것을 입증하지 않아도 되는 것이다. 사후적으로 범죄를 처벌하는 것이기에, 형사상으로는 적정한 절차가 아니라고 할 수 있다.

자라테가 그의 저서에서 밝히고 있지만, 9·11 테러 당시의 재무장관이었던 폴 오닐(Paul O'Neill)은 재무부의 내부 회의에서 테러와의 전쟁에서는 '80 : 20의 원칙'을 적용한다고 선언했다. 80 : 20의 원칙이란 SDN 리스트에 올라가야 한다는 의구심이 80%까지 높아진다면 그것으로 '허락한다는 신호(green light)'를 낸다고 하는 것이다. 따라서 나머지 20%를 수집할 필요가 없다. 그 나머지 20%를 수집하여 흑백을 확정하기 위해서는 방대한 시간과 에너지가 필요해진다. 그렇게 하는 중에 다음의 테러가 일어날지도 모르기 때문에 그렇다는 것이다.

9·11 테러 이후 미국의 '테러와의 전쟁'은 위험하다고 추정된다면 곧바로 행동을 해야 한다는 정신으로 일관되고 있다. 그것은 9·11 테러

를 사전에 알 수 있었던 정보를 연방수사국(FBI)이 획득하고 있었으면서도 미국 정부가 행동을 하지 않아 3,000명이나 되는 사람들이 희생되었고, 미국의 권위를 실추시켜버렸던 것에 대한 반성으로부터 생겨난 사고방식인 것으로 보인다. 하지만 80 : 20 원칙으로 행동을 한다면 억울한 누명이 발생할 가능성이 크다. 특히 SDN 리스트에 대한 등록은 전 세계적으로 지명수배를 받게 되는 것과 같은 데미지가 된다.

80 : 20 원칙의 가장 으뜸가는 사례는 전쟁의 대의명분이 되었던 대량살상무기(WMD)의 개발 및 알카에다와의 연대에 대한 증거가 없는 상태로 사담 후세인 정권의 타도에 나섰던 이라크전쟁이라고 할 수 있다. 결국 이라크에서는 WMD 관련 증거가 발견되지 않았고, 그 이후 테러의 소용돌이가 불어 닥쳐 과격파 조직 '이슬람국가(IS)'가 부상함에 따라 상당수의 시민들이 희생되었다.

이라크전쟁의 개전(開戰) 직전에 이유를 묻는 질문에 "버섯구름이 올라왔던 때로부터 너무 늦었다"라고 했던 콘돌리자 라이스(Condoleezza Rice) 국가안보 담당 대통령보좌관(당시)의 발언은 실로 80 : 20의 원칙이 지닌 공포를 말해준다.

9·11 테러 직후에도 SDN 리스트에 올라가 억울한 누명을 뒤집어쓰는 일이 일어났다. 스웨덴에서 살고 있었던 소말리아 출신의 해외 노동자가 모국으로 송금하는 '알바라카트(Al-Barakat)'라고 불리는 시스템과 관련된 사건이 유명하다. 뒷부분의 장(章)에서 상세하게 논하겠지만, 스웨덴의 안나 린드(Anna Lindh) 외교장관이 워싱턴을 방문하여 미국의 오닐 재무장관에게 대응해줄 것을 요구하는 외교 문제로도 발전했다. 이러한 혼란에 따라 '80 : 20'의 원칙을 '100'의 원칙으로 변경시켰다고 하지만, 테러 수사를 둘러싸고는 억울한 누명과 관련된 의심이 사

라지지 않고 있다.

애국자법

미국 의회가 10월 25일 '애국자법(Patriot Act)'[2]을 가결했고, 그 이튿날 10월 26일 부시 대통령이 서명하여 해당 법률이 성립되었다. 금융에 관해서는 미국의 은행에 달러 송금을 의뢰해오는 고객 및 그 거래가 테러와 관련되어 있는지 여부 등의 조사를 면밀하게 실행하고 재무부에 보고하도록 의무화했다. 보험 및 귀금속을 취급하는 모든 '비(非)은행계 금융기관(non-bank)'[3]에 대해서도 금융기관으로서 동일한 의무가 부과되었다.

10월 29일 국제자금세탁방지기구(FATF)[4]의 임시총회가 워싱턴에서 개최되어 미국 재무부의 주선으로 가맹국이 테러 자금의 이동을 규제하는 법의 정비 및 '하왈라(Hawala)'라고 불리는 이슬람 금융의 규제 등 8개 항목의 제언을 채택했다. FATF는 자금 세탁에 대한 대책을 위해 1989년의 선진국 정상회의에서 설치되어, OECD 회원국과 홍콩, 브라

---

2 전체 영어 명칭은 Uniting and Strengthening America by Providing Appro-
   priate Tools Required to Intercept and Obstruct Terrorism of 2001(USA
   PATRIOT Act)이다. 여기에서 PATRIOT는 두문자어(acronym)이기 때문에
   정확하게는 '미국 애국자법'을 의미하지는 않지만 관용적으로 쓰이는 표현에
   따라 표기했다.

3 은행은 아니지만 은행과 비슷한 금융 서비스를 하는 기업, 또는 신용 판매 회
   사 및 신용 대부 기관을 비롯하여 광의적으로 증권회사·보험회사·카드회사·
   리스 회사·협동조합 등의 금융 관련 회사를 총체적으로 지칭한다.

4 전체 명칭은 Financial Action Task Force(on Money Laundering)이다.

질 등 30개를 넘는 국가 및 지역과 유럽위원회(European Commission: EC),[5] 걸프협력회의(Gulf Cooperation Council: GCC)로 구성되어 있다. 자금 세탁의 방지에 비협력적인 국가 및 지역을 특정하여 국제적인 압력을 가하는 작업 및 자금 세탁에 관한 권고를 책정하고 권고의 실시 상황을 감시하는 역할을 수행하는 것이다.

미국은 유엔에서도 테러 자금에 대한 대책에 나섰다. 유엔 안보리는 9월 28일에 결의 제1373호를 채택하고 테러 조직에 대한 자금 제공을 범죄화하여 테러에 관여한 자의 자산을 동결하도록 유엔 회원국에게 요구했다. 이 결의의 획기적인 점은 금융제재를 부과함에 있어서 구체적인 대상을 유엔 안보리가 결정하는 것이 아니라, 각국이 결정할 수 있도록 했다는 점이다. 이 때문에 미국이 국가, 단체, 개인에 대한 제재를 일방적으로 선택하여 제재를 부과하더라도 그것은 유엔 안보리 결의에 따른 것이라고도 설명할 수 있게 되었다.

각국이 독자적으로 제재 대상을 결정할 수 있는 틀은 저지를 위해서 긴급하게 움직이지 않으면 안 되는 테러 관련 사안의 특유한 사정이 그 배경에 있지만, 제재 대상을 유엔 안보리 차원에서 신중하게 검토한 끝에 국제 사회의 총의(總意)로서 선택했던 그때까지의 유엔 안보리 결의의 방법과는 크게 다른 것이다. 그 이후 유엔 안보리는 핵무기에 관한 제재 결의 및 대(對)이란 금융제재 결의에서도 이 틀을 취했다. 또한 G7 정상회의 및 국제통화기금(IMF), 세계은행(World Bank) 등도 미국의 제안을 받아들여 테러 조직의 박멸을 위한 자금 봉쇄 관련 대책을

---

5 '유럽연합 집행위원회'라고 불리기도 한다.

결정했는데, 이러한 것도 각국의 재량(裁量)에 의해 대상을 결정할 수 있으며 이른바 '백지 위임'의 형태를 취하고 있다.

그때까지 정부 및 국제기관의 규제 바깥에 있었던 이슬람 금융 '와할라'에 대한 규제도 시작되었다. 국외로의 현금 반출에 대한 규제도 엄격해졌다. 2003년 8월에 런던의 히스로 공항(Heathrow Airport)에서 현금 반출 관련 규제에 걸린 아랍계 미국인을 조사한 결과, 사우디아라비아의 압둘라[6] 황태자(이후의 국왕)에 대한 암살 계획이 발각되었던 적도 있다.

그러나 무엇보다도 압도적인 효력을 지니고 있으며, 그 이후의 금융제재의 존재 양식을 바꾸었던 것은 OFAC의 'SDN 리스트'라는 것은 틀림없다.

미국 재무부는 테러의 실행범, 조직, 재정적인 지원자뿐만 아니라 테러 행위를 선동하는 선동자도 SDN 리스트에 추가했다. 미국과 유럽에서 확립된 '언론의 자유'를 뒷방패로 삼아 실제로는 폭력적인 테러를 선동하고 있다고 하며 종교적 지도자 등을 SDN 리스트에 추가하여 활동을 봉쇄했다. 이제까지는 그들이 체재하고 있는 국가의 경찰이 실제로 일어난 테러 행위와의 밀접한 연계가 없다면 손을 내밀지 않았지만, SDN 리스트는 과격한 사상을 선동하는 것도 테러 지원으로 규정하고 그물망을 설치했던 것이다.

테러 및 테러 조직에 무기를 판매하는 '죽음의 상인'도 SDN 리스트에 추가되었다. 러시아인 빅토르 부트(Viktor Bout)가 그중의 한 명이

---

6   압둘라 빈 압둘라지즈 알사우드(Abdullah bin Abdulaziz Al Saud)를 지칭한다.

다. 부트는 테러 조직이든 정부군이든 그 누구에게도 무기를 판매하는 것으로 알려져 있었다. 이라크에서는 반미 테러를 계속하고 있던 과격파와 미군을 돕는 민간 무장기업 쌍방에게 무기를 판매했다. SDN 리스트에 올라가게 되어 무기 거래가 적어지게 되었는데, 2008년 3월에 미국의 미끼 수사를 통해 태국에서 체포되었다. 부트는 SDN 리스트에 올라가게 됨으로써 60억 달러 규모의 무기 매매 관련 비즈니스를 잃어버리게 되었다고 한다.

문호를 개방한 SWIFT

미국의 금융제재의 칼날을 더욱 예리하게 만들었던 것은 '국제은행간통신협회(國際銀行間通信協會, SWIFT)'[7]의 협력이다.

SWIFT는 송금 정보를 고도로 암호화된 방법으로 주고받는 통신 서비스의 거점으로 벨기에의 브뤼셀에 본부를 두고 있으며, 1973년에 국제 결제의 틀을 표준화하기 위해 창설되었고, 현재 200개 이상의 국가 및 지역의 금융기관 1만 2,000개 사(社)가 참가하고 있으며, SWIFT를 통과하는 송금액은 1일당 5조~6조 달러로 간주되며 국제 결제의 대부분을 차지하고 있다.

물론 달러뿐만이 아니라 유로, 엔, 파운드, 인민폐(RMB) 등을 통한 결제 통신도 SWIFT가 취급하고 있다. 어느 곳의 누구로부터 얼마만큼의 송금이 누구의 어떤 계좌로 송금되는가 하는 정보를 장악하고 있기 때문에, 테러 조직 및 북한, 이란 등의 '불량배' 국가에 대한 송금의 흐

---

7 전체 명칭은 Society for Worldwide Interbank Financial Telecommunication이다.

름을 저지하기 위한 금융제재에 있어서는 필수적인 일종의 관문이라고 말할 수 있다.

미국 정부는 1980년대부터 SWIFT의 협력이 마약 조직 및 테러 조직에 대한 대책에 불가결하다며 접근해왔는데 고객의 비밀 엄수라는 신뢰를 통해 성립된 업무인 만큼 SWIFT는 그것을 모두 물리쳐왔다.

자라테는 그의 저서 『재무부의 전쟁』에서 재무부 고위 관료와 SWIFT 간부의 대결을 묘사하고 있다. 이때 SWIFT의 CEO는 미국의 은행가 레니 슈랑크(Lenny Schrank)였는데, 9·11 테러의 충격을 받아 SWIFT의 중립성 견지 및 고객에 대한 비밀 엄수의 의무라는 조직의 책임과 대규모 테러의 재발을 방지한다는 윤리관 사이에서 고뇌한 끝에 미국의 요청에 응하게 되었다.

미국은 이러한 데이터를 기초로 하여 테러리스트의 체포 및 테러의 저지, 테러 조직의 파괴를 행하며 전 세계의 많은 사람들의 목숨을 구했다고 한다. 2002년 10월에 발리(Bali) 섬에서 대규모 테러를 일으키고 2003년에는 아시아·태평양경제협력회의(APEC) 정상회의에 맞추어 테러를 행하는 것을 계획했던 인도네시아의 과격파 조직 '제마 이슬라미야(Jemaah Islamiyah)'의 지도자 함발리(Hambali)[8]의 체포에는 SWIFT 정보가 단서로 활용되었다.

미국 정부 내부에서는 부통령 딕 체니(Dick Cheney) 등이 테러와 관련된 사항뿐만 아니라 마약 및 대량살상무기 등의 금융 거래에도 협력의 대상을 확대시켜야 한다고 주장하며, 제공 데이터를 한정하고자 하는

---

8 본명은 엔체프 누르자만(Encep Nurjaman)이며, 리두안 이사무딘(Riduan Isamuddin)으로 불리기도 한다.

SWIFT 측과 대립했다. 결국 SWIFT의 담당자가 재무부에 상주하며 제공된 데이터가 테러 대책에만 사용되는 것을 확인하게 되었다고 한다.

그러나 고객의 프라이버시 준수 및 중립의 이미지가 강했던 SWIFT가 미국 정부에게 협력하며 개인의 송금 관련 데이터를 제공했다는 사실에 반발하는 흐름도 생겨났다. ≪뉴욕타임스(New York Times)≫가 2006년 6월에 SWIFT로부터 데이터가 제공되었다는 사실을 제1면에 게재하자 인권 변호사 및 유럽 정부가 이를 문제로 삼았다.

유럽 정부는 미국에 SWIFT로부터의 데이터 제공을 더욱 엄격하게 다루는 규칙의 작성을 요구했고, △ 구체적인 테러 수사 및 테러 예방을 근거로 하는 경우에 한하여 송금 관련 데이터를 제공하고, △ 미국 정부는 5년마다 데이터를 삭제하며, △ 미국 측의 요구는 모두 유럽경찰기구가 확인한다는 것 등에 대해 합의가 이루어졌다. 미국은 연간 5,000건 정도의 데이터를 얻고 있다고 한다.

결국 SWIFT는 미국의 압력에 져서 대량살상무기의 개발 계획 및 테러 지원을 이유로 하여 이란과 북한 등의 송금 관련 정보도 미국에 제공했다. 또한 이란 및 북한과 관련된 송금 통신을 거부하는 결정도 행했다. 이란과 북한에 대한 금융제재에 따르지 않을 경우, SWIFT 자체를 제재할 것이라는 미국의 위협을 받고 내린 조치인데 중립성을 중시하는 SWIFT의 변질이라고 말하지 않을 수 없다.

최근에는 중국인민은행(中國人民銀行)이 SWIFT를 대신하는 국제은행간결제시스템(CIPS)⁹을 만드는 등 SWIFT가 미국 정부의 하청 기관이 된

---

9 전체 명칭은 Cross-Border Interbank Payment System이며 China Interbank Payment System으로 일컬어지기도 한다.

것에 반발하는 국가들에 의한 움직임도 시작되고 있다. 미국에게 전면적으로 협력했던 SWIFT가 향후에도 현재 세계의 금융 통신 시스템을 장악하는 지위를 계속해서 유지할 수 있을 것인지 그 여부가 주목된다.

스위스 은행도 굴복하다

SWIFT와 함께 고객에 대한 비밀 엄수의 원칙을 9·11 테러 이후에 포기했던 것이 스위스 은행이다. 이라크전쟁에서는 사담 후세인 정권이 보유했던 스위스 은행 계좌 관련 정보를 공개하고, 미국 및 유엔의 요청에 따라 이러한 자산을 동결했다. 스위스 은행이라고 하면, 비밀 유지의 원칙으로부터 자주 부패한 정치 지도자 및 마약 등의 불법 자금, 테러 자금 등을 위해 계좌를 제공했던 것으로 흔히 알려져 있다. 하지만 미국의 제재 압력에 따라 그러한 과거의 원칙을 고집해서는 은행업을 계속할 수 없는 상황이 되자 결단을 했던 것이다.

바로 이 무렵, 스위스는 '핵무기의 상인'으로 일컬어졌던 파키스탄의 과학자 압둘 카디르 칸(Abdul Qadeer Khan)의 관련 계좌와 연루되어 있었기 때문에 엄청난 비난을 받게 되었다. 칸은 파키스탄의 핵폭탄 제조에 필요한 우라늄 농축기의 기술을 개발하고 사복(私腹)을 채우기 위해 그것을 리비아, 이란, 그리고 북한에게 판매했다는 사실을 인정했다. 핵무기 암시장에서 움직이는 돈이 스위스 은행을 거점으로 삼았다고 한다면, 그 평판은 나빠지게 된다. 결국 스위스는 그 금융 시스템이 청렴한 것이라는 것을 증명하는 '화이트 머니 이니셔티브(white money initiative)'도 개시하며 우등생으로서의 면모를 다시 호소했다.

구미의 대형 은행은 고객의 비밀을 지키기는커녕 자발적으로 '위험한 고객'의 정보를 제공하기 시작했다. SDN 리스트의 이른바 '위험한 고객'과의 비즈니스는 제재 위반 사항이 될 우려가 있기 때문에, 은행 스스로가 거액을 사용하여 자신의 고객과 SDN 리스트를 상호 대조하기 시작했으며, 적어도 의혹이 있을 경우 미국 재무부 및 각국 정부에게 상담하러 자발적으로 방문하게 되었다.

미국 재부무를 정점으로 하는 미국 정부가 앉아서 기다리기만 하면, 은행 쪽에서 용의자를 통보해주는 틀이다. 은행으로부터 본다면, 다소 더럽더라도 돈을 갖고 있는 쪽이 좋았을지도 모르지만, 9·11 테러 이후에는 더러운 돈이 조금이라도 있으면 테러 조직의 공범으로 취급되어버린다. '깨끗한 은행'이라는 것을 증명하는 것이 국제적으로 살아남을 수 있는 필수적인 길이 되었던 것이다.

사라져버린 명문 은행

이리하여 은행이 미국의 대(對)테러 전쟁에 전면적으로 협력해갈 때에 교훈이 되었던 것이 워싱턴에 본점을 두고 있던 릭스은행(Riggs Bank)의 폐쇄이다.

1836년 창설된 릭스은행은 백악관의 바로 가까이에 있기 때문에 에이브러햄 링컨, 드와이트 아이젠하워, 리처드 닉슨 등 미국의 역대 대통령 및 그 가족이 계좌를 개설했던 것으로 알려져 있다. 릭스은행은 미국·멕시코 전쟁 등의 전비(戰費)를 제공했고, 또한 1867년 알라스카 구입 시에는 720만 달러를 정부 측에 대출해주기도 했다. 그러한 미국 정권과의 가까움, 워싱턴에 위치해 있다는 입지 조건 등에 의해 각국 대사관이 이 은행에 계좌를 갖고 있었다.

그러나 릭스은행은 사우디아라비아, 수단, 앙골라, 적도(赤道) 아프리카 등에서 테러에 사용되는 것으로 지적되었던 자선단체의 계좌를 보유하고 있었으며, 자금 세탁을 행하고 있는 국가들에 대해 금융 서비스를 제공하기도 했었다. 9·11 테러의 실행범 2명이 릭스은행에 계좌를 갖고 있었다는 사실도 발각되었다. '애국자법' 등의 테러 대책 조치에서는 은행 등 금융기관이 테러 조직 등의 송금을 돕지 않도록 고객에 대한 심사를 강화할 것을 요구했고, 만약 필요한 추가적 조치를 행하지 않을 경우에는 벌금을 부과하거나 경우에 따라서는 미국에서의 은행 업무의 허가를 취소할 수 있다고 규정하고 있었다.

릭스은행은 이러한 국가들의 계좌에 대해서 필요한 체크를 태만히 했다고 하여 2004년 5월 2,500만 달러의 제재금을 부과 받았다. 이에 따라 릭스은행은 재무부로부터 지적되었던 의혹 계좌를 폐쇄했는데, 9·11 테러 이후의 애국적인 분위기 속에서 릭스은행에 대한 비난도 강화되었다. 연방수사국(FBI)의 자금 세탁 의혹 관련 수사 등도 본격화되어 고객들은 차례로 예금을 인출했으며, 경영 여건이 극단적으로 악화된 릭스은행은 결국 2005년 5월 다른 은행에 의해 흡수되었다. 169년의 역사를 자랑했던 릭스은행이 소멸되어버린 것이다.

여담이지만 각국 대사관뿐만 아니라, 일본인 기자도 포함하여 외국의 워싱턴 특파원들도 부임 이후에 릭스은행에 계좌를 개설했었다. 일본 미디어 지국이 있는 내셔널 프레스 빌딩(National Press Building)으로부터 걸어서 2~3분 거리에 있는 편리한 은행이었다. 그러한 은행이 갑자기 소멸되었기 때문에, 특파원들은 큰 낭패를 보게 되었다.

유엔 안보리 재무장관 회의

9·11 테러는 미국과 세계를 다양한 의미에서 변화시켰다. 미국 재정의 파수꾼에 불과했던 재무부가 대(對)테러 전쟁을 계기로 안전보장 정

책의 주역 가운데 하나로서 뛰어오르게 된 것은 이제까지 언급한 바와 같다.

그것을 상징하는 것이 되는 회의가 2015년 12월 17일 뉴욕의 유엔 본부에서 개최되었다. 유엔 안보리에서 재무장관이 안보리 각국을 대표하여 참가한 유엔 안보리 재무장관 회의이다. 이 무렵 대단히 창궐했던 과격파 조직 '이슬람국가(IS)'의 자금원을 차단하기로 하는 금융제재가 안보리 결의로 채택되었는데, 회의의 의장을 맡았던 미국의 제이콥 루(Jacob Lew) 재무장관은 회의장을 보며 감개무량한 표정으로 "오늘은 역사적인 날이다"라고 말했다.

유엔 안보리라고 하면, 보통은 유엔 대사가 출석하며 중요한 회합에는 대통령, 총리, 외교장관이 출석해왔는데, 재정 및 금융이라는 이제까지 안전보장과는 관계가 없는 것으로 여겨졌던 정책을 담당하는 재무장관이 모이는 회합은 유엔 역사상 최초의 일이었다. 이것은 금융제재가 얼마나 안전보장 정책으로서 중요해졌으며, 그 담당자인 재무부가 외교 및 안전보장의 중앙무대 위에 서게 되었는지를 여실히 말해준다.

루 재무장관은 9·11 테러 이래 미국을 중심으로 하여 날카로워져 왔던 금융제재의 수단이 테러 조직을 축출해왔다며 그 성과에 대해 언급했다. 확실히 '이슬람국가'는 2016년에 들어서 급속하게 세력권을 상실했으며, 2018년에는 궤멸 상태가 되었다. 일시적으로는 5억 달러라고 말해졌던 석유의 판매 이익 등 풍부한 자금이 국제 협조에 의한 금융제재로 수중에 들어오지 못하게 되었던 것도 이슬람국가가 쇠퇴하게 된 커다란 원인이 되었다.

미국의 경제제재는 9·11 테러로 크게 변했다. 무역 금수였던 그때까지의 제재로부터 달러와 세계 최강의 금융 시스템을 무기로 삼는 금융

제재로 바뀌게 되었던 것이다. 세계의 기축통화 달러를 사용하지 못하게 된다면, 그 누구에게 있어서도 거대한 손실이 된다. 그 급소를 미국이 찔렀던 것이다. 전가의 보도를 빼내들었다고 말할 수 있다.

다만 금융제재는 확실히 테러 조직의 자금원을 차단했는지는 모르지만, 애당초 테러의 실행에는 막대한 자금이 필요한 것은 아니다. 9·11 사태도 그러했다. 실로 개인에 의한 자폭 테러는 소액의 자금으로도 결행할 수 있다. 자금원을 끊는다고 하더라도 '적'에 대한 증오가 팽창하는 한, 그것을 수행하는 인물이 출현하게 된다. 돈줄을 억누른다면 테러가 없어질 것이라는 발상은 테러가 일어나는 진정한 이유에 대해 이해를 하지 못하도록 방해하는 역효과를 낳게 되어버린다.

제 4 장

마카오발 격진
북한

마카오는 1999년까지 포르투갈령이었기 때문에, 남유럽풍의 건물들
이 늘어서 있는 이국적인 도시이다. 세계에서 가장 급격한 성장을 이루
고 있는 중국 선전을 끼고 있는 주장(珠江) 델타 지역에 면해 있으며, 1
인당 GDP는 세계 톱클래스이다. 물론 미국의 라스베이거스를 초월하
는 도박 수입이 기여하고 있다. 정식 명칭은 '중화인민공화국 마카오
특별행정구'이고 홍콩과 동일한 지위를 갖고 있으며 일국양제(一國兩制)
가 적용되고 있는데, 홍콩에서는 중국의 강권적인 지배에 저항하며 민
주화를 요구하는 시위가 일어났던 것에 반해, 마카오는 중국에 대한 충
성을 강화하고 있는 일종의 '모범생'이다. 또한 마카오는 북한의 김정
은 위원장의 이복형으로 2017년 2월에 말레이시아에서 살해된 김정남
이 미국 CIA와 관계를 유지하면서 생활의 거점으로 삼았던 곳이기도
하다.

그러한 마카오 중심부에 있는 은행에서 2005년 9월 대규모 소동이
일어났다. 방코델타아시아(Banco Delta Asia: BDA)로부터 예금 인출을

하기 위해 사람들이 쇄도했던 것이다. 마카오 행정부는 자본 부족에 빠진 BDA의 경영을 대신 떠맡았다. 이른바 은행의 국영화이다. BDA는 '마카오의 도박왕'이라고 일컬어지는 '카지노 소유자' 스탠리 호(Stanley Ho)가 경영했으며, 카지노 자금을 취급했기 때문에 마피아 등이 자금 세탁을 했다는 의혹이 끊이지를 않았다.

자금 세탁이 우려되는 장소

하지만 신용을 잃은 은행에 예금주들이 돈을 찾으려고 몰려들며 벌어진 이러한 소동이 세계의 주목을 모았던 것은, 그 원인이 북한을 노린 미국의 금융제재였기 때문이다. 북한이 다양한 불법행위로 획득한 자금의 보관처가 BDA였기 때문에, 미국 재무부가 9월 15일에 BDA를 '애국자법' 제311조가 규정하고 있는 '자금 세탁이 우려되는 주요 장소'로 지정했던 것이다.

미국의 은행은 자금 세탁이 우려되는 주요 장소로 인정된 은행과의 거래를 중단시키지 않을 수 없다. 왜냐하면 '애국자법' 제311조는 미국의 은행에 대해서 자금 세탁이 우려되는 주요 장소의 은행에 의해 개설된 결제 계좌 및 코레스 계좌[1]를 이용하는 고객을 특정하도록 명령하고 있고 국무장관, 법무장관, 연방준비제도이사회 의장과 협의하여 결제 계좌 또는 코레스 계좌를 제한하거나 금지할 수 있기 때문이다. 미국의 은행에게 있어서는 고객을 특정하여 보고하는 것의 번잡함, 또는 위반을 하게 될 경우 처벌될 수 있는 위험에 의해, 차라리 거래를 중지하는

---

1 거래(correspondent) 계좌를 의미한다. '코레스'는 correspondent의 줄임말이다.

편이 비용이 적게 들게 된다.

코레스 계좌란 은행 간의 송금 결제를 위한 계좌를 말한다. 은행 간에 코레스 계좌를 개설하는 계약을 체결하고 계약 상대방의 은행으로부터 송금 관련 연락이 있을 경우 계좌의 잔고를 늘리는 작업을 한다.

일본의 기업이 미국의 거래 상대방에게 송금할 때에는 그 기업의 위탁을 받아 일본의 은행이 코레스 계약을 체결한 미국 은행의 코레스 계좌에 송금한다. 미국 은행은 또한 그 액수를 일본 기업이 지정한 거래처의 계좌에 송금한다. 코레스 계약이란 은행이 외국으로의 송금 업무를 담당함에 있어서 그 외국의 은행과 상호 간에 편의 제공을 행하기로 합의하는 것을 말한다.

그런데 미국의 은행에 의해 코레스 계좌의 개설이 거부된 외국 은행은 달러 송금을 취급하지 못한다. 미국 재무부가 외국 은행을 '자금 세탁이 우려되는 주요 장소'로 지정하고 미국의 은행에게 코레스 계좌를 개설하는 것을 금지시킨다면, 그것은 그 외국 은행이 국제적인 달러 송금 및 결제망으로부터 추방되는 것을 의미한다.

또한 '더러운 돈'을 취급했다는 이미지는 신용을 중시하는 금융기관에게 있어서 데미지가 크다. BDA는 북한의 계좌가 있었던 것만으로도 이러한 선고를 받았기에, 그 선고의 철회를 실현시키기 위한 대책을 서둘렀다. 9월 30일에는 북한 관련 계좌를 모두 동결시켰다고 발표했고, 그 이듬해 2006년 2월에는 북한과의 비즈니스를 모두 정지시켰다며 미국 정부 측에 자금 세탁이 우려되는 주요 장소의 리스트에서 제외시켜 줄 것을 요구했다.

BDA가 국제 금융으로부터 추방되었다는 뉴스는 마찬가지로 북한의 계좌를 보유하고 있었던 중국, 홍콩, 싱가포르, 베트남 등의 은행에게 있어서 격진(激震)이 되었다. 이러한 은행은 '다음은 우리가 자금 세탁이 우려되는 주요 장소로 지정되는 것이 아닌가'라며 황급히 북한의 계좌를 동결시키거나 계약을 해제하며 예방책을 강구했다.

그럼에도 BDA에 있었던 북한 관련 계좌는 합계 52개, 예금액은 약 2,500만 달러였다. 주로 북한산 귀금속의 수출 대금이 보관되어 있었다. '김씨 왕조'의 개인적인 자산의 출입도 BDA가 창구였다. 당시 미국의 재무장관이었던 헨리 폴슨(Henry Paulson)은 금융 대기업 골드만삭스(Goldman Sachs)의 CEO를 맡으며 거액의 재산을 모으기도 했는데, 그 자산 총액은 7억 달러라고도 말해졌다. 그것에 비한다면 2,500만 달러는 소액이다. 하지만 그 예금 계좌의 동결이 미친 충격은 컸다.

국제 금융으로부터 차단되어 정규의 무역 및 마약 수출 등 불법 거래의 결제 수단을 상실하게 된 북한은 과거 제재의 그 어떤 것보다도 큰 타격을 받았다고 한다. 이 무렵 대(對)북한 교섭을 맡았던 미국의 빅터 차(Victor Cha) 국가안전보장회의(NSC) 아시아 부장은 베이징에서 개최된 6자회담 이후의 연회석 장소에서 술에 취한 북한 외교관으로부터 "마침내 당신들이 우리의 약점을 찾아냈다"라는 말을 들었던 적이 있다고 밝힌 바 있다.

달러 지폐의 위조가 발단

미국 정부가 금융제재의 정점이라고 과시하는, 북한에 대한 이러한 단속은 어떻게 해서 고안되었던 것일까? 당시 미국 정부 내에 설치되었던 '북한 불법행위 적발 그룹'을 이끌었던 데이비드 애셔(David Asher)로부터 관련된 이야기를 들어보았던 적이 있다.

핵무기 및 탄도미사일의 개발, 또는 납치 사건 등 북한의 행위 중에서도 미국이 실은 가장 골머리를 썩였던 것이 달러 지폐의 위조였다.

'슈퍼노트(supernote)'라고 불리는 북한이 위조한 100달러 지폐는 본물과 차이를 알 수 없을 정도로 정교한 것이다. 정규의 지폐와 거의 유사한 종이, 잉크, 인쇄기를 사용했고, 위조지폐는 1980년대 말부터 동남아시아에서 광범위하게 나돌았다. 위폐업자에게 70~80달러로 슈퍼노트를 팔아넘기는 것 등을 통해 매년 1,500만~2,500만 달러의 수입을 획득하고 있는 것으로 추정되었다.

이 밖에 북한은 고급 담배의 모조품과 헤로인, 코카인, 각성제 등 마약의 제조 및 수출도 적극적으로 행하고 있는데, 2009년 미국 의회조사국(CRS)의 보고서에 따르면 연간 5억 5,000만~7억 달러의 수입을 올리고 있는 것으로 알려져 있다.

이러한 북한의 불법행위는 냉전이 종식되고 소련의 지원이 끊어진 시기부터 본격화되었다. 한편으로 핵·미사일을 포함하여 군사 부문에 방대한 비용을 투입하고 있기 때문에, 북한의 국가재정은 매년 8억~10억 달러의 적자가 발생하고 있는 것으로 추정되었다. 한국으로부터의 사실상의 경제 지원 사업인 개성공단에서 1억 달러의 수입을 올린다고 하더라도 그것으로는 충분하지 않다. 게다가 토지 이용 정책의 실패도 있어, 정기적으로 발생하는 홍수 등으로 인해 식량 위기에 내몰리고 있기도 하다.

그럼에도 '김씨 왕조'와 군, 정부 관계자, 그리고 일부의 평양 시민은 풍요로운 생활을 하고 있었다. 그래서 10억 달러의 적자를 메울 수 있는 어떤 은밀한 수입이 있을 것임에 틀림없다고 여겨졌고, 미국 정보기관 등이 조사를 개시했는데, '39호실'이라고 불리는 당시 김정일 직속의 조선노동당 조직이 지폐의 위조 등으로 외화벌이를 행하고 있다는 것이 파악되었다.

미국 재무부 및 국무부에 의해 만들어진 '북한 불법행위 적발 그룹'은 2001년 12월부터 북한의 '은밀한 비즈니스'를 조사하며 이를 저지할 수 있는 수단에 대해 탐색하기 시작했다. 데이비드 애셔에 의하면, 처음에 대규모의 불법행위가 북한의 국가 수입이 되고 있다는 것에 주목하게 된 계기는, 2003년 3월에 호주가 멜버른(Melbourne) 앞바다에서 몰수한 조선노동당의 화물선이었다고 한다. 해당 화물선으로부터는 실제로 150kg이나 되는 북한산 헤로인이 발견되었다. 시가 총액은 1억 5,000만 달러였다. 북한이 이러한 '은밀한 비즈니스'를 계속해서 전개할 경우, 10억 달러의 적자도 충분히 메울 수 있는 것이다.

'북한 불법행위 적발 그룹'은 특히 통화의 위조에 주목했다. 마약의 제조 및 수출 등은 현장을 덮쳐야 할 필요가 있으며 호주의 사례에서 명확해진 바와 같이, 단지 그 1회의 적발로 끝나버린다. 하지만 통화의 위조는 국가의 재정 및 금융 제도의 신뢰성에 손실을 가져오기 때문에 국제법에서는 주권의 침해로 간주되며, 국가의 자위 수단으로서의 방위 조치가 인정되었다. 즉 통화 위조를 문제시함으로써 북한을 장기적·조직적으로 단속할 수 있게 되는 것이다.

21세기의 정밀 무기

장기간의 검토 끝에 도달했던 것이 '애국자법' 제311조의 발동이었다. 그때까지의 조사를 통해 북한은 달러를 사용한 결제에 의존하고 있으며, 그래서 아시아 및 유럽에 있는 은행을 사용하고 계좌도 보유하고 있다는 것이 파악되었다. 이에 따라 그러한 은행을 '애국자법' 제311조에서 규정하고 있는 '자금 세탁이 우려되는 주요 장소'로 지정하게 되면,

북한은 고사(枯死)될 것임에 틀림없다는 '수읽기'였다. 애당초 미국의 '애국자법'이 규정하고 있는 우려되는 주요 장소란 자금 세탁을 대상으로 하고 있다. 북한은 지폐 위조, 마약 판매 등으로 획득한 '더러운 돈'을 은행에 예금하고 송금하여 '깨끗한 돈'으로 바꾸고 있기 때문에 그것을 돕고 있는 BDA는 '자금 세탁의 우려가 있는 주요 장소'인 것이다.

더러운 돈을 사용하여 북한은 핵무기, 화학 무기, 생물 무기 등의 이른바 대량살상무기 및 그 운반 수단인 탄도미사일의 개발을 추진했다. 이 때문에 북한과 관련된 은행을 주요 우려 장소로 지정하여 단속하는 것은 지폐 위조 및 마약 판매 등의 행위를 처벌하는 것뿐만 아니라, WMD의 개발 자금을 차단한다는 명분도 추가되었다.

미국 재무부는 BDA를 우려되는 주요 장소로 지정하는 것이 미칠 커다란 영향을 예상하여 정권 내부에서 사전 교섭을 진행했는데, 뉴욕 FRB의 총재였던 티머시 가이트너(Timothy Geithner, 이후의 미국 재무장관)는 중국의 금융에 미치게 될 영향, 그리고 중국 정부의 반발에 우려를 표명했다. 하지만 부시 대통령은 "전쟁보다는 낫다"라고 말하여 허가 사인을 보냈다고 한다.

BDA를 우려되는 주요 장소로 지정한 2005년 9월 15일 미국 재무부의 성명은 "BDA는 북한과 특별한 관계를 지니고 있으며, 북한의 국가 범죄 행위의 수행을 도왔다"라고 논했는데, 그랬던 만큼 BDA는 국제 금융 시스템으로부터 추방되었던 것이다. BDA와 같은 '악덕 은행'이 세계의 금융 시스템에 접속하게 된다면, 그 오염은 다른 은행에도 확대되며, 결국 전 세계가 오염되어버린다. 건전한 금융을 지키기 위해서라도 BDA는 추방하지 않으면 안 된다고 하는 논리이다.

물론 BDA 사태에 이르기 이전에도 북한은 제재의 대상이었다.

한국전쟁에서 북한은 미국의 적국이 되었고, '적성국교역법'의 대상으로서 무역 제한이 부과되었다. 일본은 납치 문제를 이유로 한 '단독제재'도 발동했다. 이러한 것은 각국 정부가 자국의 기업에 북한과의 무역을 금지시키는 전통적인 무역제재이다. 하지만 그 대상은 핵무기 관련 물자 및 사치품이며, 또한 대(對)중국 국경을 경유하는 무역은 왕성하며 남북한 간의 공동 사업인 개성공단 등 경제특구(經濟特區)를 이용한 물자의 유입도 있기에, 북한이 핵·미사일 계획을 포기시키는 효과가 나올 것으로는 생각되지 않았다.

그것에 비해서 금융제재의 효과는 컸다. 미국 CIA의 마이클 헤이든 (Michael Hayden) 국장은 "이것은 21세기형 정밀 무기이다"라고 칭송했다.

북한의 폭발

한편 북한의 반발은 격렬했다. BDA가 '우려되는 주요 장소'로 지정된 2005년 9월은 북한의 핵문제에 관한 6자회담이 고비를 맞이했던 때였다. 9월 19일에 베이징에서 개최된 6자회담은 최초의 공동 성명을 채택했다. 그것은 북한의 완전한 비핵화, 핵확산방지조약(NPT)으로의 복귀, 국제원자력기구(IAEA)의 사찰 수용, 그 반대급부로서의 식량 지원, 미국·일본과의 국교 정상화, 그리고 한반도 평화체제의 확립을 포함하고 있는 야심찬 것이었다.

9월의 공동 성명을 이행하기 위해 개최된 11월의 6자회담에서는 곧바로 북한이 BDA 문제를 다루며 금융제재의 해제를 선행해줄 것을 요구했다. 하지만 부시 대통령은 "북한이 100달러 지폐의 위조 행위를 멈추지 않는 한, 금융제재는 계속될 것이다"라고 선언하며 대립했다.

북한은 긴장을 격화시켰다. 2006년 7월에는 장거리탄도미사일(ICBM)

'대포동 2호'를 포함해 합계 7발의 미사일을 발사하여 동해에 착탄(着彈)시켰다. 발사는 미국 시간으로 미국의 독립기념일인 7월 4일에 행해져, 미국을 향한 '대포동 2호', 일본을 향한 '노동 미사일', 한국을 향한 '스커드 미사일' 등, 미국·일본·한국 3국에 대해서 그 각각을 사정권 안에 두는 미사일의 보유를 호소했다. 또한 이때의 미사일 발사에는 이란 당국자가 입회하고 있었다는 정보를 미국이 확인했는데, 북한의 미사일을 이란 등에 팔아넘겨 확산시키려는 의도도 드러냈다.

결정적이었던 것은 10월 9일 최초의 핵실험이었다. 폭발 규모는 1킬로톤(kt) 미만으로 소규모였지만, 미국은 주변 공역(空域)의 대기(大氣) 샘플로부터 방사성 물질을 검출해냈고 핵실험이 있었음을 확인했다. 북한은 1960년대부터 핵무기 보유의 의도를 갖고 있었다고 하는데, 국제 사회의 추궁을 교묘하게 피하면서 선언하는 것만을 통해서 세계에서 8번째의 핵보유국이 되었다(이스라엘은 선언을 하고 있지 않지만 1960년대 말에 핵폭탄을 개발하여 현재 80발의 핵탄두를 보유하고 있는 것으로 추정되고 있다. 이 때문에 정확하게는 북한은 9번째의 핵보유국이다).

이러한 일련의 북한의 행동에 따라, 국제 사회는 무기의 금수, 대량 살상무기에 관련된 단체의 자산 동결 등의 유엔 안보리 제재를 부과했다. 1991년에 북한이 유엔에 가입한 이래, 유엔 안보리가 북한에 대해 제재를 결의했던 것은 이때가 처음이었다. 북한의 뒷방패였던 중국도 찬성으로 돌아서며, 강하게 반발하는 모습을 보여주었다. 하지만 북한은 태도를 바꾸려는 모습을 보이지 않았고, 국제 사회는 그 이상으로 북한이 폭발하는 것을 멈추게 하기 위해 6자회담을 통해 활로를 모색하지 않을 수 없었다.

하지만 6자회담은 북한의 동의가 없다면 개최할 수 없었다. 북한은 금융제재가 계속되고 있는 동안에는 협의를 거부한다는 입장을 일관했고 중국, 러시아, 한국도 금융제재에 나섰던 미국을 비판했다. 결국 미국은 2007년 1월 제재를 해제하는 결정에 내몰리게 되었다. 이에 따라 결국 북한의 김정일 총비서는 "추가 핵실험 실시의 계획은 당분간 없다"라고 말하며 세계를 안심시켰다.

지구를 한 바퀴 돌았던 북한 자금

금융제재의 해제가 결정되고 BDA는 동결했던 북한 자산 2,500만 달러를 반환하게 되었지만, 문제는 그 반환 방법이었다. BDA가 '범죄 은행'으로 지정되어 국제 금융 시스템으로부터 추방됨으로써 그 송금을 수취할 은행이 나타나지 않았던 것이다. 중국의 대형 은행인 중국은행에 의뢰를 했지만, 중국은행은 거부했다. 북한이 달러 지폐 위조 및 마약 판매 등의 불법행위로 모은 더러운 돈을 인수한다면 중국은행 자체가 불법행위의 자금 세탁에 손을 빌려주는 것이 되며, 그 신용이 실추된다. 중국 정부도 금융제재 관련 개혁을 추진하고 있었으며, 북한의 불법행위에 자국의 대형 은행을 접촉시키고자 하지 않았다.

'와코비아(Wachovia)'라고 불리는 미국 동남부를 거점으로 하는 은행도 후보로 올랐는데, 장래 금융제재의 대상이 되지 않는다는 확약을 미국 정부 측에 요구했지만 그것을 확보하지 못하게 되자 손을 뺐다.

결국 실현되었던 것은 미국의 중앙은행인 연방준비제도의 중심 조직인 뉴욕 FRB가 관여한 송금이다. 뉴욕 FRB는 이란 혁명 시에 동결되었던 미국 국내의 이란 자산을 이란 측에 반환하는 업무도 담당했던 적이 있으며, 복잡한 사연이 있는 돈의 처리에 익숙했다. 게다가 미국의 가장 권위 있는 은행조직이기 때문에 국제적인 보증이 되기도 했다.

돈을 송금할 곳은 러시아 블라디보스토크에 있는 극동상업은행(極東商業銀行, Far East Commercial Bank)의 북한 계좌가 되었다. 극동상업은행도 향후 금융제재의 표적이 되지 않는다는 확약을 러시아 중앙은행 측에게 요구했다. 최종적으로는 부시 대통령과 러시아의 푸틴 대통령이 2007년 6월에 거행한 정상회의에서 이러한 틀을 통해 BDA 문제를 해결하는 것에 합의했다.

2007년 7월, BDA는 2,500만 달러를 마카오 행정부의 중앙은행에 송금하고, 마카오 중앙은행은 뉴욕 FRB에 송금하고, 뉴욕 FRB는 러시아 중앙은행에 송금하고, 그리고 러시아 중앙은행에서 극동상업은행으로 입금이 되어, 최종적으로 북한의 조선무역은행(朝鮮貿易銀行)[2] 계좌로 들어가, 돈은 결국 북한으로 돌아갔다. 돈이 지구를 한 바퀴 돌았던 것이다. 게다가 미국과 러시아 정상회담에서의 합의에 따라 마카오, 미국, 러시아 등 3개국의 중앙은행이 개입했던 것이다.

그러할 정도로 미국의 금융제재가 국제적인 영향을 갖고 있다는 것을 증명하는 것이라고 할 수 있다.

북한은 왜 핵실험을 했는가

하지만 금융제재가 북한의 태도를 변화시킬 것이라는 본래의 목적은 달성하지 못했다.

BDA 제재는 2년이 채 못 되어 끝났고 어중간하게 막을 내리게 되었다. 더욱 길게 계속되었다면 북한이 실제로 곤궁해져 달러 지폐의 위조

----

2   공식 명칭은 '조선민주주의인민공화국 무역은행'이다.

및 마약 거래의 종결, 나아가서는 핵·미사일 개발의 중단 등 본래의 목적에 도달할 수 있었지 않았을까 하는 의문이 떠오른다. '김씨 왕조'를 징벌하는 것으로만 끝났다는 것이 솔직한 평가라고 할 수 있다.

북한은 금융제재를 부과 받고 과격한 행동을 취했고 핵실험도 행했다. 이러한 행동이 금융제재에 대한 반발이라고 한다면, 역효과라고 말할 수 있다.

당시 6자회담 및 북미 협의에서 미국의 대표였던 국무부 차관보(동아시아 담당) 크리스토퍼 힐(Christopher Hill)은 금융제재는 6자회담을 1년 반 동안 공전(空轉)시켰고, 북한이 해외에서 추적되지 않도록 현명하게 자금을 움직이는 술책을 배울 기회가 되었을 뿐이라며 준엄한 평가를 내리고 있다. 금융제재를 두려워하지 않게 되자, 북한이 미국에 대해서 온화한 또는 벌벌 떠는 태도를 취하지도 않게 되었다고 논하고 있다.

한편으로 금융제재를 입안했던 데이비드 애셔는 6자회담 재개를 위해 금융제재의 해제를 재무부에 요구했던 크리스토퍼 힐에 대해서 "북한에 대해서 아무것도 알지 못하고 있다"라며 반발했다. 금융제재에 대한 분노로부터 북한이 핵실험 및 미사일 실험을 강행했다는 견해에 대해서도, "금융제재를 발동하기 이전부터 북한은 핵실험 및 미사일 실험의 준비를 시작했다"라고 논하며 부정했다.

확실히 북한의 핵보유 의도는 대단히 확고했다. 필자는 북한의 핵무기 개발 의혹이 높아지며 핵확산방지조약(NPT)으로부터의 탈퇴를 선언했던 1993년부터 유엔에서 북한 외교관에 대한 취재를 계속해왔다. 취재를 한 이후 내린 필자의 결론은 북한이 북미 협의, 남북 협의, 4개국(미국, 중국, 한국, 북한) 협의, 그리고 6자회담 등 다양한 교섭에 임하여 비핵화를 약속하고 압력을 함께 구사하면서도 핵무기를 보유한다는 국가 목표를 향하여 착실하게 걸어 나아갔다는 것이다.

미국의 금융제재가 있든 없든 어느 단계에서 핵실험을 행하게 될 것이다. 다만 BDA뿐만 아니라, 다른 해외 자금의 흐름이 또한 정지되어버린다면, 북한의 경제는 실제로 파탄이 나버린다. 그래서 금융제재를 해제시키려는 일종의 지렛대로서 북한이 핵실험을 서둘렀을지도 모른다.

미국 정부 내부의 대립

금융제재라는 수단으로 북한의 비핵화를 실현하기 위해서는 미국과 중국, 한국, 일본을 중심으로 국제 사회가 협조하여 북한에 압력을 가하는 한편으로, 제재의 해제를 향한 구체적이며 북한이 받아들일 수 있는 제안을 행하는 외교가 필요하다. 그 역할은 미국 외에 다른 국가는 할 수 없다.

그러나 미국 정부 내에서 엇박자가 나면서 그 기회를 잡지 못했다.

데이비드 애셔에 의하면, 미국 정부 내의 사전 교섭 끝에 분명히 만전의 준비로 시작했던 BDA에 대한 제재였지만, 유일하게 최초부터 불쾌감을 숨기지 않았던 것이 크리스토퍼 힐 등 국무부의 대(對)북한 외교팀이었다.

힐은 지폐 위조 등 북한의 불법행위는 처벌되어야 한다고 하면서도, 금융제재의 효과를 더욱 과대하게 정부 내부에서 설명하고 미디어에 선전하는 재무부 팀에 대해 불신감을 품었다. 후일, 핵·미사일 문제의 해결을 지향하는 6자회담 와중의 금융제재는 "6자회담을 방해하는 노림수가 있었다"라며 강한 말로 비난했다.

6자회담 및 북미 협의가 행해진 베이징에서도 힐의 팀과 재무부 팀은 호텔에서 이루어진 협의 과정에서 감정이 고조되어 서로 분노했으며, 상호 간에 워싱턴의 상사에게 전화로 직소(直訴)하는 등 미국 차원에서의 통일된 방침을 결정하는 것에 난항을 겪었다고 한다.

어떤 정권이라고 해도 미국 정부에서는 정책을 둘러싼 격렬한 내부 대립이 존재해왔다. 그런데 북한에 대한 금융제재와 관련해서는 이때의 재무부와 국무부 간의 대립은 특필할 만한 것이다. 재무부가 북한의 100달러 지폐의 위조를 '국가 주권의 침해'로 받아들이고 그러한 불법행위의 완전한 중지를 목표로 삼았던 것에 반해, 국무부는 먼저 6자회담이라는 핵문제 교섭을 우선적으로 행하고 나서 그 이후에 다루어야 한다고 보았던 차이점이 있었다.

힐은 2005년 1월 부시 제2기 정권이 발족하자마자 주한 미국대사[3]의 자리에서 워싱턴으로 다시 불려와 국무부 차관보에 취임하고 대(對)북한 외교를 담당했다. 서울에서 워싱턴으로 귀임(歸任)하는 도중에 들렀던 도쿄에서 필자는 힐을 만났을 때, 그는 "핵문제가 해결된다면 한반도는 유력한 국가가 된다"라고 말했는데, 한반도의 장래에 대해서 지나치게 낙관하고 있다는 인상을 받았다.

미국 정부 내부의 대립에서는 결국 국무부가 승리를 거두었다. 이 무렵 미국에서는 이라크전쟁이 진흙창이 되어 부시의 지지율이 저하되고 국민 여론의 '내향적' 경향이 시작되었다. 부시 대통령, 라이스 국무장관은 한반도에서의 군사 개입은 피한다는 판단으로부터 북한 위기의 완화 및 합의 형성을 우선시했기 때문에 추가 제재의 발동을 삼갔다. 북한에 대한 최대의 지렛대를 상실한 형태가 된 것이다.

---

3 2004년부터 2005년까지 주한 미국대사(Ambassador of the United States to South Korea)를 역임했다.

그뿐만 아니라 영변(寧邊) 흑연감속로의 냉각탑 폭파 등 일련의 핵시설에 대한 북한의 무능력화 조치에 대한 반대급부로서 미국은 한국전쟁 이래 계속되어왔던 '적국' 리스트, 그리고 1988년의 북한에 의한 대한항공 폭파 테러 이래 계속되어왔던 '테러 지원국' 리스트로부터 북한을 제외하는 결정을 2008년에 행했다. 북한에 대한 무역제재도 일부 해제되었다.

김정은도 금융제재 대상이 되다

그로부터 10년 후인 2017년, 북한은 핵실험 및 탄도미사일 실험을 반복하여 새로운 위기에 돌입했다. 도널드 트럼프가 이끄는 미국은 북한에 대한 '최대한의 압력'의 일환으로서 금융제재를 동원했다. 최초의 핵실험 이래 핵실험 및 탄도미사일 실험 시마다 유엔 안보리는 제재 결의를 채택했고 이미 8개의 제재 결의가 북한과 관련하여 존재하고 있다.[4] 북한이 애지중지하는 석탄과 철광석의 수출도 중지되었고 또한 중국으로부터 북한으로의 석유 수출도 대폭 삭감되었다. 유엔 안보리 제

---

4 2006년부터 2017년까지 유엔 안보리의 북한 제재 결의는 다음과 같다. ① 2006년 7월 유엔 안보리 결의 제1695호(북한의 미사일 발사에 대한 유엔 안보리 차원의 비난 결의), ② 2006년 10월 유엔 안보리 결의 제1718호(제1차 북한 제재 결의), ③ 2009년 6월 유엔 안보리 결의 제1874호(제2차), ④ 2013년 1월 유엔 안보리 결의 제2087호(제3차), ⑤ 2013년 3월 유엔 안보리 결의 제2094호(제4차), ⑥ 2016년 3월 유엔 안보리 결의 제2270호(제5차), ⑦ 2016년 11월 유엔 안보리 결의 제2321호(제6차), ⑧ 2017년 6월 유엔 안보리 결의 제2356호(제7차), ⑨ 2017년 8월 유엔 안보리 결의 2371호(제8차), ⑩ 2017년 9월 유엔 안보리 결의 제2375호(제9차), ⑪ 2017년 12월 유엔 안보리 결의 제2397호(제10차).

재도 북한에 대한 금융 서비스의 중지를 포함시키고 있다.

'전략적 인내(strategic patience)'라고 일컬으며 북한의 도발에 넘어가지 않고, 대화와 군사력에 의한 압력 강화의 쌍방을 실행했던 오바마 정권도 제재에 대해서만큼은 적극적이었다. 북한에 대한 금수 제재 위반을 계속하는 단체 및 기업을 '특별 지정(SDN)' 리스트에 올리고 차례로 제재를 부과했다.

제재 대상은 서서히 북한의 심장부로 향했다. '김씨 왕조'의 비밀 자금 조성을 맡고 있던 조선노동당 39호실, 북한의 정보기관인 정찰총국(偵察總局), 조선노동당 선전선동부(宣傳煽動部) 등이다. 2016년 6월에는 북한이라는 국가 그 자체를 '애국자법' 제311조에 의한 자금 세탁이 우려되는 주요 장소로 지정했다. 통화 위조 및 마약 판매는 국가 차원에서 행하는 것이기 때문에 당연한 조치라고도 말할 수 있다. 이 해의 2월에는 북한과의 거래에 관여했던 제3국의 개인 및 기업도 대상으로 한 2차 제재를 명확히 한 '북한 제재 강화법'도 만들어졌다.

오바마 정권의 북한 단속에서의 정점은 2016년 7월 6일에 김정은 조선노동당 위원장을 금융제재의 대상으로 삼았던 것이라고 할 수 있다. 김정은을 SDN 리스트에 올림으로써 김정은이 미국에 보유하고 있는 자산이 동결되고 미국인 및 미국 기업과의 그 어떤 상거래도 불가능해지게 되었다.

그다음의 트럼프 정권은 북한의 핵실험과 미사일 실험이 활발해짐에 따라 군사 압력도 강화했다.

트럼프 정권의 특징은 북한의 명줄을 쥐고 있는 중국의 은행에 제재를 부과하고 있는 것이다. 북한의 대중(對中) 무역은 전체의 70% 이상이다. 2017년 6월에 중국의 은행에 대한 최초의 본격적인 제재로서 북한과 접해 있는 지역을 본거지로 하고 있는 단둥은행(丹東銀行)에 '애국자법' 제311조를 적용했다. 미국의 압력을 받고 중국 정부는 9월부터 중국은행(中國銀行), 중국건설은행(中國建設銀行), 중국농업은행(中國農業銀行) 등 대형 은행에 의한 북한 관련 계좌 개설 및 송금, 융자 등을 일부 정지했다.

또한 러시아로부터의 석유 수입을 멈추게 하기 위해서 러시아와 북한의 무역 및 러시아·북한 합자기업도 제재의 주요한 표적이 되었다. 그리고 규제가 느슨한 라트비아 등 발트 3국⁵의 은행을 북한이 자금 세탁에 사용하고 있다는 것도 파악하여, 이러한 은행에 대한 제재도 추진했다.

이러한 단속도 있어, 북한은 2018년이 되어 대화 노선으로 방향을 돌렸다. 하지만 북한은 핵실험 및 미사일 실험 등 예정했던 것을 거의 마치는 단계에서 트럼프와의 교섭에 임하게 된다. 제재의 무거움을 이겨내기 힘들게 되어 교섭으로 방향을 전환했다고는 단언할 수 없다.

북한은 미국에게 발각되지 않는 복잡한 금융 거래의 틀을 만들었다고도 말해지고 있다. 선박, 기업, 개인의 이름도 바꾸고 있다. 예를 들면, 북한은 미국으로부터 금융제재의 대상이 되었던 '인민보안부'의 명칭을 제재가 발동된 직후에 '인민보안성'으로 변경했다.

또한 달러 송금 시에는 이중, 삼중으로 소규모 은행을 통함으로써 미국 정부의 감시에서 벗어나고 있다. 규제가 느슨한 비(非)은행 송금, 석유의 해상(海上) 환적으로 대표되는 바터(barter) 거래, 그리고 비트코

---

5 라트비아, 에스토니아, 리투아니아를 지칭한다.

인(bitcoin) 등 가상화폐를 이용함으로써 적발되는 것을 피하고 있다고 한다.

외교의 결여

북한은 핵무기를 개발하며 증산(增産) 태세에 임하고 있다. 미사일 능력도 중거리 미사일 및 장거리 미사일은 그 정밀도를 향상시키고 있고, 대륙간탄도미사일(ICBM) 능력도 확보했다. 이러한 결과를 보면, 미국의 금융제재는 강화되었지만 효과를 올렸다고는 말할 수 없다. 왜 그러한가? 대(對)북한 제재에 대해서 아래와 같은 세 가지의 결함을 지적할 수 있기 때문이다.

우선 ① 제재에 수반되어야 할 치밀한 외교가 부재하다는 것이다. 1994년에 미국과 북한이 맺은 '틀 합의'[6]는 북한의 핵개발을 동결시키고 그 반대급부로서 군사 이용에 사용하지 않는 목적으로 경수로(輕水爐)를 제공하는 내용이었다. 합의에 이르는 교섭 과정에서 북한에 대해서 미국이 부과했던 제재의 해제 및 완화 등의 '당근'과 군사 공격의 위협 등의 '채찍'이 조합되어 양자 간의 타협이 성립되었다.

이러한 '당근'과 '채찍'의 교섭 과정은 2005년 9월에 채택된 6자회담의 공동 성명에서도 답습되었다. 구체적으로는 북한이 비핵화를 향한 조치에 나설 경우, 제재의 일부 해제 등 '당근'을 제공하는 것이었다. 북한이 다음의 조치를 시작한다면 미국은 추가로 '당근'을 제공하며 이

---

6 Agreed Framework between the United States of America and the Democratic People's Republic of Korea를 지칭하며, 일반적으로 '제네바 합의'라고 일컬어진다.

것에 응한다고 하는 '행동' 대(對) '행동'의 프로세스(process)이다. 이러한 합의에 도달한 클린턴, 부시 두 정권은 끈질긴 교섭을 추진했다.

그러나 그 이후에는 임시변통이다. 오바마 정권은 북한의 핵·미사일 실험의 동결에 대한 반대급부로서 식량 지원을 행하는 합의를 2012년에 맺었는데, 그로부터 2개월 후에 북한이 미사일 발사 실험을 행하자, '제재 일변도'가 되어 대화의 채널을 닫아버렸다.

트럼프 정권은 정상회담의 개최라는 '대화 우선'에 나섰다. 하지만 트럼프는 미국 대통령으로서 최초의 북미 정상회담, 판문점의 군사분계선(DMZ)에서의 월경(越境) 등 단순히 업적 만들기를 위해 북한과의 대화에 임했던 것처럼 보인다. 이것으로는 북한으로부터 양보를 이끌어내지 못하며 면밀히 준비되었던 '행동' 대 '행동'의 지침이 없는 상태에서 제재를 강화하거나, 대화 노선으로 전환하는 것을 통해서는 비핵화라는 목적에 도달할 수 없다.

다음으로 지적해야 할 것은 ② 정권 교체와 함께 북한 정책이 크게 변하고 있다는 점이다.

클린턴 정권이 북한과 맺은 '틀 합의'는 2001년에 발족한 부시 정권이 포기했다. '틀 합의'가 대상으로 삼지 않았던 우라늄 농축 계획을 비밀리에 북한이 추진했다는 것이 발각되었기 때문으로 보인다. 부시 정권 시기에 만들어진 2005년 9월의 6자회담의 공동 성명을 2009년에 발족한 오바마 정권은 당초에는 답습했지만, 결국 '전략적 인내'라는 제재 강화 노선으로 방향을 전환했다. 오바마는 원래 북한에 관심을 갖고 있지 않았다. 한편 트럼프는 김정은과 "사랑에 빠졌다"라고까지 말할 정도로 대화 노선을 취하고 있다.

이러한 일관성의 부재는 장기적인 계획 아래에서 핵·미사일 개발을 추진하는 북한에게는 통하지 않는다. 북한의 관점에서 논하자면, 연이어 변화하는 미국의 정책을 보면 진지하게 교섭할 생각은 없는 것처럼 여겨질 것이다. 핵을 포기할 경우의 반대급부를 미국의 정권이 교체되더라도 약속한 대로 계속 제공할 것이라고는 분명히 믿지 못할 것이다.

마지막으로 ③ 핵보유국과 비(非)핵보유국의 '차별' 문제에 손을 대지 않는 상태에서 비핵화를 압박한다는 결함이 있다. 애당초 북한의 핵 문제는 미국 등 대국(大國)이 핵무기를 보유하고 있음에도 왜 핵을 보유해서는 안 되는가 하는 근원적인 질문을 상기시킨다. 그 답을 미국은 제시하고 있지 않다. 오히려 미국, 중국, 러시아는 핵무기 능력의 향상에 부지런히 힘쓰고 있다.

북한은 자신도 핵을 보유할 권리가 있는 것으로 생각하고 있다. 또한 핵 자체가 체제 존속의 열쇠라고 믿고 있다면, 그것을 포기하는 것은 김정은 체제의 전복을 유도하는 것을 의미한다. 그것은 절대로 받아들일 수 없을 것이다. 제재로 핵을 포기시킨다고 하는 시나리오 자체가 파탄 나고 있는 것은 아닌가?

그 질문을 봉인해버린 채로 제재를 무모하게 부과한다고 하더라도 효과는 나타나지 않게 된다.

원유 수출을 제로로
이란

검붉은 땅에 오렌지 색깔의 화염이 점재하며 늘어서 있다. 수도 테헤란에서 비행기를 타고 1시간 30분가량 이동하면 나타나는, 페르시아 만연안에 위치해 있는 '파스(Pars)특별경제에너지구역(PSEEZ)'[1]의 가스 생산 시설이다. 기온은 40도를 넘고, 습도는 75%이다. 페르시아 만의 푸른 바다에 아지랑이가 보이고, 서 있기만 했는데도 땀이 뿜어져 나왔다.

2016년 8월, 필자는 이 페르시아 만에 잠들어 있던 세계 최대의 남(南)파스 천연가스전(田)에 대해 취재했다. 생산량은 1일 3억 2,500만 m^3이다. 장래에는 세계 가스 생산량의 12분의 1에 해당하는 8억m^3로 늘린다는 웅대한 계획이다.

해당 가스전은 카타르와의 해협을 사이에 끼고 있는 형태로 존재하며, 매장량은 51조m^3이다. 세계 천연가스의 8%가 잠들어 있다고 한다.

---

1   전체 명칭은 Pars Special Economic Energy Zone이다.

PSEEZ의 총면적은 4만 6,000헥타르(ha)이며, 야마테 선(山手線)²의 내측 부분이 7개 들어갈 정도의 거대한 시설로 5만 명이 일하고 있다.

이란은 원유 수출에 의해 성립되어왔는데, 천연가스도 세계 제2위의 확인 매장량을 자랑하고 있다. 온실효과 가스의 배출은 석유보다도 천연가스 쪽이 적다. 필자가 인터뷰했던 이란 석유부(Ministry of Petroleum) 차관(국제 담당) 아미르 자마니니아(Amir Zamaninia)는 "환경 측면 및 매장량을 고려한다면, 향후 반세기는 가스가 주력이다. 남(南)파스의 가스를 세계에 팔아 이란을 발전시키고 싶다"라고 기대감을 피력했다.

장기간 이란 경제를 고통스럽게 해왔던 핵문제를 둘러싼 구미(歐美)와의 대립은 그 전년의 핵합의 '포괄적 공동행동계획(JCPOA)'를 통해 종식되는 방향으로 향했다. "이란은 정치적으로 안정되고 있으므로, 일본 기업도 참여하기 쉬울 것이다"라고 자마니니아는 일본 기업의 참가를 호소하기도 했다.

JCPOA를 충실하게 이행한다면 미국은 40년 전의 이란 혁명 이래 부과했던 제재를 해제하게 될 것이다. 그렇게 된다면 이란은 본격적으로 국제 사회에 복귀할 수 있다. PSEEZ에는 새로운 시대의 도래에 대한 기대감이 넘쳐났다.

그러나 그로부터 겨우 3년 만에 사태는 암전(暗轉)되었고 이란은 미국과 전쟁 일보 직전의 위기에 빠졌다.

---

2 일본의 철도회사(JR東日本)가 운영하는 도쿄(東京) 중심을 도는 순환선을 지칭한다.

국민적 영웅을 살해하다

다음의 전쟁은 이렇게 해서 시작될지도 모른다. 그러한 몸서리가 쳐지는 일주일 동안이었다.

2020년이 막 시작되었던 1월 3일 미명, 미국 대통령 트럼프의 지시로 미군의 무인기(無人機)가 이란의 정예부대인 혁명수비대 쿠드스군(Quds Force)의 가셈 솔레이마니(Qasem Soleimani) 사령관을 바그다드에서 폭살(爆殺)했던 것이다. 솔레이마니 사령관은 많은 전공(戰功)을 세운 것으로 알려져 있는 이란의 '국민적 영웅'이었다.

수백만 명 규모의 반미 항의 시위가 일어나는 가운데 이란은 8일, 이라크에 있는 2곳의 미군 주둔 기지를 10여 발의 단거리탄도미사일로 공격하며 반격을 했다. 미국이 사전에 반격을 감지하고 미군 병사를 퇴피(退避)시켰던 점도 있어, 미군 병사의 사망자는 나오지 않았다. 하지만 40년 전의 이란 혁명 이래 대립해왔던 미국과 이란이 마침내 국가 간의 군사 충돌로 발전하게 되는 것처럼 보였다.

쌍방은 전면 전쟁을 바라지 않는다고 선언하며, 이란이 계엄 태세하에서 우크라이나 여객기를 오인하고 격추시키며 승객 및 승무원 176명이 사망하는 큰 실수를 범했던 점도 겹쳐져, 그 이상의 본격적인 충돌은 당분간 회피되었다.

하지만 떠오르게 된 것은 트럼프의 변덕스러움이었다. 2019년 말에 이란과의 군사적 긴장의 고조에 따라 미국은 대응책을 협의했는데, 그 와중에 트럼프는 바그다드에 있는 미국대사관이 습격 받고 있는 영상을 보고 나서, 사령관을 살해하도록 명령했다고 한다. 그것은 미군이 트럼프에게 제안한 몇 가지의 선택지 중에서도 '가장 극단적인 것'으로, 이란 측의 격노가 예상되기 때문에 미군 간부는 트럼프의 결정을 듣고

'기절초풍'을 했다고 한다.

사령관을 살해한 것에 대한 법적 근거도 모호하다. 미국과 이란은 교전 상태에 있었던 것이 아니므로 전쟁에서의 적 사령관에 대한 공격은 성립되지 않는다. 트럼프는 유엔 헌장 제51조가 인정하고 있는 '자위권'을 들며 해당 사령관의 지휘하에 미국의 대사관 4곳에 대한 공격이 매우 임박해 있었다고 설명했지만, 구체성을 결여하고 있다. 국방장관 마크 에스퍼(Mark Esper)도 "4곳의 대사관 공격 계획은 들은 적이 없다"라고 부정하고 있을 정도이다.

이란을 '한 차례 징벌하여 말썽을 피우지 못하게 만들자'라는 트럼프의 직정경행(直情徑行, 마음먹은 그대로 행동하는 것)에서 비롯된 공격 명령으로 보인다.

실은 이 공격에는 사전 맥락이 있었다. 2019년 6월 이란 혁명수비대가 미국 무인 정찰기를 격추시켰는데, 그것에 대한 보복으로서 미국은 이란의 군사시설에 대한 공중폭격을 준비했다. 하지만 트럼프는 공격 개시 10분 전에 취소를 명령했다.

"폭탄을 장전하고 발사 태세를 갖추고 있었는데, 이 공격으로 이란인 150명이 죽을 것이라고 들었다. 그것은 수지가 안 맞는 일이다"라는 내용의 글을 트럼프는 나중에 트위터에 올렸다. 한편 트럼프의 친구이기도 한 TV 논평가는 "이란을 공격한다면 미국은 다시 중동에서 전쟁에 휘말리게 된다. 그렇게 된다면 당신은 재선(再選)될 수 없다"라고 논했다는 것을 밝혔다.

트럼프는 이때 이란에 대한 공격을 회피함으로써 보수파의 반발을 받았다. '군사 공격을 단념한 약체 대통령'으로는 재선을 향한 지지 기반이 붕괴될 가능성이 있다. 따라서 이번에는 이란에 대해 강력한 자세를 보이지 않으면 안 된다는 생각이 들어 솔레이마니 사령관을 살해했을지도 모른다.

사령관 살해에 대한 이란의 보복 공격으로 미군 병사의 사망자가 나오지 않았던 것에 트럼프는 "만사가 순조롭다"라고 트위터에 글을 올렸다. 강력함을 선보이고 또한 전쟁도 회피할 수 있었으므로 재선 전략에는 절호의 결과가 되었다고 생각했던 것일까?

그러나 2020년 연초(年初)의 긴박한 정세에 의해 미국과 이란은 격렬한 경쟁에서 본격적인 전쟁으로 발전하는 위기 속에 항상 있다는 것이 부각되어졌다. 헤즈볼라 등 중동에 폭넓게 존재하는 이란계 시아파 민병조직에 의한 대미 공격의 우려도 높아지고 있다.

따지고 보면, 이 위기는 2018년 5월, 미국이 이란 핵합의, 즉 JCPOA로부터 일방적으로 이탈하고 준엄한 경제제재를 부과했기 때문에 시작되었다. 제재로 고통을 받는 이란 국민은 대단히 분노하게 되었다. 미국과의 군사적 긴장이 고조되는 것은 필연적인 결과라고도 말할 수 있다. 안이하게 부과되는 경향이 있는 경제제재가 전쟁 일보 직전의 상황으로 얼마나 간단하게 격화되어 버리는지를 말해주고 있는 것이다.

그토록 활기로 넘쳐났으며 이란이 국제 사회로 복귀하는 것에 대한 기대감을 상징했던 PSEEZ는 현재 계획을 대폭 재검토하는 상황에 내몰리고 있다.

PSEEZ는 이란 국영기업 페트로파스(Petropars), 프랑스의 에너지 대기업 토탈(Total), 중국의 석유천연가스그룹(CNPC)[3] 등 3개 회사가 추

---

3   중국석유천연가스그룹(中國石油天然氣集團公司, China National Petroleum Corporation: CNPC)을 지칭한다.

진해왔던 프로젝트이다. 하지만 트럼프가 제재를 부활시키자, 우선 토탈이 2018년 8월에 철수를 결정했고, CNPC도 그 이듬해인 2019년 10월에 철수를 이란 측에 통고했다. 두 회사 모두 미국으로부터의 2차 제재, 즉 이란에서 비즈니스를 계속할 경우 미국 본토에서의 비즈니스에서 추방될 것을 기피했다. 이란 석유부 장관 비잔 남다르 잔게네(Bijan Namdar Zangeneh)는 "페트로파스만으로 개발을 계속하겠다"라고 말하고 있지만, 두 회사의 철수로 상실하게 된 기술력, 자금력의 구멍을 메우기는 어렵다.

이란 제재의 근원

미국과 이란의 관계는 우여곡절의 길을 걸어왔다.

제2차 세계대전이 종식된 이후, 이란 북부에 주둔하고 있었던 소련군을 미국과 협력하여 추방하면서 이란과 미국은 밀월(蜜月)이라고 불리는 친밀한 관계를 만들었다. 1953년에 석유의 국유화 정책을 실현한 모하마드 모사데그(Mohammad Mossadegh)의 민족주의 정권에 대한 쿠데타를 미국이 지원하여 해당 정권을 타도한 이후부터, 왕제(王制) 이란은 미국에 있어서 믿을 수 있는 반공의 요새가 되었다. 1960년대 말에 영국이 국력의 쇠퇴로 의해 중동으로부터의 철수를 결정한 이래, 미국은 이란과 사우디아라비아라는 2개의 석유생산 왕제 국가(王制國家)를 대리인으로서 사용하는 '2개의 기둥 정책'으로 페르시아 만 연안 지방을 통치하게 되었다.

특히 이란은 석유 수출에 의한 풍요로운 국고 수입을 미국제 최신예 무기의 구입에 활용했다. 1977년에는 미국으로부터의 무기 구입비가 47억 달러에 달했는데, 그것은 미국의 전체 무기 수출에 있어서 절반을 차지하는 것이었다.

그러나 이 동맹 관계는 1979년의 이란 혁명과 함께 붕괴되고 적대 관계로 전환되었다.

애당초 미국은 이슬람교 시아파의 '성직자 체제'에 대해서 노골적인 거부감을 갖고 있지는 않았다. 하지만 이 해의 11월에 이란인 학생이 테헤란의 미국대사관을 점거하여 미국의 외교관 등 52명을 인질로 삼고 혁명의 최고지도자 호메이니가 그것을 용인함으로써, 혁명 정부에 대한 미국의 자세는 급변하게 된다.

미국대사관 사건의 배경에는 1953년의 모사데그 정권 붕괴에 미국 CIA가 개입한 이래 이란인이 품고 있던 미국에 대한 불신감이 있었다. 테헤란의 미국대사관은 이란에 대한 내정 간섭, 인권 탄압 공작의 중추로 여겨졌으며, 혁명 지도자 호메이니 등 혁명 세력이 이른바 '대악마(大惡魔)'라고 부르는 미국의 거점이었다.

한편 미국으로부터 본다면, 외교관 인질 사건은 국제법을 위반한 대단히 야만적인 행위이며, 초강대국 미국이 무력한 모습을 세계에 노출시킨 것은 굴욕 이외에 다른 것이 아니었다. 인질 탈환을 위해 대통령 지미 카터가 명령했던 헬리콥터 부대를 동원한 군사 작전은 어이없이 실패하여 미국의 체면을 구겼으며, 이란 혁명에 따른 가솔린 가격의 급등은 미국을 분노의 소용돌이에 휩싸이게 만들었다.

이리하여 시작된 미국의 이란 제재였지만, 걸프전쟁 이후의 1995년에 클린턴 정권이 이란과 이라크 양국을 봉쇄하는 '이중 봉쇄(dual containment) 전략'을 발표하고, 이란에 대해서는 대량살상무기의 개발 및 테러 지원을 이유로 내세우며 미국 기업에 의한 이란과의 거래를 전면적으로 금지했다. 미국 의회도 1996년에 이란의 석유 개발에 2,000만 달러 이상의 투자를 했던 외국 기업도 제재하는 '이란·리비아 제재법'을 제정했다. 현재 유럽 및 일본의 기업을 포함해 이란과의 비즈니스를 중지하도록 만들고 있는 이란 제재의 국외 적용이 개시된 것이다.

그러나 클린턴은 이란 제재의 국외 적용이 국제법적으로 의심스러운 부분이 있다는 유럽 등 각국 정부의 항의를 받고 나서, 외국 기업은 그 적용에서 제외하는 조치를 취했다. 국외 적용 자체가 미국의 제재가 지닌 힘의 원천인 만큼 이를 치켜세우고 있는 오바마, 트럼프 두 정권과는 대단히 다른 대응이었다.

그 이후 1990년대 말에는 온건파 모하마드 하타미(Mohammad Khatami) 정권이 이란에서 탄생했기 때문에 미국도 하타미가 제창하는 '문명 간 대화'에 관심을 갖게 되어 일시적인 해빙이 일어났다. 대화를 향한 전향적인 사인으로서 이란 특산의 피스타치오(pistachio)[4]와 페르시아 양탄자가 미국의 금수 대상에서 제외되었다.

하지만 이러한 해빙 기간도 짧게 끝나버렸다.

비밀 핵시설

미국은 모든 국가들의 망명 조직을 받아들이는 관용성(寬容性)을 갖고 있다. 쿠바 혁명에서 도망쳐 나온 망명자 그룹, 중국의 톈안먼 사건의 탄압에서 도망쳐 나온 민주화 그룹 및 터키의 레제프 에르도안(Recep Erdoğan) 정권에 반대하는 종교 지도자[5] 등 다양한 조직 및 개인을 받아들이고 있다.

---

4 옻나뭇과의 낙엽수를 지칭한다.
5 무함메드 귈렌(Muhammed Gülen) 등을 지칭한다.

그중의 하나인 이란의 반(反)체제파 조직 '이란 인민무자헤딘기구(MEK)'[6] 계통의 '이란 저항국민평의회(NCRI)'[7]는 워싱턴의 중심부에 사무소를 갖추고 있으며, 필자는 그 대표인 알리레자 자파르자데(Alireza Jafarsadeh)와 자주 식사를 함께하고는 했다. 필자가 테헤란 지국장으로서 이란에서 거주하며 생활했던 경험도 친근감을 증가시켰을 것이다.

그러한 자파르자데가 2002년 8월 14일 세계를 놀라게 하며 오늘날의 긴장된 이란 정세로 연결되는 조사 결과를 폭로했다.

이란 정부가 2년 전부터 국제원자력기구(IAEA) 등에 통지하지 않은 상태에서 테헤란 남쪽의 나탄즈(Natanz)의 지하에 우라늄 농축시설, 서부의 아라크(Arak)에서는 중수로(重水爐) 시설의 건설을 추진하고 있다는 것이었다.

이란은 서남부의 부셰르(Bushehr)와 아바즈(Ahvaz)에 평화적인 목적의 원자력 발전소를 건설하고 있음을 공표했고 IAEA도 사찰을 진행했었다. 하지만 비밀 핵시설이 있었다는 것이 사실이라면, 그것은 핵무기 제조를 위한 것이라는 의심이 부상하게 된다.

자파르자데는 정보의 입수 경로는 밝히지 않았지만, 정찰위성의 사진을 준비해둔 주도면밀한 발표였다. NCRI는 지엽적인 활동을 하고 있으며 독자적으로 정찰위성을 쏘아 올릴 정도의 힘은 없다. 아마도 미국과 이스라엘 등의 국가기관으로부터 제공받은 것이었을 것이다.

그 전년에는 9·11 테러가 일어났고, 그리고 2002년 1월의 일반교서

---

6 전체 명칭은 the Mujahedin-e Khalq(MEK) 또는 People's Mujahedin Organization of Iran(PMOI) 등으로 일컬어진다.

7 전체 명칭은 National Council of Resistance of Iran(NCRI)이다.

(一般教書) 연설에서 조지 부시 대통령은 이라크, 북한과 나란히 이란을 '악의 축(axis of evil)'이라고 비난했다. 이란의 비밀 핵시설에 대한 폭로는 이란에 대한 융화적인 무드를 날려버리고, 군사적인 긴장을 고조시키고자 하는 세력의 시나리오였을 것임에 틀림없다.

2005년 이란 대통령에 취임한 강경파에 속하는 마무드 아마디네자드(Mahmoud Ahmadinejad)는 동결되어 있었던 우라늄 농축 활동의 재개 등 도전적인 자세를 취했다. 이에 따라 유엔 안보리는 2010년 6월까지 네 가지 결의를 채택하여 경제제재를 부과했고 미국은 단독 제재를 강화시키는 것으로 응했다.

유턴 결재의 금지

미국은 이란을 단속하기 위해서는 국고 수입의 절반을 차지하는 원유 수출을 멈추게 하는 것이 가장 효과적이라고 판단하고 금융제재를 사용하기로 결정했다. 원유 매매는 달러로 행해지고 있기 때문에, 금융제재로 이란과 관련된 달러 결제를 중단시킨다면 이란은 원유를 수출할 수 없게 된다.

최초에 타깃이 되었던 것은 이란의 국영은행 '사데라트은행'[8]이다. 12개 국가에 3,400개의 지점을 지니고 있는 해당 은행을 통해서 이란 정부는 헤즈볼라 외에 팔레스타인의 이슬람 원리주의 조직 하마스(Hamas) 등에게 송금을 하고 있는 것으로 여겨지며, 그 액수는 헤즈볼라에게만 2001년부터 2006년까지 6년 동안 5,000만 달러(약 55억 엔)에

---

8 Bank Saderat Iran(BSI)을 지칭한다.

달한다고 한다.

사데라트은행 건(件)이 획기적인 것은 세계의 은행이 달러 결제를 할 때에 미국의 은행을 '코레스 계좌'로서 사용하는 방법을 해당 은행이 계약하는 비(非)이란 계통 은행에 관해서도 인정하지 않는다고 하는 결정을 미국 재무부가 2006년 9월에 내렸다는 점이다. 애당초 이란의 은행은 금융제재로 미국의 금융 시스템에 직접적인 접근이 불가능했지만 비(非)이란 계통의 은행에서도 이란 관련의 비즈니스라면 인정하지 않게 됨으로써 사데라트은행은 모든 달러 결제를 할 수 없게 되었다.

달러 결제는 일반적으로 미국의 은행 계좌, 즉 코레스 계좌를 통하지 않으면 안 되기 때문에 미국의 관할권이 미치게 된다. 미국의 은행은 이란 은행의 업무를 접수하지 않는다. 이 때문에 사데라트은행은 자신의 실체를 숨기는 수단으로 제3국에 있는 비(非)이란 계통 은행을 사용하여 미국 은행에 접근했었다. 하지만 이것도 봉쇄되었다. 사데라트은행에 대한 제재 발표에서 재무부 차관(테러·금융 정보 담당)이었던 스튜어트 레비(Stuart Levey)는 비(非)이란 계통의 은행을 중간에 끼고 결제하는 이러한 방법을 '유턴(U-turn) 결제'라고 부르면서, "장기간 이란의 원유 수출에 필요하다고 하며 예외를 인정해왔지만, 앞으로는 다를 것이다"라고 말했다.

미국 정부는 차례로 이란의 은행에 대해 '유턴 결제의 금지' 제재를 부과했다. 2008년 11월에는 이란과 관계된 거래 송금 전체가 미국의 은행을 통과하는 것을 금지했다. 즉 이란은 정규의 달러 결제가 불가능해진 것이다. 그 목적은 이란산 원유의 수출을 저지하기 위한 것이다. 그 결과, 미국뿐만 아니라 유럽, 아시아, 중동을 모두 포함한 전 세계에서 이란의 원유를 구입하는 것이 어려워지게 되었다.

이란은 물론 유로 및 영국 파운드, 일본 엔화, 중국 인민폐(RMB) 등에 의한 결제를 통해 원유를 팔 수는 있지만, 그러한 통화는 신용도에 있어서 달러보다 열악하며 전 세계적으로 사용되지는 않는다. 즉 사용하기가 불편한 것이다. 게다가 미국 정부의 이란 제재는 갈수록 대단히 가혹해지고 있으며 의약품, 의료 기기, 식료, 농산품을 제외하고 이란과 비즈니스를 행한 기업 및 금융기관은 미국 시장으로부터 추방된다고 노골적으로 협박하기 시작했다.

이뿐만 아니라, 미국은 원유를 포함하여 이란산 제품을 수송하는 해운회사 및 해운에 불가결한 로이드(Lloyd)[9] 등 보험회사에 대해서도 압력을 가하여 이란과 관련된 수송에 제휴하지 말도록 요구했다. 또한 선진국 정부에 의한 국제자금세탁방지기구(FATF)에도 움직임을 보이며 이란의 자금 세탁, 대량살상무기의 확산, 그리고 테러 지원 행위에 관련된 송금에 대한 감시 체제를 만들게 했다.

미국은 이란의 핵시설에 대한 군사 공격도 검토했지만, 8,000만 명의 인구를 보유하고 있는 중동의 대국 이란은 헤즈볼라 등 중동 각지의 시아파 세력이 따르고 있으며, 그 반격 능력은 무시할 수 없었다.

그 대신에 미국이 행했던 것이 사이버 공격이었다. 스턱스넷(Stuxnet)이라는 악성 바이러스를 개발하여 그것을 이란의 우라늄 농축시설에 침투시키고, 농축기를 파괴하는 것이었다. 미국 정부는 이를 통해 1년 반에서 2년 동안 이란의 핵계획을 지연시켰다고 하는데, 이란 측도 바이러스의 침입을 방지하며 대항 조치에 나섰기 때문에, 핵계획의 저

9 로이즈 선급협회(Lloyd's Register) 등을 지칭한다.

지를 사이버 공격에만 의지할 수는 없었다.

결국 미국 재무부의 금융제재가 이란 봉쇄의 주력이 되었다.

이란에 대한 철저한 단속

2009년 1월에 취임한 대통령 버락 오바마는 '이슬람과의 화해'를 제창하는 연설을 행하는 등, 9·11 테러 이후의 대(對)이슬람 색채가 강한 중동 정책으로부터 벗어나는 것이 아닌가 하는 기대감을 모았다. 하지만 한편으로 이란의 핵문제 자체가 자신의 대통령으로서의 커다란 과제가 된다고 보고, 당선된 이후 곧바로 관련 정책을 마련했다.

오바마가 제기한 것은 제재의 강화였다. 2009년 9월에는 새롭게 성도(聖都) 쿰(Qum)[10]에서 가까운 곳에 있는 포르도(Fordo)에도 비밀 핵시설이 있다는 것이 발각되어, 이란에 대한 국제적인 비난이 높아졌다.

오바마는 미국의 금융제재가 무엇보다 이란에 대해서 효과가 있다는 것은 이해했지만, 부시 정권의 단독행동주의(單獨行動主義)의 이미지를 불식시키기 위해서 다국 간의 '제재 체제' 구축을 지향했다. 실제로 제재는 국제 사회가 일치하여 대상국에 부과하는 쪽이 훨씬 효력을 발휘하게 된다는 것은 틀림없다.

오바마가 최초로 성립시켰던 것은 2010년 6월 9일에 채택된 유엔 안보리 결의 제1929호였다. 이것은 대(對)이란 제재가 미국의 단독 제재에서 국제 사회의 승인을 얻은 '제재 체제'로 전환되는 것을 의미했다. 이 결의의 또 한 가지 커다란 의미는 금융제재의 대상을 각국 정부가

---

10 Qom으로 표기되기도 한다.

독자적으로 결정할 수 있도록 인정했다는 점이다. 이것으로 미국 재무부가 중심이 되어 부과하는 이란 관련 상거래에 관한 금융제재는 형태상으로는 국제적인 합의 아래에서 행해지게 되었다.

다음으로 미국이 커다란 움직임을 보였던 것이 2012년 1월 23일에 이란중앙은행(Central Bank of Iran)[11]을 '애국자법' 제311조가 규정하고 있는 '자금 세탁의 주요 우려 장소'로 규정했던 것이다. '애국자법' 제311조의 적용은 2005년 9월에 북한과 거래했던 방코델타아시아(BDA)를 지정했던 이래 처음이었다. 이것으로 이란이라는 국가 그 자체가 국제적으로 추방된 것과 마찬가지의 상황이 되었다.

그렇다고 치더라도 아무리 이란이 비밀리에 핵계획을 추진하고 있고 테러 지원을 하고 있다고 의심받고 있다고 하더라도, 일국(一國)의 중앙은행을 국제 금융 시스템으로부터 추방하는 것은 예사로운 일이 아니다. 이란중앙은행은 대량살상무기 및 테러와는 관계가 없는 방대한 수의 이란 국민을 위해 중앙은행 업무를 행하고 있는데, 미국은 그것을 어떻게 이해하고 있을까?

티머시 가이트너 재무장관은 "이란의 정책은 받아들이기 어렵다. 이란 정부가 그 위험한 정책을 수행하는 것을 그만둘 때까지 이란 지도부에게 심각한 결과를 가져오는 경제제재 및 금융제재를 계속할 것이다"라고 말했는데, 심각한 결과를 받아들이지 않으면 안 되는 것은 핵개발 계획과는 그 어떤 관계도 없는 이란의 일반 국민도 마찬가지인 것이다.

오바마 정권은 2013년까지 미국 기업뿐만 아니라 외국 기업도 이란

---

11 Bank Markazi라고도 불린다.

과 그 어떤 거래를 하게 되면 제재를 부과 받고 벌금을 지불하든지, 아니면 미국으로부터 추방되는 틀을 완성시켰다. 외국 기업과 이란 간의 거래를 처벌한다는 국외 적용 효과를 지닌, 이란 제재의 기둥인 '미국을 택할 것인가, 이란을 택할 것인가' 하는 양자택일의 선택이다.

이러한 미국의 협박과 핵개발을 계속하는 이란의 강경 자세의 쌍방을 판단하여 유럽연합(EU)은 2011년 8월, 이란으로부터의 원유 수입 전면 중단을 결정했다. 일본도 2010년 10월에 이란 남서부에 있는 중동 최대급의 유전 '아자데간 유전(Azadegan oil field)' 개발 사업으로부터의 철수를 결정했고, 2012년에는 이란 원유의 수입을 전년보다 80%나 삭감시켰다. '국제은행간통신협회(SWIFT)'도 이란 관계의 송금 통신을 접수하지 않게 되었다.

이러한 제재의 결과, 이란은 국가 세입의 40%를 상실하며 궤멸적인 타격을 받았다. 통화 리알(rial)의 가치는 80%나 하락했고 이란의 외화 보유고는 1,100억 달러나 줄어들었다. 수입 물자가 감소했기 때문에 인플레가 진행되었는데, 어떤 조사에서는 이란 국민의 60%가 제재가 해제되지 않는다면 핵계획을 포기해도 좋다고 답하기에까지 이르렀다.

미국이 대(對)이란 금융제재에 얼마나 진지한가에 대해서는 재무부 고위 관리가 세계 각국의 은행에 설명하더라도 좀처럼 이해되지 않았다. 하지만 위반한 금융기관이 차례로 미국 정부에 의해 적발되고 방대한 제재금을 지불함에 따라, 그 위력은 세계의 금융계에 침투하게 되었다.

이 책의 제7장에서도 자세하게 논하고 있지만, 일본의 최고 은행인 미쓰비시UFJ은행(三菱UFJ銀行), 프랑스의 대형 은행 BNP파리바(BNP Paribas), 영국의 대형 은행 HSBC, 독일의 도이치은행(Deutsche Bank) 등도 이란 제재 위반 등으로 거액의 제재금을 지불했다.

JCPOA

이란 경제가 피폐해지고 있는 가운데, 2013년 여름의 대통령선거에
서는 제재 해제를 지향하며 구미와의 교섭을 공약으로 내세운 '보수 온
건파'의 하산 로하니(Hassan Rouhani)가 2위 이하 후보들 전체의 3배
이상에 달하는 표를 획득하며 당선되었다. 로하니는 곧바로 지미파(知
美派) 인물인 모하마드 자리프(Mohammad Zarif)를 외교장관에 임명하
며 미국과의 핵문제를 둘러싼 본격적인 비밀 교섭에 들어갔다.

'본격적'이라고 표현한 것은, 실은 이란과 오바마 정권은 로하니 정
권이 발족하기 전인 2012년부터 비밀 접촉을 시작했기 때문이다. 당시
이란은 강경파 아마디네자드 대통령이 집권하고 있었다. 이스라엘의
소멸을 제창할 정도의 강경파 대통령이었지만, 미국과 비밀 교섭을 시
작했던 것은 이란이 얼마나 제재에 의해 고통을 겪고 있었는지를 말해
준다.

이란의 교섭은 미국과의 직접 교섭과, 미국·영국·프랑스·중국·러
시아 등 유엔 안보리 상임이사국(P5)에 독일을 추가한 'P5+1' 등 2개의
트랙(track)에서 행해졌다. 말할 필요도 없이 자리프 외교장관이 미국
국무장관 존 케리(John Kerry)가 이끄는 미국 교섭 팀과 행했던 미국-이
란 협의가 가장 중요한 장이 되었다.

로하니 정권의 발족으로부터 정확히 2년 후인 2015년 7월에 이란과
P5+1은 '포괄적 공동계획(JCPOA)'을 체결한다. JCPOA는 이란과 미국
이 교섭하고 그것을 다른 5개국과 EU가 담보하며, 나아가 유엔 안보리
가 결의를 통해 보장하는 형태를 취했다. 이란이 핵계획을 제한하는 대
신에 제재를 해제한다는 교환형의 합의였던 것이다.

구체적으로는 이란이 가동하고 있는 우라늄 농축용 원심분리기를 1

만 9,000개에서 5,060개로 줄이고 우라늄 농축의 정도를 무기로 전용 (轉用)할 수 없는 3.67%로 하며, 농축 우라늄의 저장량을 300kg으로 제한했다. 이란이 보유하고 있는 중수로는 무기급 플루토늄을 제조할 수 없도록 개수(改修)하게 되었다. 이란은 IAEA의 강력한 사찰을 인정하고 추가 의정서의 이행에도 합의했다.

JCPOA는 미국의 금융제재가 만들어낸 최초의 성과이며, 획기적인 합의였다.

JCPOA 합의와 그 이행의 개시에 따라, 2016년 1월 유엔, EU, 미국은 이란의 핵계획에 관련되어 부과되었던 다국 간, 각국 단독 차원의 경제 및 금융제재를 해제하는 것을 선언했다. 또한 유엔 안보리도 2015년 7월의 결의에서 안보리가 채택했던 이란 핵계획과 관련된 제재를 해제하기로 결정했다.

남겨진 과제

다만 세 가지의 과제가 남게 되었다.

첫째, 제재 기간이 끝나게 되는 2030년 이래 이란의 핵계획에 대한 취급 문제이다. JCPOA 합의에서는 이란의 핵계획의 제한은 10~15년으로 되어 있으며, 이란은 2030년에는 핵계획을 제한받지 않고 진행할 수 있게 된다. 이란의 핵계획을 영구적으로 제한하는 내용이 아닌 것이다.

구미의 노림수는 이란이 핵무기 1개 분량의 핵물질을 입수하는 데 걸리는 시간[브레이크아웃 타임(breakout time)][12]이 점차 짧아지고 있는

---

12 일반적으로 어떤 국가가 핵무기 제조를 결심한 시점부터 '무기급 핵물질'을 확보하는 데까지 소요되는 시간을 지칭한다.

가운데, 어쨌든 1년 이상의 시간을 확보하는 것에 있었다. 이란이 이 합의에 위반하며 핵계획을 전속력(full speed)으로 재개하더라도 1년 이상이 필요하며, 이 사이에 군사 등의 다른 수단을 통해 이란의 핵 취득을 저지하는 것이 상정되었다.

둘째, 이란의 문제는 핵계획뿐만 아니라, 테러 지원 및 탄도미사일 개발, 기타 대량살상무기 개발, 중동의 다양한 민병조직에 대한 지원 등 다양하게 걸쳐져 있다는 점이다. JCPOA 합의로 핵계획에 관한 제재는 해제되었지만, 테러 지원 등을 이유로 한 제재는 계속 부과되었다.

2030년 이래 핵계획의 제한에 맞추어서 이러한 문제는 향후 교섭에 맡기게 되었지만, 이란은 핵계획에서조차도 '평화적인 것이며 핵확산방지조약(NPT)에서 인정되고 있다'라고 주장하며 추가적인 제한에 대해서는 저항했다.

셋째, 미국 국내의 대(對)이란 강경파가 이란에 대해 지나치게 관대하다며 지지하지 않았던 점이다. 오바마 정권은 최초부터 이 합의는 의회의 비준을 얻지 못할 것이라고 판단하며, 조약으로서 추진하지는 않았다. 이스라엘과 사우디아라비아 등 '이란 봉쇄파' 국가들도 반발했다. 미국 국내, 국외 쌍방에서 공격을 받는 취약한 합의였던 것이다.

그 취약함을 꿰뚫어보고 2016년 대통령선거에서는 공화당의 도널드 트럼프가 '최악의 합의'라고 비난하며, 해당 합의로부터의 미국의 이탈을 공약으로 삼았다.

필자는 JCPOA 합의로부터 1년이 지난 2016년 여름에 이란을 방문하여 정부 및 산업계를 취재했다. 귀로 들었던 것은 제재 해제를 기뻐하면서도 구미 및 일본 기업의 진출이 늦어지고 있다고 탄식하는 목소리뿐이었다. 미국 국내의 강경파가 언제 다시 제재를 부활시킬지 모르며 트럼프는 합의 이탈을 공약으로 내세우고 있기 때문에, 구미 및 일본의 기업 측은 신중하지 않으며 안 되었다. 졸속으로 이란에 진출할 경우, 제재를 부활시킨 미국으로부터 징벌을 받게 될 것이라는 독해(讀解)였다.

그런데 결국 그러한 독해가 맞아떨어졌다.

트럼프의 변덕

대통령에 취임한 트럼프는 과거의 대통령이 취임 이후 최초의 방문국을 캐나다 및 영국 등 깊은 유대 관계를 맺고 있는 국가들을 선택했던 관례를 깨뜨리고 2017년 5월에 사우디아라비아를 방문했으며, 그다음에 이스라엘을 향해 날아갔다. 이 2개국은 JCPOA 반대파였으며, 트럼프의 방문을 통해 '이란 위협론'에 대한 의견일치가 이루어졌다.

트럼프는 JCPOA의 결점을 바로잡도록 미국 이외의 당사국들에게 요구했지만, 마침내 합의했던 JCPOA였기 때문에 곧바로 보강하는 교섭을 이란이 받아들일 리는 없었다. 사태가 교착 상태에 빠진 것을 보고 트럼프는 2018년 5월에 이탈을 발표했다. 합의가 성립된 지 3년도 지나지 않은 상태에서 벌어진 일이었다.

트럼프 정권은 이때 이란을 향해 12개 항목의 요구사항을 들이댔다. 그것은 핵계획의 전면적 중지, 탄도미사일 개발의 중지, 약속하고 있는 미국인의 석방, 시아파 민병조직에 대한 지원 중단, 주변국에 대한 협박 중단 등 실로 폭넓은 내용이 포함되었다.

트럼프 정권은 8월부터 제재도 부활시켰고 특히 이란 원유에 대해서는 그 이듬해 2019년 5월부터 미국뿐만 아니라 전 세계의 국가들이 수입을 '제로(zero)'로 할 것을 요구했다. '미국을 택할 것인가, 이란을 택할 것인가' 하는 접근법을 부활시킨 것으로, 유럽 및 일본의 기업도 내키지는 않지만 따르고 있다.

오바마 시대에는 원유 수입에 관해서는 대폭적으로 삭감한다면 계속하더라도 좋다는 '제재 제외'가 인정되었다. 트럼프도 당초에는 중국, 한국, 일본 등 8개국 및 지역에 관해서는 이러한 '적용 제외'를 답습했지만, 2019년 5월부터는 완전한 '제로'를 요구해오고 있다. 일본 기업도 JCPOA 합의에 따라 이란 비즈니스를 확충했지만 지금은 철수에 내몰리고 있다.

미국은 사우디아라비아의 석유 시설 및 유조선(tanker)에 대한 공격 등 2019년 이래 페르시아 만 지역에서의 군사적 긴장에 대응하여, 이란군 정예부대인 '혁명수비대(IRGC)'를 테러 조직으로 지정하고 국가원수이자 최고지도자[13]인 알리 하메네이(Ali Khamenei)를 금융제재의 대상으로 삼으며, 그 자산 등을 동결시켰다. 로하니 대통령, 자리프 외교장관, 이란중앙은행에 대해서도 제재를 부과하고 있다.

이것으로 이란이라는 국가는 원수에서부터 군 및 정부 수뇌, 외교의 수장까지 모두가 제재의 대상이 되었다. 이러한 철저한 제재는 제2차 세계대전 중에 이루어졌던 독일과 일본에 대한 제재에 필적하는 것이다.

중요한 문제는 북한 정책에서도 그렇지만, 미국의 일관성이 결여되어 있다는 점이다. 미국은 JCPOA 합의에서 이란이 핵무기를 개발할 수 없도록 제한한다면 경제제재를 해제하는 것에 동의했다. 하지만 정권이 교체되자, 그 합의를 파기해버리고 제재를 강화했다. 이것은 명백

---

13 라흐바르(rahbar)라고 불린다.

한 국제 공약 위반이며, 대상국의 정책 변경을 촉구한다는 제재의 목적 수행에 역행하는 것이다. 제재 해제를 얻어내고자 요구에 따르더라도 제재가 해제되기는커녕 강화된다면, 어떤 국가도 진지하게 교섭에 응하지 않게 된다. 이란뿐만 아니라 전 세계 차원에서 미국의 제재 정책에 대한 신뢰성이 크게 훼손되어버렸다.

2019년 2월 일본을 방문한 이란 국회의장 알리 라리자니(Ali Larijani)[14]와의 인터뷰를 통해 필자는 트럼프의 제재에 대한 그의 평가를 들어본 적이 있다. 이란의 핵문제 교섭에서 책임자도 맡은 적이 있는 라리자니는 "미국은 교섭을 바라고 있음에도 일방적으로 합의에서 이탈했다. 트럼프는 트러블(trouble)을 만들고 있을 뿐, 해결하지 못하고 있다. 이러한 부조리한 결정에 대해서 언젠가 후회하게 될 것이다"라고 말했다. 과연 트럼프가 후회하게 될 날이 도래하게 될까?

14 2008년 6월부터 2020년 5월까지 이란 국회의장을 역임했다.

제 6 장

지정학을 바꿔버린 크림 반도 제재
러시아

러시아의 상트페테르부르크는 18세기 초부터 혁명의 발발까지 200년 동안 러시아 제국의 수도였던 역사적인 도시이다. 서유럽을 동경했던 표트르 대제(Peter I)가 건설했는데 이탈리아 풍의 거리가 아름다우며, 실질적이고 강건한 모스크바와는 다른 풍정(風情)을 느끼게 한다.

이곳에서 매년 6월 열리는 '상트페테르부르크 국제경제포럼(SPIEF)'에서 가장 관심을 모으는 사항은, 블라디미르 푸틴 대통령이 전 세계의 기자들을 모아 행하는 공동 인터뷰이다. 필자도 이 포럼에 과거 다섯 차례 출석했는데, 매회 질문을 던져왔다. 회색 눈으로 사람을 찌를 듯이 응시하는 푸틴은 '지정학(地政學)의 천재'라고도 말해진다. 이 인물로부터 세계정세의 분석을 듣는 것은 국제 저널리스트로서 일종의 묘미라고 할 수 있다.

일본 미디어의 대표로서 출석하게 되었기 때문에 필자가 질문하는 주제는 매회 북방 영토 교섭과 관련된 것이 되었다.

2014년 5월에 처음으로 필자는 푸틴과 넓은 콘스탄틴 궁전에서 함께 마주하게 되었다. 3월에 러시아가 우크라이나의 크림 반도를 병합하여 국제적인 제재가 시작되었던 때였다. "일본은 제재를 부과하고 영토 문제 등 평화 조약 교섭을 중단해버렸다. 러시아에게는 교섭의 의지가 있지만, 일본에게는 있는 것인가?"라며 푸틴은 분노하는 모습을 드러냈다.

그 이듬해 2015년에는 일본에 대해 배려하는 마음을 되찾았다. 푸틴은 "아베 신조(安倍晋三) 총리와의 사이라면 불가능한 것은 없다"라고 말하며 기대감을 높였다. 당시는 중국의 일대일로(一帶一路) 구상이 주목을 받았던 시기였는데, 중국에 대한 경계감을 숨기지 않았다. 중국에 잠식될 수 있다는 위험을 느끼고 일본과의 관계를 심화하고자 하는 절실함이 전해져왔다.

그러나 미국의 대(對)러시아 제재는 더욱 심각해지고 있어 러시아를 고통스럽게 만들었다. 이 무렵부터 푸틴은 미국 등 서방 세계와 결별하고자 하는 발언을 하기 시작해, 그 반동처럼 중국에 대한 경사(傾斜)를 강화했다. 그리고 북방 영토의 반환 교섭에 있어서도 소극적이 되었다.

어렵게 된 평화 조약

그리고 2019년에 인터뷰가 거행되었다. 다시 콘스탄틴 궁전에서 푸틴은 "평화 조약은 곤란하다"라고 단언했다. 러시아와 일본 간에는 평화 조약을 체결한 후에 하보마이 제도(齒舞諸島)와 시코탄 섬(色丹島)을 인도한다는 1956년 공동 선언이 존재한다. '평화 조약은 곤란하다'라고 한다면, 4도(四島)'는커녕 2도(二島) 반환도 없다는 결론이 된다.

일본은 대(對)러시아 경제 협력을 추진했고, 또한 그때까지의 4도 반환에서 2도 반환으로 크게 양보했었다. 아베 총리는 푸틴과 정상회담을 거듭하며 우호적인 관계를 조성해왔다. 그럼에도 '곤란하다'라는 것은 무슨 말일까?

푸틴은 다음과 같이 설명했다. 즉 "일본과 미국 사이에는 1956년 선언의 무렵에는 없었던 군사 조약이 존재하고 있다. 오키나와 현에서 지사 및 현민(縣民)의 반대에도 불구하고 미국이 군사 기지를 만들고 있을 정도이기 때문에, 일본은 미국이 하라는 대로 한다. 미국이 러시아의 안전보장을 훼손시키는 기지를 일본에 만드는 것은 곤란한 일이다. 미국에게는 중거리 미사일 기지를 일본에 만들려고 하는 구상[2]도 있다고 들었다".

그의 발언을 해설하자면, 미일 양국은 동맹을 강화하고 있는데 미국이 크림 반도 병합에 관련하여 제재를 발동한 이래, 미러 관계는 끝없는 늪처럼 악화되고 있고 핵미사일 군비 경쟁도 시작되었다. 러시아는 '적국'인 미국과 군사동맹을 맺고 있는 국가와는 평화 조약을 체결하지 않는다는 것이다. 군사 기지가 만들어져 버릴 리스크(risk)가 있기 때문에 북방 영토는 반환할 수 없다는 것이다.

이것은 이른바 '제로(zero) 회답'이다.

한편으로 푸틴은 중국을 치켜세웠다. '시진핑(習近平)의 지도력'을 칭

---

1   하보마이 제도와 시코탄 섬 외에 에토로후 섬(択捉島), 구나시리 섬(國後島)을 지칭한다.

2   2020년 8월 14일, 미국 재무부의 마샬 빌링슬리(Marshall Billingslea) 테러·금융 담당 차관보(Assistant Secretary for Terrorist Financing)는 미국의 중거리 미사일 배치에 있어서 일본이 후보 국가 중의 하나라고 언급한 바 있다["中距離ミサイルのアジア配備'日本も候補' 米高官: 日本の敵基地攻撃能力は'価値ある'", ≪日本經濟新聞≫(2020.8.15.)].

찬하고 중러 국경의 획정에 합의하는 데 이르는 긴 교섭을 회고하며 중국과의 신뢰 관계를 강조했다. '중국에 잠식될 것이다'라는 그때까지의 경계감에서 갑자기 돌변했으며, 러시아는 중국과 함께 걸을 것이라는 결의를 표명한 것으로도 들렸다. 미중 관계가 패권을 둘러싼 경쟁으로 발전하고 있는 가운데, 중국과 함께 미국을 견제한다는 전략적인 노림수가 있었던 것으로 보인다. 미국이라는 공통의 '적'이 만들어진 지금, 러시아와 중국이라는 유라시아의 두 대국은 밀접한 관계를 맺어야 할 필연성이 제기되고 있다.

역동적인 세력 균형의 변화로 일본의 영토 문제는 공중으로 날아간 것처럼 보인다. 푸틴은 '의리와 인정'을 느끼면서 일본이 바라는 영토의 반환을 해줄 것이라는 기대감이 일본에게는 있었다. 하지만 일본적인 낭화절(浪花節)[3]은 대국의 역학에서는 통하지 않았다.

미국의 대(對)러시아 제재가 해제되는 것과 같은 미러 관계의 급격한 전환이 없을 경우, 영토의 반환은 있을 수 없다는 현실이 부각된다. 하지만 대(對)러시아 제재가 해제될 전망은 전혀 보이지 않는다.

크림 반도의 병합

크림 반도의 병합과 그 이후의 대(對)러시아 제재는 러시아와 미국의 관계를 결정적으로 악화시켰으며, 중러 양국을 서로 접근하게 만들었다. 그 결과, 북방 영토가 반환되는 길도 보이지 않게 되었다. 지정학적으로 커다란 영향을 갖는 대(對)러시아 제재란 어떠한 것일까?

---

3 낭화절(なにわぶし)은 주로 의리나 인정을 노래하는 일본의 대중적인 창(唱)을 지칭한다.

크림 반도는 제정 러시아 시대인 19세기부터 휴양지로서 알려져 왔으며, 러시아계 주민이 60%를 차지하고 우크라이나인은 25%로 소수파였다. 흑해에 돌출되어 있는 반도에는 러시아 '흑해 함대' 기지가 있으며, 러시아 해군이 지중해로 진출하는 데 있어서 전략적 요충이다. 애당초 러시아 공화국령(領)이었는데, 소련공산당 제1서기[4]였던 니키타 흐루쇼프(Nikita Khrushchev)가 1954년에 크림 반도를 우크라이나 공화국에 이관(移管)하는 결정을 내렸다. 흐루쇼프는 우크라이나 출신으로 크림 반도는 모국에 대한 일종의 선물이기도 했다.

그러나 소련의 붕괴 이후 우크라이나는 서측에의 경사(傾斜)를 강화하고 유럽연합(EU) 및 북대서양조약기구(NATO)에의 가입을 희망하게 되었으며, 러시아는 서측 진영이 자국의 국경 바로 앞까지 육박하고 있는 것에 위협을 느꼈다. 이미 EU, NATO는 모두 옛 동유럽, 옛 소련 국가들의 가입을 착착 인정하며, 동쪽을 향해 권역을 확대하고 있었다.

우크라이나에서는 2013년 11월부터 친(親)러시아 성향의 빅토르 야누코비치(Viktor Yanukovych) 정권에 대한 격렬한 시민 시위가 일어났고, 그 이듬해 2014년 2월에 정권이 붕괴한다. 이에 따라 친러시아파의 무장 세력이 크림 반도의 의회 및 공항을 점거하고 현지의 정치권력을 탈취했으며, 나아가 3월에는 크림 반도 전역에서 행해진 주민 투표에서 96.77%가 러시아에의 편입을 지지하여 구미가 맹반발 하는 가운데 3월 18일 푸틴은 크림 반도의 편입을 선언했다.

군사력을 사용한 영토의 획득이라는 권력적인 국제 행위를 한동안

---

4 1953년부터 1964년까지 소련공산당 중앙위원회 제1서기, 즉 소련공산당 서기장을 역임했다.

세계는 보았던 적이 없었다. 생각에 떠오르는 것은 1990년 사담 후세인의 이라크에 의한 유전국(油田國) 쿠웨이트에 대한 무력 병합인데, 이때에는 1년도 되지 않아 미국이 이끄는 다국적군이 쿠웨이트를 해방시켰다.

그런데 크림 반도는 미국이 중시하는 풍부한 석유 매장을 자랑하는 지역도 아니다. 미국 대통령 오바마는 처음부터 군사력 행사의 선택지를 포기했으며, 제재 이외에는 별다른 방도가 없다고 선언했다. 이리하여 냉전 이후 가장 준엄한 대(對)러시아 제재를 부과하게 되었다. 당시 미러 관계는 냉전 시대로 되돌아갔다고 일컬어질 정도였다. 러시아는 주요 8개국 회의(G8)로부터도 추방되었다. 더 이상 러시아는 친구가 없다고 하는 선고였다.

2014년 7월에는 우크라이나의 친러시아 세력이 우크라이나 상공을 비행하고 있던 말레이시아 항공기를 러시아제 미사일 '부크(Buk)'[5]로 격추시켜 승객 및 승무원 298명이 사망했다. 미국은 푸틴 측근의 도항 금지 등 소규모의 제재부터 시작하여 러시아의 주요 산업인 에너지 분야를 금융제재를 활용하여 집중적으로 공격하는 분야별 제재에 나섰다.

분야별 제재란 1990년대의 이라크 및 2000년대의 이란, 북한 등 그때까지의 국가 전체에 대한 제재가 아니라, 그 국가에게 가장 데미지를 입힐 수 있는 특정 산업에 포커스를 맞춘 제재를 말한다. 러시아는 세계 제일의 면적을 자랑하며, 그 경제도 세계 제11위, 인구는 세계 제9위이다. 이러한 거대한 국가에 대해서는 국가 전체에 경제제재를 부과

---

5 9K37 Buk를 지칭하며 러시아의 중거리 지대공(地對空) 미사일이다.

하는 것 등은 불가능하다.

　이 때문에 가장 고통을 느낄 수 있는 부분을 찌름으로써 국가 경제에 손실을 입히고, 크림 반도의 병합이 러시아에게 있어서 부적절한 모험이었다는 것을 깨닫게 하는 것이 기도되었다. 그것은 러시아가 거두는 외화 수입의 60%를 차지하고 있는 에너지 분야였다.

에너지 산업을 타깃으로 삼아 가격하다

　크림 반도의 병합에 관하여 부과된 분야별 제재는 ① 러시아의 석유 및 천연가스 개발에 필요한 최신 기술의 제공 금지, ② 러시아의 석유 기업 및 정부 계통 은행에 대한 융자의 금지와 이러한 기업의 달러 결제에 대한 금지이다. 모두 '국제긴급경제권한법(IEEPA)'에 기초하여 대통령명령을 통해 부과된 것이다. 해당 법은 안전보장 및 외교 관계에서의 긴급 사태라고 판단할 수 있다면, 경제제재를 부과할 수 있는 권한을 대통령에게 인정하고 있다.

　구체적으로는 북극해 및 러시아 국내의 셰일(shale)층, 대심수(大深水)라고 불리는 수심 152m 이상 해저의 유전 개발에 필요한 기술 및 서비스의 금수(禁輸)가 시작되었다.

　이것으로 러시아의 석유 개발에 구미의 대기업이 참가할 수 없게 되었고, 실제로 북극해의 카라 해(Kara Sea)에서 러시아 최대의 석유기업인 로스네프트(Rosneft)와 함께 유전 개발 사업을 추진했던 미국의 에너지 대기업 엑슨모빌(ExxonMobil)은 이 사업으로부터 철수했다. 당초에는 석유 사업뿐이었지만, 2015년 8월에는 사할린의 가스전(田)인 남(南)키린스키(South Kirinsky) 광상(鑛床)을 제재 대상으로 추가하여 석유뿐만 아니라 천연가스 사업에 대해서도 제재 대상을 확대했다.

구미 기업이 러시아의 에너지 사업에 참가할 수 없게 된 것에 더하여, 금융제재로 인해 미국의 기업에게는 러시아 사업에서의 융자 및 금융 서비스의 제공 업무가 금지되었다. 이에 따라 러시아 기업은 자금도 얻지 못하게 되었고, 달러 결제도 할 수 없게 되었다. 이러한 러시아 기업은 바로 정부 계통 은행과 에너지 기업[로스네프트, 가즈프롬(Gazprom), 루크오일(Lukoil) 등]이다.

2014년 12월 미국은 '우크라이나 자유 지원법'을 제정하고 미국의 대(對)러시아 제재에 따를 의무가 있는 기업을 미국 기업뿐만 아니라, 외국 기업도 포함하여 확대시켰다. 또한 2017년 7월 제재 대상자인 국영 석유기업 로스네프티 사장 이고르 세친(Igor Sechin)[6]과 비즈니스를 행했다는 이유로 엑슨모빌에 대해 200만 달러의 제재금을 부과했다. 대(對)러시아 제재 위반과 관련된 최초의 대형 적발이었다.

다만 서서히 미국과 EU 간에 러시아 제재에 대한 사고방식의 차이가 표면화되었다. EU는 러시아와 근접해 있어 무역량도 많으며, 특히 러시아의 에너지에 의존하고 있다. 제재를 계속하더라도 러시아가 우크라이나 문제에서 태도를 바꿀 전망은 없으며, 그 사이에 중국, 인도 등 대(對)러시아 제재에 참가하지 않고 있는 국가가 러시아로부터 매력적인 에너지 이권(利權)을 획득하여 유리한 조건으로 비즈니스를 시작했다는 것도 제재에 대한 의문으로 연결되었다. EU는 2014년 일련의 제재 이후에는 기껏해야 제재를 계속한다는 것에 합의하고 있을 뿐이기에 제재의 강화 및 확대는 불가능해지게 되었다.

6　2008년부터 2012년까지 러시아 부총리를 역임했으며, 다스 베이더(Darth Vader)라는 별명을 갖고 있다.

미국 대통령선거에 대한 개입

한편 미국은 거꾸로 러시아에 대한 반발을 강화하고 제재를 강화했다. 그 계기가 되었던 것이 러시아에 의한 2016년 미국 대통령선거에 대한 개입이다. CIA, FBI 등 미국의 정보기관 및 수사기관은 러시아의 개입을 모두 확인했으며, 이에 따라 오바마는 2016년 12월 러시아 외교관 35명의 추방과 미국에 있는 러시아 정부 공관 2곳의 폐쇄를 명령했다.

러시아의 미국 대통령선거 개입에서는 로버트 뮬러(Robert Mueller) 특별검사의 수사로 13명의 해커와 3개의 기업이 러시아 정부의 지시를 받아 인터넷 등을 통해 정보 발신을 행하며 선거에 간섭했다는 이유로 기소되었다. 미국은 2018년 3월 이러한 개인 및 기업을 포함하여 러시아 연방보안국(FSB) 및 러시아군(軍) 정보총국(GRU) 등 5개 단체와 19명의 개인에 대해 제재를 부과했다.

트럼프는 이 대통령선거에서 승리했던 점도 있어, 러시아의 개입을 특별히 문제시하지는 않았다. 이것에 불만을 갖게 된 의회는 2017년 7월 대(對)러시아 대형 제재법으로서 '제재를 통한 미국의 적국에 대한 대응법(CAATSA)'[7]을 압도적 다수로 가결했고, 트럼프는 같은 해 8월 마지못해 이것에 서명하여 법이 성립되었다. 그 결과, 이제까지는 러시아 국내로 금지를 한정했던 미국 기업과 러시아 기업의 에너지 개발의 합동 사업에 대한 제재 범위를 세계 전역으로 확대하고, 또한 러시아의 에너지 파이프라인에 대한 투자를 외국인도 포함하여 금지했다.

---

7 Countering America's Adversaries Through Sanctions Act(CAATSA)를 지칭하며 러시아, 이란, 북한에 대한 통합제재법이다.

제재가 강화되더라도 러시아는 크림 반도 문제에서 태도를 바꾸지 않았다. 우크라이나 동부에서의 정부군과 친러시아 세력의 정전(停戰)을 정했던 민스크 협정(Minsk Protocol)은 이행되지 않았으며, 2018년 11월 크림 반도 부근의 케르치 해협(Kerch Strait)에서 우크라이나 함선이 러시아 당국에 의해 총격을 받고 나포되었다. 미국은 이 사건에 관여하여 러시아의 FSB 요원 4명과 국방 관련 6개 기업 등에 대해서 미국 국내의 자산 동결, 금융 거래 중지 등의 제재를 부과했다.

인권 위반도 대상으로 삼다

대(對)러시아 제재의 한 가지 특징은 대상이 계속 확대되고 있다는 것이다. 크림 반도의 병합에 의해 시작되었지만, 당초의 목적은 달성하지 못한 상태에서 차례로 그 범위가 확대되고 있다.

그중의 하나로 '마그니츠키 법(Magnitsky Act)'[8]에 의한 인권 위반에 대한 제재가 있다. '마그니츠키 법'이란 러시아 정부의 부패를 폭로하여 구속되고 그 이후 병에 걸렸지만 치료를 허락받지 못한 채 옥사(獄死)했던 러시아인 회계사 세르게이 마그니츠키(Sergei Magnitsky)[9]의 이름을 딴 미국의 법률이다. 2012년에 제정되었을 때에는 마그니츠키의 사망과 관련된 러시아 정부 관계자에 대해서 입국과 미국 금융기관의 사용을 금지하는 내용이었다.

---

8 공식 명칭은 'Russia and Moldova Jackson-Vanik Repeal and Sergei Magnitsky Rule of Law Accountability Act of 2012'이다.

9 1972년 우크라이나 소비에트 사회주의 공화국(Ukrainian SSR)의 오데사(Odessa)에서 출생했다.

그러나 2016년 12월에 미국 의회는 '글로벌 마그니츠키 법'[10]을 제정하며 마그니츠키의 사망에 대한 관여뿐만 아니라, 인권 위반을 범한 인물이라면 어느 국가의 누구라도 제재하는 내용으로 크게 확대되었다.

'마그니츠키 법'에서 제재 대상이 되었던 러시아인은 당초에 마그니츠키의 옥사에 관계되었던 러시아 내무부 당국자 등 18명이었다. 하지만 영국에서 2006년 체내 방사성 물질[11]이 발견되며 살해되었던 러시아 정보기관[12]의 전 중령 알렉산드르 리트비넨코(Alexander Litvinenko)의 사망 사건에 관계된 것으로 간주되는 러시아의 정치가 및 전 장교 등에게로 대상이 확대되었다. 리트비넨코는 망명지인 런던에서 푸틴을 노골적으로 비판했었다.

또한 세계의 인권 위반에 대해 적용할 수 있도록 대상이 확대되었기 때문에, 지금에 있어서는 로힝야(Rohingya) 난민을 박해한 미얀마 국군 장교, 이스탄불의 사우디아라비아 영사관에서 살해당한 사우디아라비아인 저널리스트 자말 카쇼기(Jamal Khashoggi)[13]의 사망 사건에 관여했던 사우디아라비아 왕실 경호대 대원 등이 제재 대상자의 리스트에 함께 이름을 올리고 있다.

'마그니츠키 법'에 의해 제재가 부과되더라도 미국에 입국하지 않는다면 두려워할 것이 없다고 생각할지도 모른다. 하지만 해당 법은 제재 대상자에 대한 금융 서비스의 제공을 금지하고 있기 때문에 미국 달러

---

10 Global Magnitsky Human Rights Accountability Act를 지칭한다.
11 '폴로늄(Polonium)-210'을 지칭한다.
12 러시아 연방보안국(FSB)을 지칭한다.
13 자말 카슈끄지라고 불리기도 한다.

를 사용할 수 없게 된다. 국제직인 활동이 제한되며, 결국 모국에서의 은퇴 생활에 내몰리게 되는 것이다.

국가 차원의 인권 위반은 국제형사재판소(ICC)에 제소하는 방도가 있는데, 러시아와 같은 대국(大國) 내부에서 발생한 사건은 국가의 장벽에 부딪히기 때문에 처벌할 수가 없었다. 하지만 '마그니츠키 법'이 새로운 문을 열었다. 이에 따라 해당 법에 힌트를 얻은 외국에서의 인권 위반을 처벌하는 법을 제정하는 국가가 연이어졌다. 영국, 캐나다, 에스토니아, 라트비아, 리투니아 등이 그러했다.

2018년 3월에는 GRU의 전 공작원으로 영국으로 추방되었던 세르게이 스크리팔(Sergei Skripal)과 그의 딸[14]이 '신경가스'에 의해 살해된 것으로 보이는 사건이 발생했는데, 영국 정부는 러시아 정부의 범행이라고 단정했다. 이에 따라 미국과 영국 양국을 포함한 서측 국가들은 러시아 외교관을 대규모로 추방하는 등의 제재를 부과했다. 또한 미국은 항공 엔진 및 전자 부품 등 국가의 안전보장 분야에 관련된 제품의 대(對)러시아 수출을 금지하는 제재를 부과했다.

외국의 '나쁜 일'을 징벌

전술한 '제재를 통한 미국의 적국에 대한 대응법(CAATSA)'은 실로 광범위한 인물 및 조직에 대해 제재를 부과하는 것을 인정하고 있다.

그중에 푸틴과 가까운 올리가르히(oligarch)라고 불리는 정상(政商)들이 있다. 미국은 해당 법을 근거로 하여 2018년 4월에 "폭넓게 세계에

---

14 율리아 스크리팔(Yulia Skripal)을 지칭한다.

서 나쁜 일을 행했다"라는 추상적인 이유를 내세우며 7명의 올리가르히와 그들이 경영하는 군수기업 및 금융기관 12개 사(社)에 대해 제재를 부과했다. 이때 제재 대상이 된 인물로 주목을 끌었던 것은 러시아 최고의 부호로 일컬어지기도 하는 세계적인 알루미늄 기업 '루스알(Rusal)'의 올레크 데리파스카(Oleg Deripaska), 푸틴의 딸[15]과 일시적으로 결혼했던 키릴 샤말로프(Kirill Shamalov)였다.

미국이 공표한 성명(聲明)에 의하면, 데리파스카는 자금 세탁 및 상업상의 경쟁 상대에 대한 협박, 횡령 및 금품 강요, 뇌물 공여 등에 관여했다고 한다. 그럼에도 이러한 '죄상'은 국내법 및 상법에서 형사상의 책임은 물을 수는 있지만, 국제법의 원칙인 국가의 주권을 초월하여 한 국가가 다른 국가의 국민에게 어떻게 제재를 부과할 수 있는 것인지 의문이 제기된다. 정당한 허가도 없이 외국에 뛰어들어 자국이 인정하는 '나쁜 일'을 직접 재판한다는 성격의 행위로 보인다.

CAATSA는 러시아의 사이버 공격, 석유 생산, 금융기관, 부패, 인권 침해, 제재 도피, 국방기관 및 정보기관, 파이프라인 건설, 시리아에의 군사 원조 등에 관계된 행위를 제재 대상으로 삼고 있다. 이처럼 대상이 넓어지게 된다면, 그 어떤 행위도 미국에 찍히게 되면 제재가 부과되어버린다. 이 법은 러시아뿐만 아니라 이란, 북한과 관련된 행위도 제재 대상으로 삼는다고 규정하고 있는데, 미국이 이제까지 구축해왔던 제재의 법적 권한 및 금융을 비롯한 제재의 수법 등 모든 요소를 동원한 것이다.

---

15 카테리나 티호노바(Katerina Tikhonova)를 지칭한다.

의회의 속박

대(對)러시아 제재의 또 한 가지 특징은 미국 의회가 적극적으로 관여하고 있다는 것이다. CAATSA는 트럼프의 반대를 물리쳐냈다. 푸틴에게 유화적인 트럼프의 태도에 화가 나서 속을 태웠던 미국 의회가 법을 가결하고 대통령에게 서명하도록 압박했다. 서명 시에 트럼프는 "불충분한 내용이다"라며 불만을 표명했지만, 거부권을 행사하더라도 해당 법을 의회가 압도적 다수결로 가결하여 백악관에 보내게 될지 알 수 없었기에 마지못해 서명했다.

인권 위반에 대해 제재를 부과하는 '마그니츠키 법'도 의회가 최초로 움직여서 실현시켰다. 마그니츠키의 친구가 미국 의회 상원의 대(對)러시아 강경파의 선봉급이었던 존 맥케인(John McCain III, 공화당)과 벤 카딘(Ben Cardin, 민주당)을 열심히 움직여서 법제화가 이루어졌다. 인권 위반은 세계적으로 대단히 많은 국가에서 일어나고 있으며, '제재에 상당하는 위반'을 특정하기는 어렵다. 또한 미군의 전쟁 수행에 따른 잔학 행위 등이 제재 대상이 될 가능성도 있다. 이 때문에 미국 정부는 주저했지만, 인권 의식이 강한 미국 의회가 움직였던 것이다.

미국 의회가 인권을 문제로 삼아 외국에 대해 제재를 부과하기 위해 처음으로 움직였던 것은 1986년으로, 남아프리카공화국의 아파르트헤이트(Apartheid, 인종 격리) 정책에 대한 것이었다. 당시 대통령 로널드 레이건은 반공의 보루이기도 했던 남아프리카공화국의 백인 정책을 처벌하는 정책을 기피했지만, 의회는 대통령의 거부권을 뒤집을 정도의 압도적인 다수로 찬성하여 남아프리카공화국에 대한 제재를 부과하기로 결정했다.

제재를 둘러싸고는 외교에 파급될 악영향을 우려하는 정부와 '나쁜 일'에 대한 처벌을 단순히 요구하는 의회가 항상 긴장 관계에 있다. 1990년대에는 의회가 이란과 리비아에 대한 제재를 통해 외국 기업도 따르도록 하는 제재를 주장한 것에 반해서, 빌 클린턴은 외국 기업을 적용에서 제외한다고 하며 의회와 대립했다. 버락 오바마도 이란에 대한 강경한 제재를 목소리 높게 주장하는 의회로 인해 고뇌했다. 1983년부터 2014년까지 의회에서 제안된 제재 조치는 104개에 달하는데, 그중에 75개에 대해 백악관이 반대했다는 통계도 있다. 의회의 제재 법안은 징벌의 성격이 강하며, 본래의 목적인 대상국의 '행위의 변화'를 촉진하는 효과는 기대할 수 없다는 이유 때문이었다.

CAATSA는 미국 정부가 제재를 완화하는 경우에는 의회가 사전에 심사를 하도록 정하고 있다. 정부를 대신하여 의회가 제재 대상을 최종 결정하는 틀이다. 이렇게 되면, 압력단체로부터 진정(陳情)을 받는 의원의 이해 등이 반영되어, 외교의 한 가지 수단에 해당하는 제재를 왜곡시켜버릴 우려가 있다.

확대되는 대상, 옅어지는 효과

이리하여 대(對)러시아 제재는 크림 반도의 병합, 우크라이나 동부에 대한 군사 개입, 미국 대통령선거에 대한 개입, 러시아인 전 정보기관 요원의 살해, 인권 위반, 정상(政商)의 부패 등으로 대상이 확대되었다. 하지만 당초의 목적인 우크라이나 정세도 개선시키지 못했으며, 그 아무런 성과도 올리지 못하고 있다. 오히려 러시아의 행동을 징벌하게 됨으로써 전체적으로 푸틴이 통치하는 러시아, 또는 푸틴 본인을 징벌한다고 하는 성격이 농후해졌다. 또한 트럼프가 푸틴과의 우호 관계를 연출함에 따라 트럼프를 봉쇄하고자 하는 미국 내부의 정치 사정을 반영하고 있다.

예를 들면, CAATSA는 2017년 7월 함부르크에서 푸틴과 회담했던 트럼프가 대통령선거에 대한 개입 문제와 관련하여 푸틴을 두둔하는 발언을 했기 때문에, 불만과 초조감을 느낀 미국 의회가 트럼프의 대(對)러시아 융화를 저지하려는 목적도 있었기에 제정되었다.

그러나 러시아 경제의 축소는 제재보다도 주요 산업인 석유의 국제 가격 하락이 원인이라는 분석도 있으며, 실제로 유가가 예전 수준으로 돌아간 2017년에는 천천히 회복하기 시작했다. 루블(ruble)의 하락은 수출 산업에는 낭보였으며, 푸틴은 제재하의 상황에서 지출을 삭감하도록 호령했고, 그 결과 2018년에는 2%의 재정 흑자까지 기록했다. 2014년 5월에 합의했던 중국에 대한 파이프라인에 의한 대형 천연가스 수출 프로젝트도 궤도에 올랐으며, 중국으로부터의 세입이 증가했다.

미국으로부터의 석유 개발 기술을 얻지 못하게 된 것은 커다란 타격이 된 것으로 보이지만, 그것도 러시아가 독자적으로 기술 개발을 진행하여 구멍을 메우는 것이 가능해졌다. 러시아 국토의 풍부함이 제재가 부과되더라도 자급자족 형태의 경제 운영을 가능케 했던 것이다.

크림 반도의 병합 이후에도 러시아는 계속해서 미국 대통령선거에 대한 개입, 화학무기금지기구(OPCW)[16] 및 세계반도핑기구(WADA)[17]에 대한 사이버 공격, 몬테네그로에서의 쿠데타 지원, 전 정보기관 요원에

---

16 Organization for the Prohibition of Chemical Weapons(OPCW)를 지칭하며 본부는 네덜란드 헤이그에 있다.

17 World Anti-Doping Agency(WADA)를 지칭하며 본부는 캐나다 몬트리올에 있다.

대한 살해 등 '나쁜 일'을 거듭해오고 있다. 이러한 점을 감안하면 제재는 무력하다고 결론짓지 않을 수 없다. 오바마 정권의 고위 관리는 우크라이나 동부의 정전(停戰)을 정한 민스크 협정이 실현되기만 하면 제재는 완화될 것임에 틀림없다고 말했지만, 그 이후 차례로 러시아에 추가 제재가 부과되었으며, 이미 그물망처럼 짜인 대(對)러시아 제재의 완화 및 해제는 어떻게 하면 가능할지 알 수 없게 되고 있다.

유럽과 미국 사이에 깊어지는 갈등의 골

대(對)러시아 제재가 장기화되고 대상이 확대됨에 따라, 유럽과 미국 사이에서도 갈등의 골이 깊어지고 있다.

유럽 역내에서는 이탈리아, 헝가리, 그리스, 슬로바키아, 불가리아 등 경제 상황이 애당초 나빴던, 중유럽·동유럽에 위치하며 러시아와의 경제 관계가 깊었던 유럽 국가들이 제재의 효과에 일찍부터 의문을 던졌다. 중국과 인도가 러시아와의 비즈니스에서 이익을 올리고 있다는 것을 파악하고, 우파 포퓰리스트(populist)로서 알려져 있는 헝가리의 총리 오르반 빅토르(Orbán Viktor)는 "대(對)러시아 제재로 유럽은 자신의 발등을 때리고 있다"라고 논하며 불만을 통렬하게 표출했다. 불가리아 총리 보이코 보리소프(Boyko Borisov)도 "제재로 러시아가 타격을 받고 있는지 여부는 알 수 없지만, 확실한 것은 불가리아 경제에는 큰 타격이 되고 있다는 것이다"라고 분노했다.

유럽과 미국의 대립에서 상징적인 것이 정상(政商) 올레크 데리파스카와 그가 경영하는 세계적인 알루미늄 기업 '루스알'에 대한 제재이다. 루스알은 유럽 기업과 특히 거래가 많았는데, 유럽 기업은 제재 발표에 따라 공급망(supply chain)으로부터 루스알을 급거 배제시키는 대

혼란에 직면하게 되었다.

루스알과 데리파스카에 대한 제재와 관련하여 사전 협의가 미국으로부터 없었던 점도 유럽의 반발을 초래했다. 트럼프는 '미국제일'을 내세우며 동맹국을 경시하고 있기 때문에 중요한 정책 결정에서도 동맹국과의 협의 없이 자의적으로 발언을 하는 일이 통례이다. 게다가 재무부가 데리파스카를 'SDN 리스트'에 올렸던 것은 미국 ≪포브스(Forbes)≫의 러시아인 최고 부호의 순위를 그 상태 그대로 인용했기 때문이라는 보도도 확산되어 유럽 각국을 아연실색하게 만들었다.

유럽 측의 요구에 따라, 미국 재무부는 2019년 1월에 루스알에 대한 제재를 해제했다. 데리파스카가 루스알의 보유 주식을 대량으로 매각하고 루스알의 경영권을 포기했기 때문이다. 그런데 데리파스카는 트럼프의 대통령선거 대책본부장을 맡았으며 그 이후 기소된 폴 매너포트(Paul Manafort)와 가깝다. 이 때문에 미국 의회는 데리파스카를 경계하고 있으며, 데리파스카에 대한 제재 해제를 커다란 표차로 부결시켰다. 대(對)러시아 제재에 대해서 의회가 주도권을 장악하고 있음을 보여주는 증거라고 할 수 있다.

미국과 유럽 사이에 존재하는 또 다른 '갈등의 골'을 보여주는 사례는 독일이 러시아와 추진하고 있는 천연가스 파이프라인 '노르드 스트림 2(Nord Stream 2)'이다.

'노르드 스트림'은 탈(脫)원자력발전의 움직임을 배경으로 하여 천연가스 소비의 확대가 예상되고 있는 유럽이 러시아로부터 천연가스를 수입하는 파이프라인 계획이다. 정치 및 안전보장에 있어서 불안정한 우크라이나 및 벨로루시를 회피하여 러시아 북서부로부터 발트 해의 밑을 통과하여 독일과 직접 연결되는 루트에 해당된다. '노르드 스트림

1(Nord Stream 1)'은 2011년 11월에 가동되기 시작했고, 최대 연간 550억m³의 천연가스를 수송할 수 있다. '노르드 스트림 2'는 동일한 루트에 파이프라인을 부설하여 수송량을 2배로 증가시키는 계획이다.

그런데 CAATSA는 러시아의 파이프라인에 대한 투자를 금지하고 있으며, '노르드 스트림 2'에 참가하는 기업에 대해 제재를 부과할 수 있다.

실제로 트럼프는 2019년 12월 '노르드 스트림 2'의 참가 기업에 대한 제재를 포함하고 있는 국방수권법에 서명을 했으며, 그 직후에 스위스의 건설기업이 파이프라인 부설 작업을 중단했다. 이것에 대해서 독일 부총리 겸 재무장관 올라프 숄츠(Olaf Scholz)는 "독일과 유럽의 주권에 대한 심각한 공격이다"라고 반발했다.

트럼프는 "독일은 러시아에 대한 에너지 의존을 높임으로써 러시아의 인질이 되어버렸다"라고도 말했다. 그 속내는 러시아산(産) 천연가스가 아닌 미국산 셰일가스를 구입하기 바란다는 것으로 읽힌다.

대(對)러시아 제재를 무기로 삼아 미국은 독일 등 각국에게 러시아와의 비즈니스를 중단하고 미국과의 비즈니스로 바꾸도록 압력을 가하고 있는 것처럼도 보인다. '우크라이나의 평화'라는 본래의 목적은 이미 사라져버리고, 제재의 그늘 아래에서 미국 산업계의 이익이 꿈틀거리고 있는 것이다.

이렇게 되면 '무엇을 위한 제재였는가'라는 의문이 강해질 수밖에 없다.

제 7 장

거액의 벌금은 어디로 향해 가는가

　제2차 세계대전의 귀추를 결정했던 노르망디 상륙작전(1944년 6월 6
일 개시)은 미구 동맹(美歐同盟, 미국·유럽 동맹)의 초석이다. 매년 이날에
맞추어 미국과 유럽의 정상이 프랑스의 노르망디 지방에 모여 피로 맺
어진 동맹의 결속을 확인한다.

　그러나 작전으로부터 정확히 70주년이 되는 기념일에 행해진 2014
년의 식전(式典)은 유럽과 미국의 결속을 확인하기는커녕 쌀쌀한 분위
기가 감돌았다.

　노르망디에 들어가기 전날인 6월 5일, 파리에서 만찬을 함께 했던
미국 대통령 버락 오바마와 식전의 주최자인 프랑스 대통령 프랑수아
올랑드(François Hollande)가 미국 제재법의 '국외 적용'과 관련하여 논
쟁을 벌였기 때문이다.

　유럽 최대의 은행인 프랑스의 BNP파리바(BNP Paribas)가 수단, 쿠
바, 이란을 위해 행했던 달러 송금 업무가 미국 제재법 위반으로 인정
되어 합계 89억 7,360만 달러(9,422억 2,800만 엔)나 되는 제재금을 지불

하도록 요구받았던 것이다. 이것을 지불하지 않을 경우, 미국에서의 은행 업무의 면허가 취소된다는 경고도 나왔다. 약 1조 엔 규모의 해당 금액은 소국(小國)의 GDP에 상당한다. 미국법의 국외 적용, 그것도 법외(法外)의 제재금에 프랑스 국민은 맹반발을 했고 올랑드는 노르망디 상륙작전 70주년 기념행사의 축하 분위기 가운데 빈객인 오바마에게 의도적으로 불만을 제기했던 것이다.

올랑드는 지나친 거액의 제재금은 BNP파리바의 경영을 파탄 나게 할 뿐만 아니라 프랑스 경제, 나아가 유럽 경제에도 악영향을 미칠 것이라고 논하며, "불공평하고 균형이 잡히지 않은 것이어서는 안 된다"라고 주장했다. 이에 대해서 오바마 측은 "미국에서는 대통령이 사법(司法)의 수사에 말참견을 하지 않는다. 나는 법무장관에게 전화를 걸어 수사를 누그러뜨리라고 지시하지 않는다"라며 삼권분립의 원칙론을 반복했다.

사실 올랑드는 BNP파리바가 제재 위반으로 미국 법무부의 수사를 받고 있다고 전해들은 직후인 2014년 4월에 오바마에게 우려를 전하는 친서를 보냈다. 또한 외교장관 로랑 파비위스(Laurent Fabius), 재무장관 미셸 사팽(Michel Sapin) 등이 일제히 미국에 의한 수사의 부당성을 호소하는 캠페인을 전개하기 시작했다.

유럽 최대라고는 해도 1개 민간은행의 문제가 정상 외교의 테이블 위에 오르게 된 것은 대단히 이례적인 일이다. 그만큼 국내법의 국외 적용은 프랑스로부터 본다면 인정하기 어려운 국제 관습의 위반이었던 것이다. 이러한 국외 적용이 계속될 경우, 외국의 기업 등이 미국의 사법(司法)에 의해 소추되고 끝없는 피해를 받게 되어버린다는 위기감도 있었다. 하지만 아무런 대응을 보이지 않는 오바마에게 올랑드는 좌절감을 느끼게 되는 것만으로 끝났다.

결국 BNP파리바는 미국 법무부에 의해 죄상이 인정되었고, 파리에서의 두 정상의 만찬 회담으로부터 1개월도 채 되지 않아 미국 법무부는 BNP파리바의 전면 굴복을 발표했다. 또한 그로부터 1년 후인 2015년 5월에는 미국 뉴욕 남부 지방법원(SDNY)이 법무부의 주장을 거의 인정하는 형태로 판결을 내렸다.

역사상 최대의 벌금

이 사건을 더욱 상세하게 분석해보도록 하겠다. 미국 법무부는 유럽 최대의 은행인 프랑스의 BNP파리바가 2004년부터 2012년에 걸쳐서 제재 대상인 수단, 쿠바, 이란의 고객을 위해 합계 88억 달러의 송금 업무를 금융 시스템을 사용하여 행한 것이 '국제긴급경제권한법(IEEPA)' 및 '적성국교역법(TWEA)' 위반이라고 인정했다.

특히 이른바 '위성은행'이라고 불리는 은폐된 은행을 사용하여 송금처를 숨기며 제재 위반의 사실을 은폐했던 것, BNP파리바 내부에서 규정에 대한 준수를 위반했다는 지적이 제기되어 2004년에는 규율 위반을 바로잡는다는 각서를 교환했음에도 불구하고 이러한 국가들과의 비즈니스를 계속했던 점이 악질적인 것으로 여겨졌다.

또한 수단에 대한 송금과 관련해서는 수단에 오사마 빈 라덴이 체재하고 있었던 점, 다르푸르(Darfur) 분쟁에서의 흑인 기독교도에 대한 무차별 공격으로 국제형사재판소(ICC)가 전쟁범죄인이라고 단정했던 오마르 알바시르(Omar al-Bashir)[1] 대통령이 수단을 통치하고 있다는 점을 들어 테러 지원에 해당한다고 인정했다.

BNP파리바는 수단의 주력 생산품인 원유의 수출 업무를 담당하며 수단의 외환보유고 가운데 절반을 예치했었다. 이란에 대해서는 국영 이란 석유회사(NIOC)[2]가 두바이에 세운 자회사와 관련된 송금으로 제재 대상인 이란의 석유 비즈니스를 지원했다는 추궁을 받았다.

그럼에도 경악할 만한 것은 해당 제재금의 액수이다. 전술한 바와 같이, 미국 법무부가 인정한 제재금의 총액은 89억 7,360만 달러이다. 그중에는 미국의 중앙은행이자 금융 시스템의 파수꾼인 연방준비제도에 5억 8,000만 달러, 그리고 BNP파리바가 송금 업무를 행하는 것에 사용했던 지점(미국 법인)이 있는 뉴욕 주 금융서비스국(Department of Financial Services: DFS)에 22억 4,340만 달러, 뉴욕 카운티 검사국(檢事局)에 22억 달러를 각각 지불하는 것이 포함되어 있다고 발표했다.

게다가 1년간 미국에서의 달러 결제 업무의 중지, 2년간 미국 당국에 의한 감시, 그리고 최고집행책임자(COO)[3] 조르쥬 쇼드롱 드 꾸셀(Georges Chodron de Courcel)의 퇴임까지 받아들이도록 만들었다.

레슬리 콜드웰(Leslie Caldwell) 미국 법무차관은 BNP파리바가 죄를 인정하고 제재금 지불에 응한다고 하여 합의가 이루어졌다고 발표하는 가운데 "역사상 최대의 벌금 징수이다"라고 가슴을 활짝 펴며 말했다. 함께 단상에 올라왔던 법무부 간부는 2009년 이래 7개 은행의 제재 위반에 대한 수사에 착수했고 이미 120억 달러의 벌금을 몰수했다고 과시하며 말했다. 테러의 자금원을 근절시킴으로써 "미국의 안전보장과 사활적인 국익을 수호했다"라고도 설명했는데, 벌금의 징수를 자랑하

---

1 1989년 6월부터 2019년 4월까지 수단 대통령을 역임했다.

2 National Iranian Oil Company(NIOC)를 지칭한다.

3 Chief Operating Officer(COO)를 지칭한다.

고 있는 것이 아닌가 하고 의심하게 만드는 분위기였다.

BNP파리바는 그 발상(發祥)이 1848년에 소급되는 역사가 있는 은행이다. 1990년대에 이라크에 대한 '스마트 제재(smart sanction)'로서 유엔이 시작한 '석유·식량 교환 프로그램(Oil-for-Food Programme)'의 결제 은행이기도 했다. 이 때문에 중동에 강력한 기반을 갖고 있었는데, 그러한 커넥션이 묘혈(墓穴, 파멸의 길)을 팠다고 할 수 있을 것이다.

다액의 제재금 지불에 내몰리게 된 BNP파리바 등 외국의 은행이 미국 당국에 의해 적발되는 사건을 조사해보면, 미국에 의한 금융제재의 가공할 만한 모습이 보이는 것과 함께 그 어두운 이면에 주목하게 된다.

분명하지 않은 제재 금액의 기준

미국 법무부는 BNP파리바가 뉴욕 FRB의 계좌를 통해서 제재 대상국에게 달러 송금을 행했기 때문에, 미국의 관할권에 들어왔다고 인정하고 위법 행위가 있었다고 판단했다. '국제긴급경제권한법(IEEPA)'과 '적성국교역법(TWEA)'도 모두 미국의 법률인데, 프랑스의 은행이 이란, 수단, 쿠바와의 사이에서 행했던 송금 등의 업무에 적용되고 있다. 미국법이 '국외 적용' 효과를 지니게 되고, 미국 기업이 주체가 되지 않은 상거래도 제재 대상이 되어버리고 있는 것이다.

그런데 이러한 처벌을 받았던 것은 BNP파리바뿐만이 아니다.

역사상 최고액을 부과 받은 BNP파리바 이전에, 영국의 대형 은행 HSBC에 대해 2012년 12월에 부과된 19억 2,100만 달러의 벌금이 당시까지 역사상 최고액으로 일컬어졌다. HSBC에 대해서는 2006년부터 2010년에 걸쳐서 멕시코 및 콜롬비아의 마약 조직이 미국에 판매한 마약 관련 자금의 송금, 1990년대 중반부터 2006년에 걸쳐서 제재 대상국인 이란, 수단, 리비아, 쿠바, 미얀마와 관련하여 행했던 송금 업무가 문제로 간주되었다. 또한 송금 전표로부터 송금주(送金主, 발신인) 및 수신인의 성명 및 국명을 삭제하는 등의 은폐 공작을 행했다고 한다.

영국의 대형 은행 스탠다드차타드은행(SCB)도 2019년 4월, 대(對)이란 제재 위반을 이유로 10억 1,200만 달러의 제재금 지불을 명령받았다. SCB는 2012년에도 대(對)이란 제재 위반으로 6억 6,700만 달러를 미국 당국에 지불했기 때문에, 합계 16억 7,900만 달러가 된다. SCB의 경우에도 미국 법무부, 연방준비제도, 그리고 뉴욕 주 금융서비스국 (DFS) 등의 3개 소(所)로부터의 징수가 되었으며, 지불하지 않을 경우에는 미국에서의 은행 업무의 면허 취소라는 협박이 가해졌다.

도이치은행(Deutsche Bank)은 2017년 1월 러시아의 불법 자금에 대한 자금 세탁을 도왔다고 하며 DFS 측에 4억 2,500만 달러의 제재금을 지불한 것 외에, 여러 차례에 걸쳐 제재금을 부과 받고 있다.

또한 미쓰비시UFJ은행도 2002년부터 2007년에 걸쳐서 미국의 제재 대상인 이란, 미얀마 등에 대한 송금 규제를 위반했다고 하여 미국 재무부 및 DFS의 조사를 받고 2012년 12월 미국 재무부에 857만 달러, 2013년 DFS 측에 2억 5,000만 달러를 지불하여 화해를 했고, 2014년 11월 이러한 사안에 관하여 미국 대형 감사법인에의 보고 사항 및 DFS 에의 설명 사항에 오류가 있었다고 하며 DFS 측에 3억 1,500만 달러를 지불했다.

DFS와 일단 화해하면서 그 이후 추가적인 제재금을 부과 받았던 것은 회계사무소에 압력을 가하여 DFS 측에 보내는 보고서에서 불리한 정보를 삭제시키는 은폐 행위 등을 추궁 받았기 때문이다. 일단 형벌이 결정되면 그 이후 동일한 사안에 대해서 다른 측면으로부터 살펴보고 다시 형벌을 부과하는 형태가 되고 있으므로 그 준엄함을 알 수 있다.

미국 워싱턴의 '글로벌개발센터(Center for Global Development)'에 의하면, 자금 세탁 및 테러 지원과 관련되어 미국 재무부, 법무부, 연방준비제도, DFS 등 미국의 당국으로부터 금융기관이 제재금을 언도받은 사건의 수는 2000년에는 몇 건 정도였지만, 2015년에는 70건을 넘었다고 한다. 또한 제재금의 총액도 2014년에는 150억 달러를 초월했다.

이러한 제재금 액수의 거대함을 보면, '무엇을 근거로 해서 액수가 정해지고 있는가?'라는 의문이 들게 된다.

여기에서 미쓰비시UFJ은행의 사례를 살펴보도록 하겠다. 2012년 12월 857만 달러의 제재금 지불의 경우에 있어서는 재무부 해외자산관리국(OFAC)에 의하면, 2006년부터 2007년까지 1년간 미국의 제재 대상국인 미얀마, 수단, 이란, 쿠바의 국적을 지닌 개인 및 법인 등에 대해서 달러로 적어도 97건, 합계 약 600만 달러를 뉴욕 지점 등을 통해서 부정 송금했다고 한다. 하지만 600만 달러의 부정 송금에 대해서 그 액수를 훨씬 초월하는 제재금 857만 달러가 되는 것은 실로 준엄한 것이다. 또한 DFS에는 OFAC에 지불한 제재금의 66배에 해당하는 5억 6,500만 달러나 지불하게 되었다. OFAC의 인정(認定)에 의해 위반으로 간주된 기간이 장기간이었고 또한 허위 설명 또는 은폐 공작이 지적되기는 했지만, 왜 제재금이 66배로 증가되었는지는 이해할 수 없다.

유럽 은행의 경우에 있어서도 BNP파리바가 제재 위반에 해당하는 88억 달러의 송금으로 인해 약 90억 달러의 벌금을 냈고, HSBC가 8억 8,100만 달러의 마약 관련 자금의 송금과 6억 6,000만 달러의 이란 등에서의 송금으로 인해 19억 2,100만 달러의 벌금을 냈다. 그리고 SCB가 2억 4,000만 달러의 이란으로의 송금으로 인해 10억 1,200만 달러의 제재금을 부과 받는 등 모두 송금액보다 많은 액수를 벌금으로 지불했다.

그런데 이러한 거액의 제재금은 어떠한 기준으로 결정되고 있는 것일까? 미국이 실시하고 있는 자금 세탁에 연루된 은행 적발에 관해 상세히 알고 있는 일본 국내 은행의 한 관계자는 "제재금의 산정에는 기준이 있다. 하지만 실제로 은행이 지불하는 액수는 반드시 그 기준에 따르는 것은 아니다. 자릿수에 차이가 나는 경우도 많다"라고 한다. 미국 재무부는 불법 거래가 이루어진 액수의 많음에 더하여 위반이 계속적인가 아닌가의 여부, 은폐 공작의 유무, 위반에 주목하여 통보했는지 여부, 수사에 대한 협력 정도 등 '악질성' 및 '협력성'을 판단하여 제재 금액을 결정한다고 설명하고 있다. 미국의 사법에서 일반적으로 행해지는, 유죄를 인정하며 협력함으로써 죄를 경감 받는 것은 기업 범죄의 경우에도 흔히 있다. 이 때문에 다양한 요소가 감안되며, 제재금의 액수를 결정하는 근거는 실제로 파악하기 어렵다.

국제 금융계에서 장기간 활약해왔던 한 인물은 "벌금의 액수는 징벌로서 충분한 고통을 느끼게 하지만 그 은행의 규모로부터 볼 때 무너지지 않을 정도로 설정되고 있다. 1년분의 수익이라고도 말해지기도 한다. 커다란 액수의 지불을 명령받는 것은 미국 정부가 그 은행이 그만큼은 수익을 올리고 있다고 판단하고 있다는 증명이다"라는 견해를 피력했다. 금융제재에 대해 상세하게 파악하고 있는 미국 재무부의 전(前) 당국자는 대기업에 대해서 거액의 벌금을 지불하도록 명령함으로써 미디어에서 크게 다루어지게 하여, 다른 기업에 대한 억지력으로 삼으려는 노림수도 있다고 말했다.

형법의 경우라면 죄에 대해서 최고형·최저형이 이미 결정되어 있지

반, 미국이 집행하는 제재 위반에는 그러한 사항이 없는 것이다.

정치가 돈을 쥐어뜯어낸다

미국 정부는 '정의를 위해 재판하고 벌금을 징수한다'라고 힘주어 말하고 있지만 사태는 그렇게 간단하지 않다.

여기에서 BNP파리바 사건을 다시 한 차례 살펴보도록 하겠다.

미국 법무부가 화려하게 은행으로부터의 역사상 최고액의 벌금 몰수를 발표한 지로부터 1개월 후인 2014년 7월 말, 미국 미디어가 미국의 금융제재의 이면을 보도했다. 그것은 뉴욕 주 주지사 앤드루 쿠오모(Andrew Cuomo)가 BNP파리바의 벌금 약 90억 달러 중에 뉴욕 카운티 검사국이 받는 액수인 22억 달러에서 10억 5,000만 달러를 DFS로 돌리도록 합의가 발표되기 1주일 전에 요구하여 실현되었다는 것이다. BNP파리바의 벌금 지불과 관련된 합의에 있어서는 애당초 주정부(州政府)와 22억 4,000만 달러를 수취한다고 발표했는데, 실은 쿠오모의 요구로 32억 9,000만 달러로 1.5배 증가되었다고 한다.

DFS는 2011년에 쿠오모가 창설한 기관으로 당시 DFS의 수장이었던 벤저민 로스키(Benjamin Lawsky)는 쿠오모의 지원 아래 이 직책에 부임했으며, 쿠오모의 예스맨(yes-man)이었다. BNP파리바뿐만 아니라 SCB, 미쓰비시UFJ은행, HSBC, 크레디 스위스(Credit Suisse) 등이 차례로 로스키가 주도하는 수사에서 다액의 제재금의 지불에 동의했다. 로스키는 대형 금융계에 준엄한 일반 미국 국민으로부터는 영웅시되고 있는데, 금융계로부터는 역신(疫神)[4]처럼 취급되고 있다.

쿠오모가 왜 이러한 일을 할 수 있었는가 하면, DFS는 뉴욕 주 내에서 활동하는 세계의 대형 은행 전체를 포함하는 은행 및 보험회사 등

4,400개 기업에 면허를 발행하는 권한을 갖고 있으며, DFS가 반대할 경우에 면허를 얻지 못하게 되어 그 은행이 세계의 금융 센터인 뉴욕에서 비즈니스가 불가능해지기 때문이다. 미국 미디어는 쿠오모가 그 해의 11월에 재선을 위한 선거를 앞두고 있었으며, 10억 5,000만 달러를 올려 뉴욕 주 내부의 공공사업 및 감세 등의 재원을 확보하여 주지사로서의 수완을 선거민에게 호소하는 정치적인 노림수가 있었을 것이라는 견해를 보도했다. 이렇게 되면 연방정부 및 지방정부에 의해 많은 벌금을 확보하여 정치적인 득점(得點)으로 삼고자 하는 당국자가 출현하더라도 이상한 일은 아닐 것이다.

대형 은행의 제재금을 둘러싸고 연방정부, 뉴욕 주 주정부, 뉴욕 카운티, 그리고 뉴욕 시 등의 4개 당국이 서로 쟁탈전을 연출하고 있는 실태가 부각된다. 특히 지방정부는 애당초 예산 규모가 작기 때문에 이러한 거액의 제재금은 매력적이다. 쿠오모는 2011년 영국 SCB의 제재금 지불 시에도 뉴욕 카운티 검사국과 충돌했고, 뉴욕 주는 카운티 검사국의 수령 액수인 3억 2,700만 달러를 상회하는 3억 4,000만 달러의 제재금을 취했던 적이 있다.

돈의 사용처

BNP파리바 등에 대한 제재금의 또 한 가지 의문은 '이처럼 막대한 돈이 어디로 향해 가는가?'라는 점이다. 답을 말하자면, 연방정부 및 뉴욕 주 주정부에 수입으로 거둬들이고 각각의 정부가 다른 수입과 합쳐 사

---

4 '돌림쟁이'라고 표현되기도 한다.

업에 사용하게 된다는 것이다. 그중에서도 대형 은행이 거점을 설치하여 거액의 제재금을 자주 획득하고 있는 뉴욕 주 주지사 쿠오모는 BNP파리바 사건이 마무리된 이후 갑자기 윤택해진 뉴욕 주의 재정 상태와 관련하여 "하늘에서 내려온 선물이다"라며 만면에 웃음을 띠었다.

애당초 핵무기의 개발 및 확산 저지 및 테러 대책, 마약 등과 관련된 자금 세탁의 저지라는 국제적인 정의에 위반한 것에 대해 벌을 부과 받았던 것이기 때문에, 지불된 제재금은 이러한 국제적인 정의의 실현을 위해 활동하는 국제기관이 징수하여 그 활동 자금으로 삼아도 좋을 것으로 생각된다. 테러의 저지를 위해 활동하고 있는 국제형사경찰기구(ICPO)[5] 및 핵무기 확산을 저지하기 위해 행동하고 있는 국제원자력기구(IAEA)의 수입으로 삼는 것이다.

하지만 그러한 사용 방식은 행해지지 않고 있다. 미국은 어디까지나 미국이 수사하고 미국이 징수한 벌금이기 때문에 미국이 자유롭게 사용한다고 하는 발상에 그 어떤 의구심을 갖고 있지 않다.

제재금을 미국의 연방정부, 지방정부가 '전승금(戰勝金)'처럼 획득하는 것은 이상한 것이다. BNP파리바의 건(件)과 관련하여 올랑드가 오바마를 향해 직접 담판한 것이 효과를 올리지 못한 점도 있어, 이러한 불만은 프랑스를 중심으로 유럽 각국에서 분출했다.

이러한 불만을 의식했는지는 몰라도, 미국 법무부는 연방 법원이 BNP파리바에 법무부의 견해대로 약 90억 달러의 벌금을 지불하도록 명령했던 당일인 2015년 5월 1일, 벌금 중의 일부를 활용하여 수단, 이

---

5 International Criminal Police Organization(ICPO)을 지칭하며, 인터폴(Inter-pol)로 약칭되기도 한다.

란, 쿠바 정부가 지원했던 테러 행위 등에 의해 희생되었던 사람들에 대한 배상금으로 충당한다고 발표했다. 국고(國庫) 및 주고(州庫)에 들어가는 것만으로는 확실히 이치에 맞지 않는다고 인정했던 것이다.

이 결정에 따라, 1979년에 일어난 테헤란의 미국대사관 인질 사건 및 1998년 아프리카의 미국대사관 2곳에 대한 동시 폭파 사건[6]의 피해자, 그리고 9·11 테러의 피해자 및 그 유족 등이 배상금의 지불을 요구했다. 하지만 수취할 권리를 지닌 피해자 및 유족의 범위를 어디까지로 할 것인지, 그 액수를 어떻게 특정할 것인지에 대한 결정이 늦어져 일부밖에 지불되지 못했다. 고령의 피해자도 많았으며, 어떤 테러 사건의 피해자에게 지불을 우선해야 할 것인지를 놓고 각각의 피해자 그룹 사이에 감정적인 대립도 일어났다. 테러 희생자에 대한 배상 기금을 운영하는 법무부에 대해서는 배상 지불을 늦추어서 피해자가 사망하는 것을 기다리고 있는 것이 아닌가 하는 준엄한 비판이 제기되었을 정도이다. 벌금 및 제재금의 사용 방법에 대해서는 다양한 의문과 혼란이 발생하고 있다.

제재금을 국제기관의 수입으로 삼는 것은 이상적이지만, 실현되기는 어렵다. 금융의 세계에서는 미국이 압도적인 힘을 갖고 있으며, 반대하는 것은 하릴없는 일이다. 미국은 미국 수사기관이 미국법에 따라 위반 사항을 적발하고 미국의 기준으로 부과된 벌금을 획득하고 있으며, 다른 형사 사건의 벌금과 차이가 없다고 주장하고 있기 때문이다.

---

6 1998년 8월 7일에 발생한 탄자니아의 미국대사관과 케냐의 미국대사관에 대한 동시다발적인 차량 폭탄 테러 사건을 지칭한다.

경찰관의 스마트폰 구입 자금

BNP파리바의 제재금 사용처를 둘러싼 반발의 불씨는 빌 디블라지오(Bill de Blasio) 뉴욕 시 시장의 발표로 더욱이 타고 있던 불에 기름을 끼얹게 되었다. BNP파리바의 제재금 약 90억 달러 중에서 4억 4,700만 달러는 뉴욕 시의 품속으로 들어가는 것이 결정되었는데, 뉴욕 시 시장은 "이 자금을 사용하여 뉴욕 시의 공공 치안 시스템을 개선하고 범죄의 감소, 수형자의 감소를 실현할 수 있다"라고 말하는 것은 물론, 경찰관 전원이 스마트폰을 지니고 수사를 신속하게 추진하게 하도록 하고 싶다고 말했던 것이다.

뉴욕 카운티 검사국에 의하면, 이 밖에 방범 카메라의 동영상에 대한 활용 확대 및 수사 자료의 디지털화, 불법적인 총기 판매 네트워크에 대한 수사, 중저 소득자를 향한 공공주택의 치안 대책, 성범죄 수사를 위한 DNA 자료의 이용 확대 등도 포함되었다. 다양한 사용처가 밝혀지게 되었는데, 그중에는 검사국의 카펫을 수선하는 내역도 들어가 있었다.

테러의 희생자로부터는 "희생자에 대한 보상을 거부하고 경찰관용 스마트폰 구입비 및 검사국의 카펫 교체를 위해 벌금이 사용되고 있는 것인가?"라며 탄식하는 목소리가 올라왔다.

BNP파리바의 약 90억 달러의 벌금은 결국 대체적으로 말해서 연방정부 측이 45억 달러를 획득하고, 33억 달러가 뉴욕 주, 5억 달러가 뉴욕 카운티 검사국, 4억 4,700만 달러가 뉴욕 시 등에 배분되는 방식이 되었다. 연방정부 측은 40억 달러가 다른 범죄의 벌금과 마찬가지로 재무부의 국고에 들어갔고, 일반적으로 법무부 및 FBI의 사법 수사를 위한 지출에 주로 사용된다고 한다. 이것은 법률로 사용처가 정해져 있다. 나머지 5억 달러는 미국의 중앙은행에 해당하는 연방준비제도가 수취한다.

주(州)의 33억 달러는 주정부가 뉴욕 주 내부의 다양한 사업을 위해 사용한다. 위에서 언급한 쿠오모 주지사는 정치 센스가 좋은 것으로 정평이 나 있는데, 2014년 초에 중대한 주법(州法)을 시행시켰다. 그것은 세계의 금융 센터인 뉴욕에 있는 다수의 은행에 대한 불법행위 관련 수사로 방대한 벌금을 징수하게 될 것이라고 전망하고, 그러한 벌금을 은행 행정 및 사법 수사뿐만 아니라, 주(州)의 일반 행정 사업에 사용할 수 있다는 내용이었다.

이 때문에 주(州)에 33억 달러라는 거액의 벌금이 들어온다는 것이 파악되면서 주(州)의 정치가 및 기업이 다양한 프로젝트를 제시하며 예산 획득을 위한 경쟁이 시작되었다. 쿠오모 주지사가 이끄는 주(州)의 공화당 의회는 주소득세의 감액, 전기 및 가스 요금 등 공공요금에 반영되는 세금의 철폐, 일부 세금의 상환 등 감세를 제창했고, 주정부는 노후화된 교량의 개수(改修) 계획을 제안했으며, 리버럴파 의원은 퇴직자의 부채 말소, 주정부의 의료보험 및 연금 지출에 따른 부채의 감면 등을 요구했다.

1990년대에 미국에서 커다란 소동이 일어났던 담배의 건강에 대한 피해를 둘러싼 대형 소송에서도 2,000억 달러라는 엄청난 거액의 배상금을 거둬들였던 주정부는 결국 담배의 피해자를 구제하기보다는 주(州)의 적자를 메우는 것에 사용했던 나쁜 사례가 있었다.

벌금을 정부가 자유롭게 사용하게 된다면, 재원을 풍부하게 하기 위해 대형 벌금을 취하고자 할 것이며, 정치가 쪽은 그 자금을 자신을 지지하는 민간 사업자의 사업에 돌려서 전용(轉用)하게 되는 등의 트릭이 만연하게 되는 온상이 된다. 사법 윤리 전문가는 "벌금의 사용처에 관해서는 투명성이 전혀 없다"라며 그 실상을 고발하기도 했다.

2003년 3월에 시작된 이라크전쟁에서는 방대한 전비(戰費)와 이라크 부흥 자금으로 충당한다는 명분하에 300억 달러 또는 400억 달러라는 소문이 나도는 사담 후세인이 보유한 자산을 찾아내고자 미군이 철저하게 탐색했다. 결국 어느 정도 모았는지는 확실하지 않지만, 미군의 작전은 '상금 벌이'라고도 야유를 받았다. 그런데 미국의 제재를 통해 다양한 당국자가 제재금을 징수하는 것도 '상금 벌이'의 성격을 띠고 있다.

삼중 징수

연방정부와 주정부, 뉴욕 시 등 '삼중(三重)'의 정부 조직이 수사 및 벌금의 징수에 관여하고 있다는 것도 외국의 기업으로부터 본다면 대단히 성가신 일이다. BNP파리바 사건에서는 법무부, 재무부, 연방준비제도, 뉴욕 주 금융서비스국(DFS), 뉴욕 카운티 검사국, 뉴욕 시 등 합계 6개의 당국이 관여했다.

필자가 워싱턴에서 취재를 해보았더니, 연방정부 각 부처 간의 대립이 항상 눈에 보였다. 연방준비제도는 독립성을 중시하는 중앙은행이기 때문에 정부가 말하는 것은 들으려고 하지 않는다. 또한 미국은 건국 이래 주권(州權)이 대단히 강하며 주(州)의 독립성을 중시하고 있다. DFS가 갖고 있는 은행 면허의 발행 및 박탈 권한은 월스트리트에서 일어나는 형사 사건을 직접 담당하기 때문에 커다란 영향력을 지닌다. 연방정부는 지방정부의 의향을 무시할 수 없는 것이다. 이러한 6자가 각각의 지분을 증가시키고자 요구하기 때문에 피의자가 되는 은행 측은 정말 견딜 수 없는 상황에 내몰리게 된다.

2015년 8월에 이란 핵합의, 즉 JCPOA가 성립된 이후에도 일본 기업이 좀처럼 이란에 진출하지 않았던 배경에 대해 취재를 해보았더니, 일본 외무성의 담당자가 "JCPOA 합의는 어디까지나 연방정부가 이란 정부와 체결한 합의이다. 미국 의회 및 뉴욕 주가 따를 것이라고는 단언할 수 없다. 금융기관은 연방정부의 제재 대상이 되지 않는다는 것은 알고 있지만, 미국 의회 및 DFS에 의해 처벌될 가능성이 있기 때문에 움직임을 보이지 않는 것이다"라는 매우 흥미로운 설명을 해주었다.

실제로 전술한 바와 같이, 일본의 미쓰비시UFJ은행은 미국 재무부 OFAC에의 제재금을 지불한 이후에, 뉴욕 주의 DFS 측에 66배나 되는 제재금을 지불했다. 주정부의 쪽이 훨씬 두려운 존재라고 할 수 있는 것이다.

미국의 적발 당국에게 있어서는 외국은행의 뉴욕 지점은 다액의 제재금을 획득할 수 있는 상대이다. 이 때문에 각 은행의 주요 감독 권한을 연방(연방준비제도 및 재무부)이 지니고 있는가, 아니면 뉴욕 주(주 금융서비스국)가 지니고 있는가와 관련하여 미국 국내에서 다툼이 일어나는 일도 있다.

그런데 미국에서 조사 대상이 되었던 미쓰비시UFJ은행의 이란 등과 관련된 경제제재를 위반한 사안에서는 영국의 감독기관에의 보고가 늦었다고 하여 약 2,677만 파운드(약 38억 엔)의 벌금을 영국 측에도 지불했다.

애매한 기준

미국의 제재에 대한 위반 사항의 적발은 제재금의 액수, 그 사용처에 더하여 애당초 위반이라고 인정하는 기준이 애매하다.

미국의 제재와 관련된 문서를 조사해보면, '재무부 OFAC 규제'라는 용어가 나온다. OFAC 규제란 제재의 적용 기준을 나타내는 포괄적인 문서로 OFAC의 웹사이트를 통해서도 확인할 수 있다.

그런데 그 장대한 OFAC 규제 및 제재 대상을 열거하고 있는 '특별지정(SDN)' 리스트를 읽어보아도 애매한 점이 많다. OFAC 규제는 그 대상을 'US person'으로 삼고 있으면서도 '국제긴급경제권한법(IEEPA)'은 'any person'에 대한 소추도 가능한 것으로 규정하고 있다는 것은 전술한 바와 같다.

또한 SDN의 대상자가 단독으로 소유하는 회사뿐만 아니라, 그 대상자가 50% 이상 소유하고 있는 회사라면 그것은 규제 대상이 되며, 여러 SDN 대상자가 소유하고 있는 지분의 합계가 50%를 넘는 경우에도 그러하다. 50%에 도달하지 않더라도 경영진에게 SDN 대상자가 들어가 있다면 규제 대상이 되며, 이처럼 얼마든지 규제 대상은 확대되어버린다.

OFAC의 SDN 리스트는 빈번하게 바뀌기 때문에 기업은 리스트를 항상 확인해두지 않으면 안 된다. 필자가 인터뷰했던 미국 재무부의 전 '제재 담당자'는 "국제적으로 활동하는 일본의 은행 등이라면 OFAC의 웹사이트를 상시 조사하는 체제가 마련되어 있을 것임에 틀림없으며, 그것은 지금의 국제 기업이 이행해야 할 의무이다"라고 말했다. SDN 리스트에 올라가 있는 제재 대상과의 거래가 발각되었을 경우 '알지 못했다'라고 해봐야 소용이 없다는 것이다.

적발하는 당국은 위반의 '악질성' 및 수사에 협력했는지 여부 등을 감안하여 처분을 결정한다. 하지만 이러한 것은 적발 당국에 의한 자의적인 판단으로 크게 변하게 된다. 정치적으로 임명된 수사 간부가 거액의 제재금을 부과하여 자신의 공적(功績)으로 삼으려고 할 경우, 액수를 인위적으로 인상시키며 악용할 가능성도 배제할 수 없다.

BNP파리바 사건은 형사 사건으로서 법무부가 수사하고 연방법원의 판결로 벌금이 결정되었지만, 대다수의 경우 제재 위반이라고 견책을 받은 은행은 제재금을 지불함으로써 재무부 및 DFS와 화해를 한다. 이러한 사례에서는 검사와 재판관의 역할을 모두 미국 정부가 담당하고 있기 때문에 공평성에 의문이 제기되더라도 이상한 일은 아니다.

적발을 당한 은행 측은 세계의 금융 센터에서 은행 업무의 인허가권을 장악하고 있는 미국의 단속 당국과 싸우더라도 얻을 수 있는 것이 없다. 당국으로부터 폭로되는 형태로 미국 미디어에 '나쁜 일'이 센세이셔널하게 보도될 경우, 신용을 중시하는 은행은 그만큼 커다란 손해가 된다. 당국의 추궁에 납득할 수 없는 점이 많다고 하더라도, 세금을 지불하라는 것이라고 생각하며 '울며 겨자 먹기' 식으로 행동하는 쪽이 은행의 장기적인 전략으로서는 '더 낫다'라는 판단일 것이다.

외국은행이 표적이 되다

미국의 투자 전문가가 작성한 보고서에 의하면, 오바마 정권이 2009년에 발족한 이후 2014년까지 미국 당국은 제재 위반 행위의 인정(認定)으로 490억 달러의 벌금 및 제재금을 징수했는데, 그중에 미국 은행은 JP모건체이스(J.P. Morgan Chase: JPM)의 8,830만 달러뿐이며, 나머지는 모두 외국의 은행이었다고 한다. 다른 통계에서는 자금 세탁 및 제재 위반으로 미국이 기업으로부터 몰수한 250억 달러의 제재금 중에 4분의 3 이상이 유럽의 은행이 지불한 것이라고 한다. 이러한 편중은 미국의 은행이 제재 준수의 의무를 철저히 이행하고 있지만 외국의 은행은 아직 느슨하기 때문이라고 설명되고 있다.

하지만 이란, 북한, 수단 등에 대한 금융제재 위반의 사안에서는 오로지 외국의 은행이 표적이 되고 있는 것은 아닌가 하는 의심스러운 추측이 제기된다. 미국 정부가 이란 등 많은 국가에 대해 제재를 부과하고 있으므로 미국 기업은 그러한 국가들과 비즈니스를 할 수 없다. 유럽의 경제계에서는 "유럽 기업을 노린 것은 미국 기업이 불리해지면 안 되기 때문"이라고 지적하는 목소리가 들리고 있다.

"이란과 북한의 핵개발을 표적으로 하는 것이 아니라, 외국은행을 표적으로 삼아 몰아세우려고 하는 것은 아닌가?" 필자가 인터뷰를 했던 일본의 메가뱅크(Mega Bank)[7] 관계자도 이러한 불만을 털어놓았다.

---

7 일본의 3대 은행, 즉 미쓰비시UFJ은행, 미쓰이스미토모은행(三井住友銀行), 미즈호은행(みずほ銀行)을 통칭하는 용어이다.

제 8 장

누명의 공포

특정의 국가, 기업, 인물에게 제재를 부과하는 조치는 충분한 조사를 거치더라도 오류가 존재할 수 있다. 특히 테러의 재발 방지에는 신속함이 요구되기 때문에, 제재 대상자를 블랙리스트에 올리는 것에도 오류가 발생할 수 있다. 이 장(章)에서는 금융제재의 부정적인 측면인 '누명', 그리고 은행이 과도하게 경계하여 개도국 관련 업무로부터 손을 떼는 '디리스킹(de-risking)'에 대해서 검토해보도록 하겠다.

어떤 소말리아 이민

스웨덴의 수도 스톡홀름 교외에 살고 있던 소말리아로부터의 이민자 아부디리사크 아덴(Abudirisak Aden, 당시 33세)는 2001년 11월 7일, 미국 재무부에 의해 SDGT(특정 글로벌 테러리스트)[1]로 지정되었다. 2개

---

1   Specially Designated Global Terrorist를 지칭한다.

월 전에 일어난 미국 중추에 대한 동시 테러(9·11 테러)에 따라 미국이 시작했던 금융 전쟁의 일환으로서 알카에다와 관련이 있는 것으로 보이는 조직 및 개인을 SDGT로 지정하고 그 금융 자산을 동결하며 송금 업무를 금지했던 것이다.

SDGT에는 조지 부시의 대통령명령 제13224호에 기초하여 테러 행위를 행하거나 행할 우려가 있거나 또는 테러 조직에 대한 지원을 하고 있는 인물을 지정하여 올린다. 재무부의 OFAC이 리스트를 발표하여 지정되면 자산이 동결되고 미국 금융 시스템을 이용하는 송금이 금지된다. '특별 지정(SDN)'과 동일한 제재의 대상이지만, 마약 판매 및 대량살상무기의 확산 등의 제재 대상도 포함되는 SDN과 달리 테러에 특정된 분류이다.

미국의 지정 리스트를 감안하여 유엔도 테러리스트에 대한 금융제재를 결정한 유엔 안보리 결의에 따라 아덴을 유엔의 제재 대상자 리스트에 올렸다. 이에 따라 유럽연합, 스웨덴 정부도 송금 등을 금지시켰다. 아덴은 ATM으로부터의 현금 인출 및 공중 요금의 지불도 불가능하게 되었으며, 일자리도 잃었다. 미국과 유엔의 제재 리스트에 올라온 인물과의 비즈니스는 금지되며, 그것을 위반할 경우 그 위반자가 이번에는 제재 대상이 되어버리기 때문이다. 아덴을 고용하고자 하는 사람은 존재하지 않게 되었다.

미국 재무부의 리스트에는 아덴의 이름, 주소, 생년월일도 기재되었으며 아덴의 자택에는 취재를 위해 미디어도 쇄도했다. 그날의 일을 아덴은 "아침에 집을 나오자, TV의 카메라맨이 왔기에 불가사의하다고 생각했다. 가까이에 있는 ATM에 가서 돈을 인출하려고 해보니 ATM이 작동하지 않는다. 결국 어떤 일에 휘말려들었다는 것을 느끼게 되었다"라고 회상하며 말한 적이 있다.

'특정 글로벌 테러리스트'라는 가공할 만한 명칭을 부여받은 아덴은 9·11 테러에서 무엇을 행했던 것일까?

아덴은 1990년에 소말리아로부터 스웨덴으로 정치 망명을 했고, 대학교를 졸업한 이후 소말리아인이 경영하는 전통적인 국제송금기관 '알바라카트(Al-Barakat)'의 스웨덴 지부를 운영했다. 알바라카트는 내전이 격화됨에 따라 소말리아의 금융기관이 기능하지 못하게 되어 해외에서 일하는 소말리아인이 고국으로 송금할 수 있는 수단이 없어지게 되었기 때문에 탄생한 것이었다.

미국 정부는 알바라카트가 알카에다의 재정 지원도 행했다고 하며 두바이에 본부를 두고 있던 알바라카트의 네트워크 전체도 SDGT로 지정하고 폐쇄시켰다. 부시 대통령은 "이 금융 네트워크를 차단시킴으로써 살인자를 저지할 수 있다"라며 자신 있게 설명했다. 이에 따라 스웨덴 지부도 폐쇄되었다.

증거가 없더라도 제재

하지만 아덴은 "전쟁터가 된 조국을 떠나 해외에서 일하는 소말리아인이 많다. 그러한 사람들이 모국의 가족에게 송금하는 것을 도와주었을 뿐이다. 알바라카트 등 테러 조직에 대한 송금을 행했던 적이 없다"라며 철저하게 반론을 전개했다. 그러한 호소를 스웨덴의 인권 변호사와 함께 스웨덴 정부를 향해 반복했다. 상세한 송금 기록도 있었다.

스웨덴 정부도 아덴 및 알바라카트가 알카에다와 관계되어 있다는 구체적인 증거가 없다는 것에 주목을 하고, 유엔에 증거를 공개하도록 조회했다. 유엔은 미국이 지정한 성명 외에는 아무것도 갖고 있지 않았다. 스웨덴 외교장관 안나 린드(Anna Lindh)가 미국 재무장관 폴 오닐 (Paul O'Neill)과 회담하여 아덴의 죄상을 조회하자, 미국 정부에게도 확실한 증거는 없다는 것이 파악되었다. 알바라카트가 알카에다의 송금에 협력하고 있다는 신문기사 및 미디어 보도를 전제로 한 미국 정부 고위 관리의 발언록을 보여주었을 뿐으로, 그 이상의 증거는 "기밀이기 때문에 보여줄 수 없다"라는 답변이었다.

마침내 스웨덴뿐만 아니라 유럽 각국 정부가 알바라카트의 각국 지부 및 아덴 등이 SDGT에 지정되었던 것을 이상한 일이라며 시끄러워지기 시작하자, 미국 정부는 2002년 8월이 되어 아덴을 결국 리스트에서 배제했다. 8개월 만의 무죄 방면이었다. 이에 따라 유엔도 그에 대한 제재를 해제했고, 아덴은 통상의 생활을 영위하게 되었다.

그럼에도 미국 재무부의 리스트에 게재되는 작업의 허술함, 유엔이 그것을 자체 조사 없이 유엔의 제재 리스트에 올리는 무책임함에는 어처구니가 없다. 인권 의식은 도대체 어떻게 되어버린 것인가?

9·11 테러 직후에 미국은 알카에다 및 그 배후에 있는 국가 및 조직에 대한 전면적인 보복을 결의했다. 하지만 군사 작전의 개시에는 시간이 걸리기 때문에, 손쉽게 시작되는 전투로서 금융제재를 시작했던 것이다. 부시 대통령은 "테러의 혈액인 금융을 저지한다면, 테러 조직은 괴멸되고 테러는 일어나지 않을 것이다"라고 그 의의를 설명했다.

금융제재의 대상이 급하게 선정되었는데, 확실한 근거가 없는 정보에 기초한 것도 있었다. 결국 빈 라덴 및 부관(副官) 아이만 알자와히리 (Ayman al-Zawahiri) 등 알카에다 간부 외에, 이슬람교 자선단체 및 이슬람 금융 등 미국의 정보기관이 충분히 이해하지 못하고 있던 조직도 포함되었다.

이 책의 제3장에서도 설명했지만, 당시 미국 정부의 분위기는 재무장관이었던 폴 오닐이 했던 말인 '80 : 20의 원칙'이 상징하고 있다. 내일이라도 일어날지 모르는 테러를 저지하기 위해서는 100%의 증거를 모을 여유가 없다. 따라서 80%의 증거가 확보되었다면 리스트에 올린다고 하는 규칙이다.

그러나 아덴의 사례를 살펴보면, 증거가 80%에 이르기는커녕 제로였다고도 말할 수 있다. 미국 미디어에 의하면, 알바라카트와의 관계로 인해 구속되어 미국의 관타나모 해군기지에 보내진 소말리아인도 있었다고 한다. 전 세계에서 이러한 증거가 없는 상태로 리스트에 올라갔거나 구속되었던 인물은 과연 어느 정도나 있었을까?

유엔 안보리는 9·11 테러 이후, 금융제재를 포함하여 철저한 테러 대책을 요구하는 결의를 연이어 채택했다. "9·11 테러 직후에는 국제사회에 미국에 대한 동정이 넘쳐났고 미국을 응원했다. 그러한 가운데 미국이 테러리스트라고 이름을 올리고 전달해왔기 때문에 신용했다"라고 유럽의 한 외교관은 말했다. 세계 최강의 정보기관을 보유한 미국의 주장을 그대로 믿었다는 것이다.

'축복'의 대가

아덴이 일했던 알바라카트는 '축복'을 의미하는 아랍어이다. 해외에 거주하는 동포로부터의 송금은 전화(戰火)로 고통을 받고 있는 소말리아 사람들에게 있어서 '축복'이라고 할 수 있을 것이다. 하지만 미국의 제재 리스트에 게재된 이후부터 그 '축복'은 '재난'이 되었다.

알바라카트는 이른바 일반의 은행이 행하는 국제 금융이 아니라, 이슬람 금융의 하왈라(hawala)이다. 송금주가 해외의 지부에 송금을 의뢰하면, 소말리아의 본부에 메시지가 보내지고 본부의 준비금으로부터 수취인에게 돈이 보내진다.

9·11 테러가 일어난 2001년에는 40개 국가에서 업무를 전개 중이었으며, 연간 1억 4,000만 달러의 송금 업무를 행했다. 이 밖에 전화 및 인터넷 등 통신 서비스 업무도 취급했다. 알바라카트는 소말리아 최대의 기업 그룹이었으며, 내전의 피재민(避災民) 구제 등에서 소말리아에 있었던 유엔 직원도 알바라카트를 통해 송금을 받았다고 한다.

미국은 빈 라덴이 알바라카트의 창설 멤버 중의 한 명이며, 알바라카트는 이익의 10%를 알카에다에게 제공하고 있다고 하여 본부 조직 및 각국의 지부 등 합계 32개 조직을 SDGT로 지정했다. 각국의 알바라카트 사무소는 경찰의 수사도 일제히 받았다. 하지만 창설자 아흐메드 주말레(Ahmed Jumale)는 알카에다와의 관계를 전면적으로 부정했다.

알바라카트의 오명을 벗겨준 것은 2004년 7월에 최종 보고서를 발표한 통칭 '9·11 위원회'였다. 이 위원회의 정식 명칭은 '미국을 향한 테러에 대한 조사위원회(National Commission on Terrorist Attacks Upon the United States)'로 부시 대통령이 임명한 초당파의 전문가로 구성되었다.

'9·11 위원회'는 동시 테러가 왜 일어났는가, 그 이유를 해명하는 임무를 띠고 있었고, 테러범 19명의 행동을 상세하게 조사했다. 그중에서 9·11 테러에 소요된 비용은 40만~50만 달러로 추계되었으며, 그것은 테러범이 사용한 미국 플로리다 주의 은행에 통상의 은행 송금을 통해 보내졌다는 것이 밝혀졌다. 알바라카트의 알카에다에 대한 재정 지원도 확인되지 않았다.

그 이후에도 미국은 알바라카트와 테러 사이의 관계를 계속 의심했는데, 알바라카트가 SDGT로부터 배제되었던 것은 2016년 6월의 일이었다. 유엔이 제재 리스트에서 배제했던 것은 2012년 2월이었다.

알바라카트가 폐쇄된 이후에 송금 및 수금 수단을 상실한 소말리아인들은 어찌할 바를 몰랐다. 알바라카트의 관련 은행에 예금을 했던 소말리아인도 돈을 인출하지 못하게 되었다. 국제전화 서비스도 정지되었다. 소말리아의 아흐메드 아브디 하시(Ahmed Abdi Hashi) 유엔대사는 "알바라카트의 폐쇄로 많은 소말리아인이 파산했다. 알카에다와의 연계가 있다고 말한다면, 미국은 그 증거를 제시해야 한다"라고 말하며 분노했다.

세계은행에 의하면, 해외에서 돈벌이를 하는 노동자 및 이민이 모국에 보내는 송금액은 지금은 연간 6,890억 달러로, 세계의 정부개발원조(ODA) 총액의 3배나 되며, 선진국에 의한 해외직접투자(FDI) 규모에 필적한다고 말해진다. 개도국의 국가 운영 중에서 상당한 부분을 충당해주고 있기에 그것이 정체될 경우 커다란 타격을 입게 된다.

의심만으로도 처벌한다[2]

미국의 제재 대상 리스트에 올라간 것에 철저하게 반항하고 리스트로부터의 제외를 쟁취해낸 또 한 명의 사례에 대해서 소개해보도록 하겠다. 해당 인물은 사우디아라비아인 사업가 야신 카디(Yassin Kadi)이다. 카디의 경우에는 더욱 격렬한 싸움이 되었다.

사우디아라비아 제다(Jeddah)의 실업가 집안에서 1955년에 출생한

---

2 '의심만으로는 처벌하지 아니한다'라는 무죄추정주의(無罪推定主義) 원칙의 배제를 의미한다.

카디는 투자은행의 경영으로 성공하여 1990년대부터 이슬람 세계의 식량 위기 및 교육을 대상으로 한 자선활동도 시작했다. 그런데 그의 자선활동 단체 '무와파크 재단[3]'이 알카에다의 자금원이 되었다고 규탄을 받게 되었던 것이다.

카디는 미국 시카고에서 사업을 했을 때에 짧은 기간 미국을 방문했던 오사마 빈 라덴과 만났던 일도 있었다. 이것을 카디가 인터뷰를 통해 말했기 때문에 의심이 자꾸 커져갔다. 카디의 재단에 의한 자금 원조는 이스라엘 점령지 가자 지구(Gaza Strip)에서 활동하는 이슬람 원리주의 조직 '하마스(Hamas)' 및 예멘에 있는 이슬람 과격주의를 가르치는 대학, 알카에다 관련자가 설립한 터키의 기업, 알카에다의 지금 지원자인 사우디아라비아의 실업가에게도 건네졌다고 보도되었다.

미국은 이러한 것을 이유로 내세우며 2001년 10월 카디를 SDGT로 지정했던 것이다. 이에 따라 유엔 안보리도 제재 리스트에 마찬가지로 올렸고, 그리고 유럽의 각국, 사우디아라비아 정부도 그 리스트에 카디의 이름을 올리게 되었던 것이다.

카디는 9·11 테러의 희생자 등이 합계 116조 달러의 손해 배상을 요구하는 소송에서 빈 라덴 및 사우디아라비아 왕실 등과 함께 피고인이 되기도 했다.

카디를 SDGT로 지정한 미국 재무부 OFAC은 "우리는 카디가 어떤 죄를 범한 실행범(實行犯)이라고 말하고 있는 것은 아니다. 그가 테러를 지원하고 있다는 것이 문제인 것이다"라고 설명했다. 범죄 사실에 대한

---

3 영어로는 Muwaffaq Society 또는 Muwaffaq Ltd.로 표기된다.

유죄 판결이 아니라, '의심만으로도 구속한다'라는 예방적 조치였던 것이다. 이것에 대해서 카디는 자신은 빈 라덴과는 아무런 관계도 없으며 테러 지원자도 아니라고 반발하면서 장기간의 법정 투쟁에 돌입했다.

카디는 사업가이기 때문에 미국, 유럽, 사우디아라비아에서의 자산의 동결 및 송금 금지 조치로 인해 사업을 빼앗겨버리게 되었다. 신용카드도 사용할 수 없게 되었다. 하지만 최대의 장해는 카디가 증거의 제시를 통해 SDGT로 지정된 것이 아니라는 사실이었다. '증거는 없다'라고 미국 정부가 인정하고 있기 때문에, 죄를 범했다는 증거가 없다는 판결을 쟁취하게 되더라도 미국의 리스트로부터 제외되지 않는 것이다.

13년 동안의 법정 투쟁

그럼에도 카디는 우선 2001년 12월, 유럽연합의 리스트에 자신의 이름이 올라간 것은 증거가 없이 행해졌으며 적정 절차를 위반한 것이라고 하며 유럽 사법재판소에 제소했다. 이어서 미국 재무부, 그리고 카디의 은행 계좌를 동결시켰던 스위스, 영국 및 유엔에서의 그 결정은 위법이라고 호소했다.

이러한 카디의 법정 투쟁에 대해서 미국 정부는 카디가 9·11 테러뿐만 아니라, 발칸 반도 및 수단, 파키스탄 등에서 일어난 테러에 대해 재정적인 지원을 행했다는 새로운 내용을 들이밀어 전면적인 대결로 발전하게 되었다.

최초에 카디가 승소한 것은 2005년 12월 스위스에서의 소송이었다. 스위스 형사재판소는 카디가 9·11 테리와 무관계하다는 것을 인정했다. 그로부터 2년 후인 20007년 12월 카디는 스위스 정부의 테러리스트 명부로부터 제외되었고, 스위스의 은행에 의해 동결되었던 카디의 계좌가 해제되어 자유롭게 인출할 수 있게 되었다.

유럽 사법재판소가 카디의 테러리스트 명부 등록은 기본적인 인권에 반하는 위법이라고 판결을 내렸던 것은 2008년 9월의 일이다. 다만 리스트로부터 제외되는 것에는 시간이 걸렸다. 유엔은 EU의 요청으로 카디를 리스트에 남겨야 할 이유에 대해 설명하는 문서를 제시했다. 그런데 그것은 카디가 알카에다의 전신(前身) 조직과 관계되어 있는 조직의 멤버였다는 것, 그리고 과격파에 대한 자금 제공이 의심되는 조직과 관계되어 있다는 것 등, 모두 9·11 테러 및 빈 라덴과 직접 관계되는 것은 아니었다.

2010년에는 영국 대법원이 카디의 주장을 인정하는 판결을 냈고, 유럽 사법재판소도 재차 제재 리스트에 카디의 이름을 올린 것은 위법이라는 판결을 내렸다. 이 무렵에는 유엔 안보리의 제재 리스트가 조잡한 증거에 의해 만들어졌다는 것이 국제적인 비판의 대상이 되었다. 유엔은 2009년 제재 리스트에 올랐던 인물 및 조직의 삭제 절차를 감독하는 '옴부즈맨(ombudsman) 제도'[4]를 설치했으며, 삭제 절차는 가속화되었다. 카디도 결국 2012년 10월에 유엔의 제재 리스트로부터 삭제되었다. 이에 따라 EU도 삭제했는데, 미국 재무부가 삭제했던 것은 2014년 9월 11일의 일이었다. 카디가 최초로 미국의 리스트에 오르게 된 지로부터 12년 11개월이나 경과되는 긴 세월이 걸렸던 것이다. 카디는 "금융의 세계에서 무실(無實)[5]이 인정되지 않아 관타나모 수용소에 들어갔

---

4 행정 감사 전문인 제도를 지칭하며, 일반적으로 정부에 대한 시민의 불만을 처리하고, 행정을 감찰하는 제도를 말한다.

5 '사실이 없음', 즉 억울한 무고를 의미한다.

다"라는 코멘트를 발표했다.

카디의 부조리한 경우는 이유도 알려주지 않은 상태에서 체포되어 재판에 넘겨져 처형되는 남자를 묘사한 프란츠 카프카(Franz Kafka)의 소설 『심판(Der Prozess)』과 같은 것으로 말해지고 있다.

명문 상원의원도 거부당해

한편 농담과 같은 사건도 있었다.

미국 대통령 존 케네디(John Kennedy)의 동생으로 매사추세츠 주에서 선출된 상원의원이었던 에드워드 케네디(Edward Kennedy)가 2004년 3월부터 4월에 걸쳐서 공항에서 항공기에 탑승하는 것을 거부당했다. 9·11 테러가 항공기를 사용한 테러였기 때문에, 각 공항에서 탑승자 체크가 집중적으로 행해져 테러범으로 의심되는 인물을 배제했다. 미국 국토안보부가 '탑승 거부자 리스트'를 만들어 항공회사 및 공항에 배포했다.

그런데 에드워드 케네디는 이름이 테러 용의자가 사용한 가짜 이름과 유사했기 때문에 탑승 거부자 리스트에 올라갔으며, 이 사이 합계 5회나 항공권을 구입할 수 없었고 탑승이 거부되었다고 한다. 에드워드 케네디는 공항의 창구에서 "당신에게는 티켓을 판매할 수 없다"라고 통지를 받았으며, 그 이유를 들어보니 "이유는 안전보장상 전해줄 수 없다"라는 답변이었다. 실로 무뚝뚝하고 냉랭한 대응이었다. 후일 국토안보부 장관 톰 릿지(Tom Ridge)로부터 이와 관련하여 사죄를 받았고, 그의 이름은 해당 리스트로부터 제외되었다.

저명한 정치가마저 이러한 취급을 받기 때문에, 일반인으로서 잘못하여 리스트에 올라가게 되면 자신과는 다른 사람이라고 주장하더라도

좀처럼 자신의 결백을 인정받지 못하게 되는 것은 아닐까 하는 생각이
든다.

자선단체와 테러

야신 카디의 사례에서는 그가 창설한 이슬람계 자선단체가 의심의
대상이 되었다. 이슬람 세계에서는 부(富)를 이룬 사람은 희사(喜捨)로
서 자선단체에 기부하는 것이 당연시된다. 기부는 이슬람교도의 다섯
가지 의무 중에서 신앙고백과 매일 기도를 하는 것에 이어 세 번째 항
목이다. 쿠란(Quran)[6]에도 행하도록 정해져 있다. 그 대상은 빈곤층의
구제, 병원 및 고아원에 대한 지원, 교육, 그리고 이슬람교의 포교 촉진
이다.

자선단체가 정치성을 띠는 일도 있다. 빈자·약자를 도와주는 가운데
그러한 상황을 유발시킨 권력자, 침입자에 대한 반발이 싹트게 되는 일
도 있을 것이다.

9·11 테러 이후의 미국에서는 테러 대책으로서 금융제재가 효과를
올리고 있는 것으로 믿어졌다. 테러의 결행에는 상당한 액수의 자금이
필요하다고 판단했기 때문이다. 그리고 테러 자금을 차단하기 위해서
는 자선단체에 메스를 가하는 것이 가장 효과적이라는 인식이 생겨났
다. 카디의 재단도 그러한 문맥에서 타깃이 되었다. 필자는 테헤란 특
파원으로 활동한 적이 있는데, '학대받은 자를 구제한다'라는 목적의 자
선단체가 거대한 자금력을 장악하여 세계의 반(反)이스라엘 투쟁 등을

6　'꾸란'으로 표현되기도 한다.

지원하고 있다는 지적을 자주 들었다.

또한 자선단체가 회계 등의 투명성을 결여하고 있다는 인상을 때로 주며, 구미 세계의 이슬람교에 대한 이해가 충분하지 않은 점도 있어, 의심이 늘어나게 되는지도 모른다. 미국의 금융제재의 리스트를 살펴보면 다양한 자선단체가 나란히 올라가 있다.

그러나 이러한 재단은 테러와의 관계 유무를 떠나 날마다 본래의 자선활동을 하고 있다. 이 때문에 제재 대상으로 지목되어 자금이 동결될 경우, 식료 보조 및 병원, 고아원, 학교, 돌봄 시설 등은 그 순간에 활동을 진행할 수 없게 된다. 그러한 서비스의 수급자는 곤궁하기에 재단의 도움을 받고 있는 것이므로 그 생활은 더욱 곤궁해져 버린다.

'9·11 위원회'의 최종 보고서가 밝히고 있는 바와 같이, 9·11 테러는 비교적 소액의 자금으로 결행되었다. 자폭 테러를 행하면 남겨진 유족에게 다액이 제공될 것이라는 약속을 받고 청년들이 테러를 강행했던 것으로도 말해지지만, 그 액수도 놀랄 만한 자릿수의 규모는 아닌 것으로 보인다. 과연 금융제재가 얼마나 테러를 저지하는 효과를 올리고 있는지는 확실하지 않다. 자폭 테러는 돈보다도 그들이 믿는 '대의'를 위해 목숨을 바치는 것일 가능성이 있기 때문에 자금 등이 없더라도 일어날 수 있는 것이 아닐까?

디리스킹

제재의 부정적인 효과로서 디리스킹(de-risking) 문제가 있다.

디리스킹이란 리스크에서 벗어나는 것 또는 리스크 회피 등을 의미한다. 은행 등 금융기관은 제재 대상이 의뢰해왔던 달러의 송금 업무 등을 행하는 것만으로도 자신들이 제재 대상이 되며 막대한 액수의 제재금을 지불하게 된다. 최악의 경우에는 세계의 금융 센터에서의 금융 업무의 면허가 취소된다는 협박이 따라다닌다.

선진국의 금융 정책 당국으로 구성된 국제자금세탁방지기구(FATF)는 자금 세탁과 테러 지원의 측면에서의 '고위험(high risk) 국가'를 정기적으로 발표하고 있다. 특별한 주의를 기울이며 대항 조치를 취해야 할 국가로는 북한과 이란이 명시되고 있는데, 자금 세탁과 테러 지원의 측면에서 국가로서 충분한 대책을 취하고 있지 않은 국가로는 시리아, 예멘, 바하마, 보츠와나, 캄보디아, 가나, 아이슬란드, 몽골, 파키스탄, 파나마, 트리니다드토바고, 짐바브웨 등의 12개 국가를 열거하고 있다.

금융 정책에서는 세계에서 가장 권위가 있는 국제기관인 FATF가 구체적인 국명을 거론하며 모두 합쳐 14개 국가에 대해 '위험하다'라고 선언하고 있는 것이다. 은행 등 금융기관이 그러한 국가 및 그 국가에 거주하는 사람들에게 등을 돌리더라도 불가사의한 일은 아니다. 일본 은행의 한 관계자는 "미국에서의 은행 업무의 면허가 정지될 우려가 있게 된다면, 금융기관의 심리는 적어도 우려가 되는 거래는 하지 않는 것이다"라고 필자에게 말한 적이 있다.

은행은 '위험한 상대'뿐만 아니라 '위험할 수 있는 상대'와의 거래에도 신중해진다. 위험할 수 있는 상대란 미국 재무부 및 유엔의 리스트에 올라와 있는 제재 대상자뿐만 아니라, 그러한 조직과 어떤 형태의 거래 및 관계가 있는 인물을 말한다. 거기까지 범위를 넓히지 않게 되면, '테러 등 위법 행위의 지원자와의 거래'를 행했다고 하여 처벌받게 될 우려가 있는 것이다.

일본의 대형 은행도 리스크 회피

제재 리스트와 고객 명부를 대조하며 제재 대상자와의 비즈니스를 배제하는 작업은 방대한 인력(man power)과 시간을 필요로 한다. 미국의 제재법이 국외 적용 효과를 갖고 있기 때문에 미국, 일본, 유엔 안보리 등 여러 제재 리스트 전체와의 상호 대조를 행하지 않으면 안 된다. 미국의 제재 리스트는 영어로 표기가 되고 있는데, 일본인에 대해서도 예를 들어 후지타 이치로(藤田一郎)는 Fujita Itiro, Hujita Ichiro, Hudita Itirou 등 여러 형태의 영어 표기가 가능하다. 아랍인, 이란인, 중국인, 북한인 등의 성명을 알파벳으로 바꾸었을 경우의 혼란은 쉽게 상상할 수 있다.

또한 송금 및 융자 등 은행에 결부되는 안건이 제재 리스트에 올라오지 않은 개인 및 단체의 것이라고 하더라도 테러 및 마약, 핵무기 등의 대량살상무기와 관련된 것이라면 취급할 수가 없게 된다. 종종 다른 사업이라고 위장하여 의뢰를 해오기 때문에 그것을 간파할 필요가 있다. 은행 측의 스크리닝(screening, 선별) 작업은 대단히 커다란 노력을 수반하게 된다. 일본의 은행에서도 이러한 상호 대조 작업 등 자금 세탁 관련 대책에 있어서 메가뱅크 1개 은행당 평균 1,000명, 구미의 대형 은행의 경우에는 1만 명이 조사를 행하고 있다고 한다.

또한 고객이 제재 대상자라는 것을 알게 되었을 경우에는 의뢰받은 서비스를 제공할 수 없다고 통고한 뒤에 예금 등을 동결하는 작업도 은행이 스스로 행한다. 이러한 조치를 태만히 할 경우 은행 자체가 처벌을 받게 되기 때문에, 가뜩이나 보수적인 은행은 '위험한 다리는 건너지 않는다'라는 디리스킹을 선택해버린다. 벌금 부과의 처분까지 가지 않더라도 조사 개시의 단계에서 은행 명칭이 지목되어 보도되어버린다면, 신용을 중시하는 은행으로서는 커다란 데미지가 된다.

일본의 메가뱅크도 연이어 2019년에 계좌를 갖고 있지 않은 인물이 창구를 통해 현금을 해외로 송금하는 업무를 정지했다. 현금은 출처를 확인하기 어렵고 외국의 송금처도 파악하기 어렵다. 따라서 자금 세탁에 사용될 우려가 있다는 판단에 의한 것이다. 디리스킹의 일환이라고 할 수 있다.

일본의 메가뱅크에 의한 디리스킹으로서는 베네수엘라의 세이코 이시카와(Seiko Ishikawa) 주일 대사의 에피소드가 있다. 일본계 인물인 이시카와 대사와 그의 일본인 부인[7]이 은행에 개설했던 계좌가 2019년 9월부터 사용할 수 없게 되었다. 8월 5일에 트럼프가 '국제긴급경제권한법(IEEPA)'에 기초하여 발동한 대통령명령 아래 베네수엘라에 대한 준엄한 금융제재를 발동했으며, 정부 관계자의 달러 거래도 금지했기 때문에 이루어진 조치라고 한다.

이러한 부조리한 대응에 이시카와 대사는 "외교관의 활동을 보장하는 비엔나 조약에 위반된다"라고 항의했으며, 그 이후 엔화 및 유로의 계좌는 사용할 수 있게 되었다. 은행의 관점에서 보자면, 미국의 베네수엘라에 대한 격렬한 적의(敵意)를 감안하여 베네수엘라 정부의 고위 관료와 관련된 송금 업무를 담당하는 것으로 인해 거액의 제재금을 징수 당하게 될 리스크는 취하지 않겠다고 판단한 것인데, 어쨌든 석연치 않은 일이다.

---

7 에리카 콜론 드 이시카와(Erika Colon de Ishikawa)를 지칭한다.

송금 업무의 급감

2013년 여름에는 디리스킹 문제가 국제적으로 화제가 되었다.

영국의 바클리즈은행(Barclays)이 알카에다 계통의 과격조직이 활동했던 소말리아의 대형 송금업자와의 거래를 정지했던 것이다. 송금업자와의 비즈니스가 테러 지원의 송금 업무로 인정될 수 있다는 우려를 갖게 되었기 때문이다. 장기간 내전하에 있는 소말리아에서는 전술한 알바라카트가 이미 폐쇄되었기 때문에 바클리즈은행의 업무 정지는 소말리아인에게 있어서 사활적인 의미를 지녔다. 결국 소말리아의 해당 송금업자 등이 영국에서 제소를 했고, 영국 대법원은 소말리아의 인권 문제를 이유로 하여 바클리즈은행에 업무를 계속하도록 명령했다.

옛 소련에 속했던 라트비아도 디리스킹의 피해를 입었다.

러시아 마피아 조직의 자금 세탁 및 북한의 핵개발 자금의 송금에 사용되고 있다며 구미의 대형 기업이 2013년부터 라트비아의 은행과의 거래를 중단했고, 라트비아 경제는 패닉 상태에 빠지게 되었다. 라트비아는 유럽연합의 회원국이지만, 애당초 자금 세탁 관련 대책이 허술했다. 마피아 조직은 일단 라트비아의 은행에 자금을 보낼 수 있다면, 이후에는 EU권 전체에서 자유롭게 자금을 움직일 수 있기 때문에 타깃이 되었던 것이다. 라트비아 정부는 자금 세탁 대책을 강화하고 의심되는 고객 1만 9,000명을 특정하기도 했지만, 그 노력은 인정을 받지 못했다.

디리스킹은 세계의 송금 업무가 감소되는 현상을 초래하고 있다.

금융 정책 담당자의 국제조직인 금융안정이사회(FSB)[8]가 2018년 11월에 제출한 보고서에서는 세계 전체에서 2017년에 '국제은행간통신협회(SWIFT)'가 처리한 통신을 기초로 하여 계산하면 코레스 계약에 의한 송금 업무는 전년 대비 4.1% 감소했다. 2011년부터의 비교에서는 실제로 15.5%가 감소했다고 한다. 코레스 계약에 의한 송금 업무란, 예를 들어 달러 송금에서는 미국에 지점이 없는 외국의 은행이 미국 은행에 송금을 의뢰하는 것이다. 달러는 미국을 통하지 않으면 송금이 불가능하기 때문에 그러한 계약이 필요해진다. 유로의 경우에는 유럽의 은행에 의뢰한다.

2011년부터 2017년까지의 통화별 변화를 살펴보면, 달러 결제는 23%가 감소되었고, 유로는 20.8%가 줄어들었다. 2017년만을 보더라도, 달러는 7.6%, 유로는 6.6% 각각 감소했다. 지역별로 보면, 중남미에서 27.6%의 감소, 서구에서 19%, 오세아니아[9]에서 18.9%, 아프리카에서 18.6%, 동구에서 16.9%, 아시아에서 15.5% 등으로 크게 감소했다.

이 사이 세계 경제는 '리먼 쇼크'로부터 벗어나 다시 성장을 계속했으며, 미중 무역 전쟁이 가져온 감속은 2018년부터 시작되었으므로, 이 '하락'과는 관계가 없다. FSB 및 세계은행, IMF 등은 '하락'의 이유에 대해서 선진국의 은행이 디리스킹, 특히 해외로 가서 돈을 버는 이주 노동자의 송금 업무 및 자선단체와 관계를 차단했기 때문이라고 분석하는 데 의견의 일치를 보이고 있다. 어떤 조사에 의하면, 78%의 은행이 제재 규정 등의 준수를 위한 경비의 증액에 내몰리고 있으며, 40%가 디리스킹을 인정했다고 한다.

---

8 Financial Stability Board(FSB)를 지칭하며 2009년 발족했고 국제 금융에 관한 조치, 규제, 감독 등을 수행하는 역할을 담당한다. 사무국은 스위스에 있는 국제결제은행(BIS) 내부에 있다.
9 대양주(大洋洲)라고도 한다.

아프리카의 라이베리아(Liberia), 중앙아메리카의 벨리즈(Belize)에서
는 정부의 중앙은행에서조차 달러 경제를 의뢰하는 미국의 은행이 없
어졌다.

구미에 이민 및 이주 노동자로 오고 있는 개도국 출신자가 모국의
가족에게 보내는 송금도 줄어들고 있다. 국제조직인 국제자금세탁방지
기구(FATF)가 이러한 송금이 테러 활동에 사용되는 등 위법한 것이 포
함되어 있을 가능성이 있다고 경고를 했기 때문이다. 돈을 벌기 위해
이주해온 사람들의 65~70%가 구미에서 가장 곤란한 일은 은행 계좌를
개설하고 모국에 송금하는 것이라고 답하고 있다. 중동 및 북아프리카
지역 국가의 재미(在美) 대사관이 예금 계좌를 개설할 은행을 찾아내는
것에도 어려움을 겪고 있을 정도이다.

'당신의 고객의 고객을 알라'

이슬람 계통의 자선단체에 대해서 감시의 눈이 모아지고 있다는 것
은 전술한 바와 같은데, 그들은 디리스킹의 탓으로 인해 송금 및 수금
을 만족스럽게 행하지 못하고 있다.

워싱턴에 본부가 있는 NGO인 '자선과 치안 네트워크(Charity and
Security Network)'에 의하면, 자선단체의 3분의 2가 송금의 지연 및 예
금 계좌의 폐쇄 등으로 인한 트러블을 겪고 있다고 한다. 영국의 이슬
람 계통 자선단체는 HSBC 및 UBS 은행으로부터 예금 계좌의 폐쇄와
관련된 통고를 받고 있다. 또한 과거에는 은행으로부터의 조회는 연간
50건 정도였지만, 지금은 수백 건으로 증가했다고 한다. 당연하지만
전지(戰地)에 있는 병원 및 고아원에 대한 송금의 지연은 사망자를 만들
어내는 일도 있다. 은행이 상대해주지 않게 된 자선단체는 현금을 여행

가방에 넣어 전지(戰地)로 보낼 수밖에 없는 상황이다. 그러한 경험이 있는 자선단체의 비율은 42%로까지 올라가고 있다.

디리스킹의 문제는 미국도 무시할 수 없으며, 재무부는 특정 국가 전체를 회피하도록 하는 광범위한 배제를 그만두도록 호소하고 있다. 은행 규제를 강화한 탓에 분쟁 지역의 사람들이 필요한 원조를 받지 못하고 있다는 것은 피해야 할 것이다. 개도국의 정당한 비즈니스 및 개발을 위한 융자도 정체되어버리고 있다.

디리스킹이 증가한 커다란 이유로 9·11 테러 이후에 만들어진 '애국자법'이 있다. 은행에 외국인의 고객 정보를 정확하게 파악하도록 의무화하고, 그러한 주의 사항과 관련된 의무를 태만히 한 은행에게는 제재를 부과하게 되었던 것이 은행을 위축시켰다. 이것은 '당신의 고객을 알라' 원칙으로 불리고 있는데, 고객 자체가 송금의 대리 업무를 행하고 있는 경우가 많으며, 실제로 위험한 고객인지 여부를 파악하기 위해서는 '당신의 고객의 고객을 알라' 원칙을 취할 필요가 있다. 이것은 은행으로부터 본다면 사실상 불가능한 업무이며, 그렇다면 차라리 조금이라도 위험한 요소가 있는 고객 및 위험한 국가의 출신자와는 비즈니스를 하지 않는다는 차별적인 대응을 하게 되어버리게 된다.

애덤 주빈(Adam Szubin) 재무차관 대행은 2016년 11월의 강연에서 미국 재무부 OFAC의 조사는 95% 이상이 제재금 지불 등의 징벌 조치 없이 끝났으며, 'BNP파리바'의 경우와 같은 거액의 제재금 지불은 제재 대상자에 대한 장기간에 걸친 금융 서비스의 제공 위반에 대해 지적받으면서도 그것을 무시하고 계속했던 것 등의 악질성이 높은 경우뿐이라고 설명했다. 즉 처벌될 것을 지나치게 두려워하여 과도한 디리스킹을 하는 것은 불필요하다고 말했던 것이다.

필자가 인터뷰했던 미국 재무부의 전(前) 당국자는 은행은 IT 및 빅데이터(big data)를 활용한 최신 기술을 구사하여 리스크를 핀포인트(pinpoint)[10]하여 특정할 수 있을 것임에 틀림없다고 말했다.

이론적으로는 그렇겠지만, 제재 이행의 근거는 대단히 애매하기 때문에 은행 측이 디리스킹에 나서는 기분은 이해할 수 있다. 2016년 6월에 국제통화기금(IMF)의 직원 등이 발표한 디리스킹에 대한 보고서는 그 원인을 미국 재무부 OFAC의 규제가 "불투명하고 주지하는 바와 같이 일관성을 결여하고 있으며, 게다가 그 이행이 불공평"하기 때문이라며 준엄하게 지적한 바 있다.

조령모개[11]

2014년 6월에는 미국 재무부 통화감독국(通貨監督局, OCC)[12]이 캘리포니아 주 상업은행에 대해 모든 송금 청부업자를 '고위험(high risk)'으로 판단하여 특별 조치를 취하도록 통달했다. 이 은행은 통달을 받고 고객인 소말리아에의 송금 청부업자와의 비즈니스를 정지시켜, 소말리아로부터의 이민을 패닉 상태에 빠지게 만들었다. 그렇게 하자, 통화감독국은 그로부터 5개월 후인 2014년 11월 모든 송금 청부업자가 '고위험'이라는 것은 아니라며 앞에서 했던 말을 철회했다. 여론의 반발이 일어나자 '조령모개'를 행한 것이다.

---

10 정확히 찾아내거나 정확히 집어내는 것을 의미한다.

11 조령모개(朝令暮改)는 '아침에 명령을 내리고 나서 저녁에 다시 바꾼다'는 뜻으로 일관성이 결여되어 있음을 의미한다.

12 Office of the Comptroller of the Currency(OCC)를 지칭한다.

또한 금융 규제의 강화로 정통의 은행이 우려되는 국가로부터 철수한다면, 국민은 암거래를 하는 금융 서비스업자에게 의존할 수밖에 없게 된다. 그것은 건전한 비즈니스 및 국가경제의 육성을 저해한다. 암거래업자는 테러 조직 및 마약 조직, 무기상인, 폭력 조직 등과 관계를 맺고 있는 경우가 많다. 따라서 그곳으로 흘러들어간 자금이 테러 등 위법한 행위에 전용되는 일이 늘어나버리게 된다.

이란에 대한 제재는 2015년의 JCPOA로 일부 해제가 되었지만, 일본 기업의 이란 진출은 늦어졌다. 그 어떤 기업도 '미국이 언제 제재를 부활시킬지 알 수 없다는 모습을 보이고 있다'라고 말해졌다. 제재를 해제하더라도 곧바로 비즈니스를 시작하지 않는 것도 넓은 의미에서 디리스킹에 속한다. 트럼프 정권이 그로부터 3년 후에 제재를 부활시켰기 때문에, '조령모개'를 상정했던 일본 기업의 디리스킹 판단은 결과적으로 옳았던 것이 된다.

일반 시민을 희생자로 만들다

이렇게 보면, 준엄한 제재로 인해 희생되는 것은 일반 시민이라는 구도가 떠오르게 된다.

국제적인 제재는 1990년부터 1991년의 걸프 위기 및 걸프전쟁에서 도입된 포괄적인 대(對)이라크 제재로 식료 및 의약품 등의 수입이 중지되고 이라크 국민의 생활을 파괴했다는 반성으로부터 표적을 사담 후세인 대통령 등 정권의 간부, 집권당 바아스당(Ba'ath Party)의 수뇌, 그리고 이라크군 간부에 맞춘 스마트 제재(현명한 제재)가 고려되었다.

트럼프 정권이 2018년에 부활시킨 대(對)이란 제재도 원유의 수출을 중지시킨다는 목적에 맞추어져 있는 것이다. 하지만 이것은 이란의 수출 수입(收入) 중에서 80%가 없어지게 되는 것을 의미하며, 당연히 일상생활에 미치는 영향은 헤아릴 수가 없기에 인도(人道) 문제로 발전하게 된다. 이란 정부의 고위 관리는 "약 등 의료품이 부족하다"라며 비명을 지르고 있다.

이란에 부과되고 있는 제재는 2015년의 핵합의 이전의 제재를 부활시킨 것이다. 2015년까지의 대(對)이란 제재에 대해서 당시 유엔 사무총장이었던 반기문은 유엔 총회에 제출한 이란 정세에 관한 보고서에서 "이란에 부과된 제재는 인플레의 격화, 일용품 및 연료 가격의 고등(高騰), 실업률의 상승 및 의약품을 포함한 생활필수품의 부족 등, 국민전체에게 심각한 영향을 초래했다. 외국의 의약품 관련 기업은 이란에 대한 의약품의 수출을 취소했기에 암, 심장질환, 호흡기 계통 질환, 다발성 경화증(多發性硬化症)[13] 등의 치료약이 부족한 것으로 보고되고 있으며, 인도(人道) 활동에 영향이 나타나고 있다"라고 지적했다.

금융의 본래 목적은 그 서비스를 전 세계에 있는 모든 사람들에게 제공하고 생활을 풍요롭게 하며 경제 성장을 실현시키는 것에 있다. 하지만 미국은 규제를 강화하고 위반자에게는 제재를 부과함으로써, 많은 사람들을 금융 서비스로부터 제외시키고 그 생활 및 경제 활동에 커다란 영향을 파급시켜버리고 있다. 이것은 금융제재의 거대한 모순이라고 할 수 있다.

---

13 중추 신경의 백질(白質)에 다발성의 탈수 병변(脫髓病變)이 일어나는 질환을 지칭한다.

제 9 장

미국법은 왜 외국을 속박하는가

지금까지 미국이 지닌 금융제재의 파워와 그 부정적인 측면을 설명해보았다. 금융제재는 외국 기업에 대해서도 미국법이 적용되어 제재의 대상이 되는 점이 힘의 원천이다. 하지만 국제법의 원칙은 주권에 대한 존중이며, 어떤 한 국가의 법률을 국경을 초월하여 적용하지 않는다는 것이다. 그렇다면 미국의 제재법에 의한 국외 적용은 국제법의 원칙에 반하는 것이 아닌가?

'국외 적용이 아니다'

필자는 그러한 의문을 품으며 2019년 1월 워싱턴으로 취재를 위한 출장에 나섰다. 법률로 성립된 국가인 미국은 세계의 어느 곳보다도 변호사 등 법률가가 힘을 지니고 있는 국가이다. 그런데 '왜 국제법을 무시하는 것일까' 하는 생각을 떠올려보았다.

'미국은 국제법을 무시하고 있지 않다. 미국의 제재는 국외 적용이 아니다'라는 것이 미국에서 제재와 관련 실무를 담당하고 있는 사람들의 공통된 견해였다. 미국 재무부, 법무부, 국무부, 의회의 제재 담당자와도 의견이 일치되었다. 현역 당국자도 전임 당국자도 매우 명쾌하게 국외 적용을 부정했다.

그중에서도 과거 25년간에 걸쳐 미국의 제재 정책에 관여해오고 있는 케네스 카츠만(Kenneth Katzman)[1] 미국 의회조사국(CRS) 이란 제재 담당관의 설명이 이해하기 쉽다. 카츠만은 "결과적으로 국외 적용의 효과를 지니고 있다는 것은 틀림없다"라고 말한다.

그 설명은 다음과 같다. 미국의 법률은 미국 국내에서밖에 적용되지 않는 것은 당연하다. 그렇기 때문에 우선 미국인 및 미국 기업, 미국에서 일하는 외국인을 대상으로 제재에 따르도록 지시한다. 외국 기업에 대해서는 미국에서 활동하는 그 자회사에게 제재법을 준수할 의무가 있다.

그렇다면 모회사 또는 미국 기업이 외국에 갖고 있는 자회사, 나아가 외국인은 제재를 지키지 않아도 되지 않은가 하는 질문이 제기된다. 그것에 대해서는 카츠만은 "그렇다. 하지만 미국이 자신의 금융 시스템을 지키는 것은 당연하기 때문에, 그러한 외국인 및 외국 기업이 미국의 금융 시스템에 들어와 위법 행위를 한다면 적발한다"라는 대답이었다.

외국 기업을 제재에 따르도록 만드는 방법에는 두 가지가 있다고 한다.

한 가지는 외국 기업에 미국 제재법을 준수하지 않는다면 '자회사를 미국 시장으로부터 추방한다'라고 경고한다.

---

1   미국 의회조사국의 '이란, 이라크, 아프가니스탄, 페르시아 걸프 지역' 선임 연구위원(senior analyst of Iran, Iraq, Afghanistan, and Persian Gulf Affairs)이다.

예를 들어 일본의 석유개발 기업 A가 이란에서 원유 개발에 참가하고 있다고 가정해보자. 미국은 A의 이란에서의 원유 개발을 저지하고자 한다. 한 가지의 방법은 A가 미국에 지니고 있는 자회사 B에 대해서 모회사가 이란과의 원유 비즈니스를 계속하게 된다면 '미국 시장으로부터 추방한다'라고 압력을 가하는 것이다.

B는 모회사 A의 이란 사업에까지 책임을 지지 않는다며 거부할 수는 있지만, '미국 시장은 이란 시장의 50배에서 100배의 규모'라고 말해지며, 자회사가 추방된다면 모회사 및 그룹 기업 전체에서 헤아릴 수 없는 타격이 된다. 따라서 A는 이란으로부터의 철수를 결단한다.

또 한 가지의 방법은 이 책에서 설명해왔던 바와 같이, 달러를 사용한 거래를 금지하는 것이다. 기축통화 달러는 '안심할 수 있으며 확실하다'는 그 특성에 있어서 세계의 그 어떤 통화보다도 뛰어나며, 무역에서는 유로도 일본 엔화도 중국 인민폐도 당해낼 수 없다. 제재하에 있는 이란 및 북한이라고 해도 달러를 통한 결제를 바란다.

하지만 달러를 통한 무역 및 투자를 행한다면, 미국의 은행 계좌를 사용하게 된다. 이 프로세스에서 미국의 관할권을 통하게 되기 때문에 미국의 제재법에 따르지 않으면 안 된다. 미국 국내의 은행 절차는 미국법의 준수 의무가 있는 미국인이 관여되어 있기 때문에 미국 제재법에 의한 처벌 대상이 되는 것이다.

카츠만은 "미국 금융 시스템이 불법적인 거래로 오염된다면 미국에 있어서 사활적인 타격이 되기 때문에, 적발은 자위(自衛) 행위에 해당된다. 그것은 세계를 위한 것이기도 하다"라고 말한다. 트럼프 정권의 재무장관 스티븐 므누신(Steven Mnuchin)도 2019년 12월의 강연에서 "미국은 달러의 운용에 책임을 지고 있다. 바로 그렇기 때문에 잘못 사용하는 자가 있다면 적발하는 것이다"라고 말했다. 세계의 공공재인 기축 통화 달러와 금융 시스템이지만, 그러한 것은 미국의 주권하에 있으며 그것을 수호할 의무를 미국이 짊어지고 있다는 설명이다.

확실히 미국의 금융 시스템은 세계 경제를 밑받침하는 '글로벌 인프라'라고 말할 수 있다. 미국이 그 두목이기 때문에 날마다의 유지(maintenance)를 행하고 공격 및 파괴에 대비하며 또한 건전한 운영을 위해서 수호하는 역할을 담당하는 것은 미국이라는 것이 된다.

하지만 '글로벌 인프라'라고 하면, 미국의 거대 IT 기업이 만들어낸 IT 공간도 그중의 하나라고 할 수 있다. 농담과 같은 이야기이지만, 지메일(gmail)을 사용하여 외국인이 나쁜 일을 행한다면, 구글(Google)이 본사를 두고 있는 미국의 사법 당국이 글로벌 인프라의 수호를 위해서라며 어디를 향해서라도 수사에 나서게 되어버린다.

국외 적용의 법리

횡포한 미국을 상징하는 듯한 '국외 적용'이지만, 그것은 갈수록 확대되는 경향을 보이고 있다.

미국은 법의 국외 적용이 국제적으로 용인된 최초의 사례를 1926년의 '로터스호 사건(Lotus case)'이라고 판단하고 있다.

'로터스호 사건'이란, 프랑스의 상선 로터스호가 터키의 선박과 공해상에서 충돌하여 터키 측의 선원이 익사했던 사건을 말한다. 터키 경찰은 터키 이스탄불에 기항했던 로터스호의 당직자를 터키 형법에 기초하여 체포했다. 프랑스는 이것에 대해서 공해상이기 때문에 터키법은 적용할 수 없다고 하며 상설국제법원(常設國際法院, PCIJ)[2]에 제소했다.

상설국제법원의 판결은 피해 선박의 터키 측에 재판권을 인정했다.

터키 선박은 터키의 영토로 인정되었으며, 영토 밖에서 일어난 범죄 행위를 영토 내의 법률로 재판하는 것을 금지하고 있는 국제법의 명확한 규정이 없다고 그 이유를 논했다.

이 판결은 그때까지의 국외 적용에 억제적이었던 국제 관습으로부터 일탈되었기 때문에 엄청난 비판을 받았다. 하지만 국제법이 명확하게 규정하고 있지 않은 경우에는 국외 적용을 가능케 하는 전례가 세워져 버렸고, 각국에게 자국법의 확대 적용을 촉진시키도록 만들었다.

또한 미국 대법원은 1993년 6월에 '영향 원칙(影響原則)'이라는 것을 채택하여, 미국의 보험회사가 공모하여 미국의 고객에 대해서는 특정의 보험 서비스를 행하지 않았다는 것과 관련하여 캘리포니아 주 등이 독점금지법 위반으로 제소한 소송에서 캘리포니아 주 등의 승소 판결을 내렸다. 영국 보험회사 측은 영국 국내에서 협의한 결정이며 미국 법원의 관할하에 있지 않다고 주장했지만, 대법원은 "미국 국내에 상당한 영향을 미친 경우에는 미국 독점금지법이 적용된다"라고 논하며 캘리포니아 주의 승소 판결을 내렸던 것이다.

국외에서 일어난 일도 미국 국내에 영향이 미쳤을 경우에는 그 활동을 미국법이 규제할 수 있고, 그러한 법을 미국 의회가 제정할 수 있다고 하는 원칙이 이것으로 확립되었다.

독점금지법에 관해서는 현재에도 대형의 기업 합병은 외국 기업끼리의 합병이라고 하더라도 미국 국내에 영향이 나타날 가능성이 있을 경우에는 미국으로부터 독점금지법 위반에 해당되지 않는다는 승인을

---

2 상설국제법원(Permanent Court of International Justice: PCIJ)은 일명 World Court라고도 불렸으며 1920년에 설립되어 1946년까지 존속되었다.

얻지 못하면 실현되지 않는다. 합병에 수반되는 시장 과점(市場寡占)은 건전한 경쟁을 훼손시킨다는 취지이기 때문에 합병하는 기업은 일부 자산의 매각 등에 내몰리게 되는 일이 있다.

다만 타국의 기업을 포함한 대기업으로부터 국민 생활을 지킨다고 하는 독점금지법의 정신과 '미국의 금융 시스템을 지킨다'라며 외국의 은행에 대해 차례로 제재를 부과하는 것은 서로 성격이 매우 다른 것이다. 확실히 테러 지원 및 대량살상무기의 개발 및 보유 등 불법적인 행위 및 그 지원은 처벌해야 하지만, 그러한 사안으로 인해 기축통화 달러 및 미국의 금융 시스템의 건전성이 훼손된다고 하는 것은 지나친 말이 아닐까?

과거에는 각국 정부가 항의

미국의 '국외 적용' 효과를 지닌 제재에 대해 과거에 세계는 매우 준엄하게 대응해왔다. 미국 정부는 자주 그것을 철회하는 상황에 내몰렸다.

1982년의 시베리아 파이프라인 사건이 유명하다. 이 책의 제2장에서도 다루었지만, 미국의 레이건 정권이 미국의 수출관리법을 기초로 하여 유럽 국가들에게 소련과 독일을 잇는 파이프라인 건설용의 기기(機器) 수출을 금지하고자 했을 때에, 영국과 프랑스가 자국 기업은 미국법의 적용을 받지 않는다고 하며 대항법(對抗法)을 제정했고, 일본도 미국에 항의했다. 레이건 정권은 결국 대(對)소련 무역의 관리 강화를 조건으로 하여 시베리아 파이프라인에 관한 수출 금지 조치를 철회했다. 영국과 캐나다는 미국의 제재법은 자국에게는 적용되지 않는다고 하는 법도 제정했다.

대(對)쿠바 제재에서도 미국 정부가 미국 기업의 재외 자회사에게 쿠바와의 비즈니스를 금지했던 것에 대해 당시 유럽공동체(EC)는 국제법의 원칙에 반하는 것이라며 항의했고, 영국과 캐나다도 자국의 기업에게 미국의 제재에 따르지 말도록 명령했다. 캐나다 정부는 캐나다 기업이 미국 정부의 명령에 따라 쿠바와의 무역을 취소할 경우에는 캐나다 정부가 벌금을 부과하는 것도 결정했다. 유엔 총회에서는 미국 측에게 국외 적용의 발동을 삼가도록 요청하는 결의도 채택되었다.

1996년에 발효된 '이란·리비아 제재법'에서는 석유 사업에 대한 2,000만 달러 이상의 투자를 금지하는 내용이 포함되어 있는데, 유럽연합(EU) 이사회는 해당 법에 따르지 말도록 유럽 기업에게 명령했다. 일본도 "국내법의 국외 적용이 될 뿐만 아니라, 세계무역기구(WTO) 협정과의 정합성 문제도 생겨날 가능성이 있으며 유감스럽게 생각한다"라는 일본 외무성 대변인 담화를 발표하며 반대했다. 이러한 외국으로부터의 항의를 받고, 클린턴 정권은 외국 기업에 대해서는 적용을 삼갔던 것이다.

클린턴은 1998년 5월 토니 블레어(Tony Blair) 영국 총리, 자크 상태르(Jacques Santer) 유럽위원회 위원장[3]과 회담을 행하고 이란에 대한 투자 계획을 추진하고 있던 프랑스의 토탈(Total) 등에 대한 제재 적용을 뒤로 미루기로 표명하고, 대(對)쿠바 제재의 EU 기업에 대한 적용기준의 완화에도 합의했다. EU 측은 제재를 뒤로 미루기 한 것에 대한 반대급부로서 군사 전용(轉用)이 가능한 제품 및 기술의 대(對)이란 수출을 규제하는 것으로 양보했다.

---

3 President of the European Commission을 지칭한다.

알맹이가 빠진 대항 조치

그런데 표면적으로는 미국이 유럽의 반발을 받으며 국외 적용을 삼 감으로써 패배한 형태가 되었지만, 기업 측은 미국에 의한 제재의 위력 을 두려워하며 자위 조치로서 이란, 쿠바, 리비아와의 비즈니스를 축소 하지 않을 수 없었다. 미국의 모회사는 미국 정부의 지시를 받고 외국 에 있는 자회사에게 이러한 국가들과의 비즈니스의 삭감을 지시했다. 미국 기업과는 관계가 없는 외국 기업도 이러한 국가들과의 비즈니스 에 대단히 신중해지지 않을 수 없었다. 그러한 의미에서 미국 제재법에 의한 국외 적용의 위협은 실질적인 의미에서의 효과를 당초부터 갖고 있었던 것이다.

미국이 들이댄 '미국을 택할 것인가, 다른 국가를 택할 것인가'라는 협박과 이 책에서 지적하고 있는 바와 같이, 달러 결제에 대해서 미국 이 관할권을 지니고 BNP파리바의 사례에서처럼 방대한 벌금이 부과된 다면, 이미 미국의 제재에 대한 유럽의 대항법 등으로는 감당할 수 없 다고 하는 것이 기업의 심리일 것이다. 금융제재의 발동으로 은행이 이 란에 대한 송금을 주저하게 됨으로써 그 어떤 기업도 이란과의 비즈니 스가 불가능해지게 된다. 일본 정부의 고위 관리도 일본 기업이 이란으 로부터 철수하는 이유를 "은행이 진출해 있지 않기 때문에 다른 기업이 움직일 수 없다"라고 말할 정도였으며, 금융제재는 '국외 적용' 효과를 전제로 하고 있는 것이다.

물품의 무역에 대한 과거의 제재와는 다른, 금융이라는 미국이 지닌 파워의 원천을 사용하는 새로운 제재는 각국의 대항 조치를 무기력하 게 만들어버렸다.

사법에 개입하지 않는다

각국 정부가 줄줄이 국외 적용의 효과를 지닌 미국 제재를 받아들이게 되는 것에는 다음과 같은 세 가지의 이유가 있다.

첫째, 미국의 제재 시스템은 위반자에게 법무부가 재무부 및 연방준비제도이사회와 협력하여 수사를 행하며, 벌금의 지불 및 미국에서의 업무의 정지를 명령받는 틀로 되어 있다. 이 때문에 실제로 BNP파리바의 사례에서처럼 법무부의 추궁에 유죄를 인정하고 고액의 벌금 지불과 달러 결제 업무의 정지 등을 명령받는 형사 사건의 형태로 전개되는 것이 상정되고 있다.

이러한 사법의 수사, 즉 형사 사건의 수사가 되면, 외국 정부가 외교 문제로서 제기하더라도 삼권분립을 뒷방패로 삼아 거부되어버린다. BNP파리바의 건과 관련하여 올랑드가 오바마로부터 "대통령인 내가 사법권에 개입할 수 없는 것이다"라는 말을 전해 들었던 것이 상징적이다.

현재 계속되고 있는 미중 무역전쟁 및 과거의 미일 경제마찰에서처럼, 미국 정부가 경제 정책, 무역 정책으로서 특정의 제품에 부당한 관세를 부과하거나, 제재를 부과하는 경우에는 정부가 항의하거나 외교를 통해 교섭하거나 WTO에 제소하는 등의 정식의 대항 조치가 취해진다. 1982년의 시베리아 파이프라인 사건도 그러했다.

하지만 그것이 테러 지원, 대량살상무기 개발에 대한 지원 등의 죄상에 의한 형사 사건의 형태가 되면, 정부의 대응은 달라진다.

둘째, 금융제재는 국외 적용의 효과를 지니지만, 순수한 의미에서의 국외 적용이 아니라고 미국이 주장하고 있다는 점이다. 달러를 사용하는 무역 등의 송금은 미국을 통과하게 된다. 그런데 그곳을 누르는 것이 미국법의 국외 적용은 아니다. 또한 외국 기업이 미국에 지닌 자회사에게 '미국으로부터 추방한다'라고 경고를 받게 된다면, 모회사는 곤경에 빠지게 된다. 이것도 미국 정부가 미국의 기업에게 통달(通達)을 하는 것뿐이기 때문에, '국외 적용이 아니다'라는 것이다. 달러 경제가 불가능해지고, 미국으로부터 추방된다고 한다면, 제재의 정당성을 놓고 다투기 전에 미국의 요구에 따라버리게 되는 것이 현실이다.

그리고 셋째, 테러 대책 및 핵무기의 확산 방지 등 국제 규범을 지키는 협력을 각국의 주권보다 우선시하는 흐름이 강해지고 있다는 점이다.

'국제 정의'의 확립

국제법에는 보편주의라는 사고방식이 있으며, 세계의 보편적 규범이 어떤 국가에서 깨졌을 때에는 그것을 처벌하기 위해 각국이 자국법을 적용하는 것을 인정하고 있다. 노예제, 해적 행위, 마약 거래, 통화 위조, 나아가 국제인권규약(國際人權規約)에 반하는 인권 범죄가 그 대상이 된다. 보편적으로 지켜져야 할 이러한 중요한 규범이 침해되고 있는 것을 무시하는 것은 국제 사회 전체의 손실이 되며, 그 멤버인 각국이 피해를 입게 된다는 사고방식이다.

인권 침해의 피해자를 외국의 공관이 외교 특권을 이유로 하여 보호하는 경우 등이 보편주의의 예로 간주된다. 국가 주권을 초월하여 전쟁 범죄를 재판하는 다양한 국제법정도 이러한 흐름의 하나라고 말할 수 있다. 나치 독일을 재판했던 뉘른베르크 국제군사재판[4]과 일본이 재판을 받았던 극동국제군사재판,[5] 나아가 냉전 이후의 옛 유고슬라비아 국

---

4 Nuremberg International Military Tribunal을 지칭한다.
5 International Military Tribunal for the Far East를 지칭하며, 일명 '도쿄 전범

제형사재판소,[6] 르완다 국제형사재판소[7] 등이 그것에 해당된다.

보편주의를 전제로 한 제재로서는 아파르트헤이트(인종 격리) 정책을 취했던 남아프리카공화국 및 남로디지아(Southern Rhodesia, 현재의 짐바브웨)에 대한 것이 최초인데, 1990년에 영국이 자유선거의 결과를 무효화한 미얀마의 군사정권에 대해 부과했던 제재도 그러하다. 또한 미국은 최근 '마그니츠키 법'을 근거로 하여 러시아 및 미얀마의 인권 위반 등 국제 규범의 위반을 견책(譴責)하는 제재를 부과하고 있다.

국제 사회는 유엔 총회 결의 및 안보리 이사회 결의, 주요 선진 7개국 정상회의(G7), 주요 20개국 정상회의(G20) 등의 합의로 테러 및 대량살상무기 확산을 용납하지 않는다는 취지의 합의를 거듭해오고 있으며, 보편주의 차원에서 제재를 부과해야 할 대상이 확대되고 있다.

테러에 대해서는 1999년 '테러리즘 자금 조달금지(CFT)[8] 협약'이 만들어졌다. 테러 조직 및 그 지원자에 대한 자금 제공을 금지하고 있는 것이다. 대량살상무기에 관해서는 핵확산방지조약(NPT)이 있으며, 화학무기금지협약(CWC), 생물무기금지협약(BWC)도 있다.

조약까지에는 이르지 않았지만, 경제제재를 명기한 유엔 헌장 제7장에 기초한 유엔 안보리 결의에는 법적 구속력이 있는 것으로 간주되고 있다. 예를 들면, 2015년 12월에는 과격파 조직 '이슬람국가'의 자금원을 차단하는 목적의 결의를 채택했다. 전술한 바와 같이, 유엔 역사상

재판'이라고도 불린다.

6   International Criminal Tribunal for the former Yugoslavia(ICTY)를 지칭한다.

7   International Criminal Tribunal for Rwanda(ICTR)를 지칭한다.

8   Combating the Financing of Terrorism(CFT)을 지칭한다.

최초로 안보리에서 각국의 재무장관이 대표를 맡아 채택된 결의이다. 마약 거래, 테러, 대량살상무기 등에 관해서 특정 국가 및 조직에 대한 제재 결의가 축적되면 그것은 각국이 따라야 할 국제 규범이 된다.

G7과 G20의 합의에는 법적 구속력이 없지만, 세계의 주요 국가가 테러와 대량살상무기, 자금 세탁 등의 대책을 제창한 문서를 채택한다면, 그것도 국제 규범으로서 경시할 수 없다. 2019년 6월에 일본 오사카에서 거행된 G20 정상회의도 '자금 세탁, 테러 자금 공여 및 확산 금융(대량살상무기의 확산을 위해 사용되는 금융)과 투쟁하는 노력의 강화'가 정상선언에서 제창되었다.

또한 구체적으로 그러한 국제자금세탁방지기구(FATF)에는 30개 이상의 국가 및 지역이 참가하고 있으며 테러 및 마약 거래, 인신 매매 등을 대상으로 하여 금융 규제 등을 행하도록 지도하고 있다.

이러한 조약 및 안보리 결의, 합의는 회원국에게 보편적 국제 규범을 준수하고 이행하도록 촉구하고 있다. 테러, 대량살상무기의 확산에 대해 조치를 취하고 있는 것은 뭐라고 해도 미국이라고 할 수 있다. 최근에는 내향적이지만, 여전히 '세계의 경찰관'으로서의 능력을 보유하고 있는 것은 미국이다. 미국이 세계를 대표하여 '국제 사회의 보편적 규범을 지키기 위해' 금융제재를 부과하고 있다고 말해진다면, 타국이 국제법의 원칙인 주권의 침해에 해당한다고 반론하기가 어렵게 된다. 이리하여 미국 제재의 국외 적용은 서서히 받아들여지고 있다.

미국과 국제법
하지만 미국이 국외 적용의 효과가 높은 제재를 국제 사회의 의향도 고려하지 않고 난발하는 배경에는 미국의 본질적인 성격이 존재하고 있는 것으로 여겨진다.

특히 트럼프가 '환태평양경제동반자협정(TPP)',[9] 온난화 대책을 위한 파리 협정, 이란과의 JCPOA, 중거리 핵전력 조약(INF)[10]으로부터의 이탈, 유엔 관련 기관에 대한 거출금의 지급 중지 등 차례로 국제 합의를 무효화하고 있다. 이러한 난폭함은 유엔 및 국제 합의를 정중하게 다루고 있는 국가의 관점에서 본다면, 경악할 만한 것이다.

애당초 미국은 국제법 및 국제 합의를 어떻게 생각하고 있었을까?

미국은 18세기 말의 건국 이래 줄곧 국경을 초월하여 그 판도, 세력 범위를 확대해왔기 때문에, 애당초 국경의 외측에 있는 지역의 법률 및 규범은 경시해왔다고 말할 수 있다.

동부 13개 주(州)를 중심으로 하여 건국한 미국은 유럽 국가들로부터의 토지 구입, 전쟁에 의한 할양, 나아가 원주민의 토지를 폭력적으로 빼앗아 영토를 확대시켰다. 큰 것으로는 미시시피 강, 미주리 강 유역의 광대한 토지를 프랑스로부터 구입했던 루이지애나(1803년), 멕시코와의 항쟁 끝에 미국에 추가된 텍사스(1845년), 멕시코령(領)에 침공하여 캘리포니아와 뉴멕시코를 양도받고 태평양 연안까지 영토를 확대시켰던 미국·멕시코 전쟁(1846~1848년), 알라스카의 러시아로부터의 구입(1867년), 푸에르토리코 및 괌을 획득한 미국·스페인 전쟁(1898년),

---

9 Trans-Pacific Strategic Economic Partnership(TPP)을 지칭한다.

10 Intermediate-Range Nuclear Forces Treaty(INF)를 지칭하며, 공식적인 명칭은 '미국과 소련 간의 중거리 및 단거리 미사일 폐기 조약(Treaty Between the United States of America and the Union of Soviet Socialist Republics on the Elimination of Their Intermediate-Range and Shorter-Range Missiles)'이다.

하와이 병합(1898년) 등이 있다.

이 무렵 미국의 신장을 상징하는 말이 이른바 '명백한 천명(Manifest Destiny)'[11]이다. 뉴욕의 저널리스트였던 존 오설리번(John O'Sullivan)이 1854년에 발표한 것으로, 오설리반은 당시 미국의 인구가 급증하고 있는 가운데 발전하기 위해서 국토를 확대하는 것은 '명백한 천명'이라고 제창했다. 유럽으로부터의 이민이 증가함에 따라 영토를 늘리고, 그 탁월한 정치 시스템을 확대시키는 숭고한 의무를 미국인이 갖고 있다고 말하는 방식은 제국주의적인 대외 팽창 정책을 정당화하는 역할을 수행했다.

이 언설은 어떤 의미에서 19세기 후반부터 제2차 세계대전까지 독일이 제창했던 '발전하는 국가는 생존권을 확대한다'라는 지정학과 유사한 논법이다. 차이점은 미국이 '자유민주주의'를 내세웠던 반면, 나치 독일은 민족주의와 전체주의를 제기했다는 점이다. 그러한 상위(相違)로부터 나치 독일의 팽창주의는 잔학한 전쟁의 결과 파국으로 끝났지만, 미국은 세계의 패권을 획득했다.

제2차 세계대전 이후에는 한국과 일본, 서구에 안전보장 조약 및 거대한 경제 원조를 통해서 동맹의 네트워크를 구축하고, 그 권역을 확대했다. 한편 소련이라는 냉전의 라이벌에 대항하기 위해서였다고는 해도, 현지의 민족주의 및 문화를 미국의 안전보장 또는 경제 권익을 위해 희생시켜오기도 했다.

조지 부시는 이라크전쟁 시에 "중동의 민주화를 지원하고 압정(壓政)

---

11 '명백한 운명(運命)', '명백한 사명(使命)', '팽창의 천명(天命)' 등으로 해석되기
　도 한다.

에 의해 고통을 받아온 사람들에게 자유를 구가시킨다"라는 사명감을 거론했다. '명백한 천명'이 제창했던 '미국의 탁월한 정치 시스템을 확대시킨다'라는 언설을 읽어낼 수 있는 것이다. 부시는 독일과 일본의 전후 민주화의 성공도 모범 사례로 추켜세웠다.

이러한 미국의 팽창주의는 국가 주권의 평등 및 존중, 군사력 행사의 억제, 국내 사항에 대한 외국의 불간섭을 천명하고 있는 유엔 헌장 및 국제인권규약에 종종 위반된다.

미국의 파워가 확대됨에 따라 국제법 및 국제 합의를 경시하는 그 자세는 제국주의 시대 및 냉전이라는 역사에서의 과거의 사건이 아니라, 지금까지도 국가 차원에서 계속해서 면면히 흐르고 있는 정신이라고 말할 수 있다.

유엔 안보리 결의 없이 전쟁을 시작했던 이라크전쟁에 대해서 당시의 코피 아난(Kofi Annan) 유엔 사무총장이 2004년 9월에 "유엔 헌장에 따른 것이 아니다. 유엔 헌장의 관점에서 말하자면 위법이다"라고 명언하고, "유엔 및 더욱 광범위한 국제 사회의 승인을 받지 못한 이라크 전쟁과 같은 작전은 두 번 다시 일어나지 않기를 희망한다"라고 말했던 것은 당연한 일일 것이다.

미국지상주의

미국의 경우에는 대통령이 조약에 서명을 하더라도 의회의 찬성을 얻지 못하면 비준이 되지 못하는 일이 많다. 온난화 방지를 위한 교토 의정서, 포괄적 핵실험금지조약(CTBT)[12] 등이 그 대표적인 사례이다. 또한 세계의 상당수 국가가 서명하고 비준하고 있지만, 미국은 서명조차도 하지 않고 있는 것이 있다. 유엔 해양법조약, 지뢰금지조약 등이 그것이다.

이러한 미국의 국제 조약에 대한 부정적인 자세의 이유에 대해 질문을 하면, 안전보장상 및 경제적인 이익이 훼손되는 것에 대한 철저한 거부감이 제시된다. 애당초 미국은 자신을 '예외적인 국가'로 규정하고 있으며, 유엔 및 국제 조약 등 국제적인 합의에 의해 속박을 당하는 것을 매우 기피하고 있는 것이다.

그것을 상징하는 것이 국제형사재판소(ICC) 규정(1998년)에 대한 자세이다. 클린턴 정권이 서명을 했지만, 단독행동주의를 표방했던 그 다음의 부시 정권에서 서명이 철회되는 기이한 대응을 했다.

ICC는 서유럽 국가들 및 일본 등 122개국이 체약국이며, 옛 유고슬라비아 분쟁 등에서 집단 살해가 일어났기 때문에 상설 재판소로서 네덜란드 헤이그에 설치되었다. 집단 살해, 전쟁 범죄, 인도에 대한 죄를 범한 개인을 국가의 틀을 초월하여 소추한다.

필자는 1990년대 뉴욕 특파원으로서 유엔을 취재했던 적이 있는데, 민족 분쟁에서 반복되는 집단 살해가 국가 주권의 장벽에 의해 저지되어 소추되지 못하고 있다는 것에 대해 많은 사람들이 무력감을 느꼈다. 이러한 문제의식은 많은 구미의 외교관이 공유했으며, ICC의 설립을 위한 기운이 고조되었다.

이때 지도적인 역할을 수행했던 것이 실은 미국이었다. 당시의 미국 유엔대사 매들린 올브라이트(Madeleine Albright)는 제2차 세계대전 및 전후의 공산화를 피하여 유럽에서 미국으로 이주했던 유태인계였던 만

12 Comprehensive Nuclear Test Ban Treaty(CTBT)를 지칭한다.

큼, 전쟁 범죄를 엄정하게 처벌할 필요성을 제창했다. 하지만 ICC에 관한 '로마 규정'[13]이 채택되었던 1989년의 유엔 회의에서 미국은 반대표를 던졌다. 올브라이트는 이때 국무장관으로 승격되었기 때문에 반대표는 올브라이트가 동의하여 던진 것이었다.

미국 정부는 'ICC가 정치적으로 이용될 우려가 강하기 때문'이라고 반대의 이유를 설명했다. 이해하기 쉽게 설명하자면, 미군 병사 및 CIA 요원이 전투 행위를 세계를 무대로 하여 행하고 있는 가운데, 미국의 군사 활동에 반대하는 국가 및 세력에 의해 '로마 규정'이 인정하고 있는 민간인 살해 등 불법행위를 행하고 있다는 이유로 미군 병사가 소추되는 것을 방지하고자 하는 것이 그 속내이다.

미군은 아프가니스탄 등에서의 대(對)테러 전쟁 및 이라크전쟁에서의 고문 및 관타나모 수용소에서의 취조, 민간인에 대한 무차별 폭격 등으로 ICC에서의 소추 대상이 될 수 있는 범죄를 범하고 있다고 엄청난 비판을 받아왔다. 이라크전쟁은 그것이 전쟁 범죄 및 집단 살해, 비인도적 행위로서 ICC에 의해 소추될 가능성도 부정할 수 없다. 미군이 수행하는 작전의 실태를 알고 있는 미국 정부는 ICC의 창설에 초조감을 보이며 군사력의 행사 및 전투에서의 자유재량을 확보해두고자 하는 노림수에서 반대했던 것으로 보인다.

미국은 2017년 아프가니스탄 전쟁에서의 미군 병사 및 CIA 요원에 의한 고문과 강간 등 전쟁 범죄에 대한 수사를 개시한다고 ICC가 선언함에 따라, ICC에 대한 제재를 선언했고, 실제로 수사를 위해 방미를

---

13 국제형사재판소에 관한 로마 규정(Rome Statute of the International Criminal Court)을 지칭한다.

계획했던 ICC의 주임 검찰관에 대해 비자를 발급해주지 않았다. 이 때문에 ICC는 수사가 불가능하다고 하며 수사의 종결을 결정했다. 미국은 인권단체 등으로부터의 비난을 뒷전으로 미루며 '기쁜 일이다'라며 환영했다. 미국은 미군이 전개되어 있는 국가의 정부에 대해 미군 병사를 ICC에 인도하지 않는다는 면책 협정의 체결을 요구하고 있으며, 이것이 거부될 경우에는 군사 원조를 중단시키는 법도 만들었다. 이러한 완고한 자세로부터는 ICC 규정 위반의 행위를 미군이 상당히 범해왔기 때문에 폭로되는 것을 피하고자 하는 것이 아닌가 하는 억측이 생겨버리게 된다.

한편 미국은 유엔에서도 등을 돌리고 있다.

1993년에 소말리아의 유엔 평화유지활동(PKO)에서 유엔 지휘하에 있었던 미군 부대가 공격을 받아 18명의 미군이 사망하자, 미군 부대를 PKO에 참가시켰던 것을 비난하는 목소리가 미국 의회 내부의 공화당으로부터 올라왔다. 클린턴 정권은 즉시 소말리아 유엔 PKO로부터의 미군 부대의 철수를 결정했다. 이러한 교훈으로부터 유엔 및 국제 합의에 대해서 미국은 항상 초연한 존재여야 하며 국제 합의에 속박을 당해서는 안 된다고 하는 주장이 당파를 불문하고 확고해지게 되었다.

'명백한 천명'과도 흡사한 미국지상주의의 부활인 것이다.

사법의 강함

미국의 제재가 국외 적용의 효과를 수행하는 장으로서 사법이 있다는 것도 다루어보고자 한다. 행정부 및 의회로부터 독립되어 있는 사법이 미국법에 기초하여 소송을 받아들여 판결의 형태로 미국법의 적용 범위를 결정하는 일이 있다. 구체적으로는 테러의 피해자가 미국의 법정에서 외국인 테러범 및 외국의 지원조직 등에 대해 막대한 손해 배상을 요구하고 법원이 심리에 응하는 것이다.

유명한 것은 9·11 테러의 희생자 가족 및 부상자가 2017년 3월에 실행범에 대한 지원을 행했다고 하며 사우디아라비아 정부를 상대로 하여 뉴욕 연방지방법원에서 일으킨 소송이다. 이 소송은 2016년 9월에 '테러 지원자 처벌법'[14]이 성립되었기 때문에 가능해지게 되었다.

해당 법은 사우디아라비아와의 관계를 중시했던 오바마 정권이 거부권을 던졌지만, 의회 측이 거부권을 봉쇄하기 위한 3분의 2 이상의 찬성을 실현시켜 성립되었다. 사우디아라비아 정부 등 테러 지원을 했을 가능성이 있는 자를 용납할 수 없다고 하는 유족, 의회, 그리고 국민의 의지가 느껴진다.

보스니아 헤르체고비나 분쟁에서 세르비아인 세력의 지도자인 라도반 카라지치(Radovan Karadžić)를 세르비아인 세력이 자행한 집단 살해 및 강간 등 전쟁 범죄의 책임자로서 보스니아의 이슬람교도가 미국 연방법원에 제소한 소송도 잘 알려져 있다.

이처럼 미국의 사법이 국제법의 원칙에서는 관할권이 없는 외국의 사안을 재판하는 것은 국외 적용을 사법도 지지하고 있다는 것이 된다. 국제법은 국외 적용을 인정하는 경우로서 범인 및 피해자가 국민인 국적주의, 중대한 국익을 수호하기 위한 보호주의, 보편적인 국제 규범을 지키는 보편주의를 들고 있다. 그런데 확실히 9·11 테러의 소송은 이 세 가지 사항을 만족시키고 있는 것이다.

---

14 '테러리즘을 지원하는 나라에 맞서는 정의법(Justice Against Sponsors of Terrorism Act)'을 지칭한다.

확대되는 국외 적용

세계화의 시대에 일국(一國)의 법으로는 국경을 초월하여 활동하는 인물 및 조직에 대응할 수 없다는 것은 확실하다. 이 때문에 국외 적용을 하지 않을 수 없는 때가 있다.

다국적기업이 개도국 정부에 대해 뇌물을 공여한 범죄를 재판할 때에 범죄 행위가 일어난 개도국의 사법에 기대를 할 수 없기 때문에 미국은 예로부터 수사에 나서왔다. 이 책의 제1장에서 설명한 '해외부패 방지법(FCPA)'이 그것이다. 독점금지법도 자국의 산업 및 소비자를 지키기 위해서 역사적으로 국외 적용이 인정되고 있다.

또한 구글, 애플, 페이스북, 아마존 등의 이른바 GAFA라고 불리는 거대 IT 기업의 과세 탈루를 방지하기 위해, 프랑스는 본사 및 공장 등 물리적인 거점이 있는 국가가 과세한다고 하는 세법의 원칙이 아니라, 이용자가 많은 국가가 자국의 법으로 과세할 수 있다고 하는 국외 적용형의 신법을 제정했다.

GAFA와의 관계에 있어서 개인 데이터의 방대한 축적을 통해 거대한 이익을 올리고 있다는 것을 문제시하고, 유럽연합은 '일반 데이터 보호 규칙(GDPR)'[15]을 제정하여 개인 데이터 보호에 엄격한 규칙을 부과했다. GAFA는 유럽에서 수집한 데이터를 전 세계의 비즈니스에서 사용했기 때문에, 비(非)유럽 지역에서도 그러한 사업의 계속에 대한

---

15 General Data Protection Regulation(GDPR)을 지칭하며, 일반적으로 ① 적법성·공평성·투명성의 원칙, ② 목적 한정의 원칙, ③ 데이터 최소화의 원칙, ④ 정확성의 원칙, ⑤ 보존 제한의 원칙, ⑥ 완전성·비밀성의 원칙 등의 6대 원칙으로 구성되어 있다.

재검토에 내몰리고 있다. 이것도 국외 적용의 효과를 지닌 조치라고 말할 수 있을 것이다.

새로운 시대에 입각한 법의 적용이 요구되는 것은 당연할 것이다. 하지만 단독행동적인 법의 국외 적용이 아니라, 국제적인 합의 형성이 우선되어야 할 것이다.

제 10 장

제재는 효과가 있는가

　잘못된 정보로 인해 제재 리스트에 올라가는 '누명', 또는 개도국 및 이슬람 계통의 자선단체가 배제되는 디리스킹(de-risking) 등, 금융제재의 부정적인 측면에 초점을 맞추어왔다. 그러한 부정적인 측면을 알고 있다고 하더라도 트럼프 정권이 성립된 이후부터 미국의 제재는 갈수록 다발(多發)되는 경향에 있다. 트럼프가 대통령이 된 이후부터 강화된 제재는 주목을 받았던 것만 해도 이란, 북한, 러시아, 베네수엘라, 쿠바에 대한 것이 있다. 제재를 해제한 사례는 별로 들려오고 있지 않다. 중국과의 무역전쟁에서 새롭게 부과된 높은 관세 및 화웨이 등 첨단기술 관련 기업의 단속 등도 넓은 의미에서 경제제재라고 말할 수 있다. 이 책에서는 다루고 있지 않지만 높은 관세를 제재의 일종으로 파악한다면 유럽, 일본, 터키 등 많은 국가가 또한 포함된다.

업무의 절반은 제재

　미국의 싱크탱크 '신(新)미국안보센터(CNAS)''가 미국의 법률회사 '깁

슨, 던 앤 크러처(Gibson, Dunn & Crutcher)'와 함께 정리한 통계에 의하면, 미국의 제재 대상인 '특별 지정(SDN)'은 오바마 정권 시대에는 매년 약 300~600의 개인 및 조직이 새롭게 지정되었는데, 트럼프 정권이 발족된 2017년에는 그 수가 약 1,000으로 증가했으며, 2018년에는 약 1,500으로 불어났다.[2] 2019년에도 11월까지 이미 600을 넘어서고 있다. 9·11 테러 이후의 '테러와의 전쟁' 및 이라크전쟁을 전개했던 부시 정권에서도 최대가 2004년의 약 700이었기 때문에, 트럼프 정권의 두드러진 행태를 알 수 있다.

SDN으로부터의 해제도 오바마 정권에서는 매년 약 100~300이었고 최종 년도인 2016년에는 약 1,000에 달했지만, 트럼프 정권이 들어선 이후부터 2017년에는 300을 넘었지만, 그 이후에는 100에도 도달하지 못하고 있다. 통계를 정리한 해당 법률회사는 트럼프 정권하의 제재는 "역사에 남는 신장(伸長)을 기록하고 있다"라고 결론 내렸다.

SDN은 미국 재무부 OFAC이 중심이 되어 결정하는데, 재무장관 스티븐 므누신은 "업무의 절반은 안전보장과 제재 관련에 소요되고 있다"라고 말할 정도이다.

트럼프는 군사력의 행사를 기피한다. 그 대신에 양국 간 교섭으로 상대국을 굴복시키고 자신이 바라는 딜(deal, 합의)을 쟁취하는 것을 노리고 있다. 그 때문에 제재를 거래 재료로 삼아 사용하는 모습을 엿볼 수

---

1 Center for a New American Security(CNAS)를 지칭한다.
2 2002년부터 2018년까지 미국의 SND 리스트 증가 추이에 대해서는 "2018 Year-End Sanctions Update"(February 11, 2019), https://www.gibsondunn.com/2018-year-end-sanctions-update를 참고하기 바란다.

있다. 동시에 미국의 국민 여론을 향해 '신속하게 행동하고 있다', '상대를 혼내주고 있다'라는 강한 메시지를 보내는 의의도 있다.

단적인 사례가 2019년 10월 시리아 북부로부터 미군이 철수했을 때이다. 쿠르드족 세력이 터키군에 의해 학살되는 것을 좌시하고 있는가 하고 비난받았던 트럼프는 "제재를 통해 터키 경제를 완전히 파괴할 것"이라며 경제제재를 발동하겠다고 위협했다. 하지만 경제 및 제재 관련 전문가들은 그 누구도 그러한 것은 불가능하다고 말하고 있다.

2020년 1월에 미군이 이란 혁명수비대의 사령관을 바그다드에서 살해했을 때에 이라크 정부에 통고도 하지 않았고, 이라크인 출신의 시아파 조직 간부 등도 동시에 살해되었기 때문에 이에 반발한 이라크 정부가 주둔하고 있는 미군의 철수를 미국 측에 요구했다. 이것에 대항하여 트럼프 정권은 이라크 중앙은행이 뉴욕 연방준비은행(FRB)에 보유하고 있는 달러 계좌의 사용을 중지시키겠다고 경고했다. 이라크 정부는 주요 산업인 원유 수출의 수입(收入)을 뉴욕 FRB의 계좌를 통해 달러로 예금하고 있다. 이것이 중단된다면 이라크의 국가재정은 말라버리게 된다.

뉴욕 FRB에는 150개의 국가 및 중앙은행이 계좌를 갖고 있기 때문에, 미국은 언제라도 외국 정부에 대해 계좌 동결이라는 강력한 제재를 부과할 수 있다. 하지만 이란, 북한 등 적대하는 국가가 아니라, 이라크처럼 우호국에 대해서도 정책의 차이를 이유로 하여 난폭한 제재를 부과한다면, 미국의 권위는 실추되어버릴 것이다.

강력한 제재 수단이 있다고 해서 외교를 통해 의견의 차이를 해결하는 것이 아니라, 단락적(短絡的)으로 국가재정을 질식시키는 제재의 위협을 거론하는 것에 트럼프 정권의 기질이 나타나고 있다.

이 정권의 제재는 트럼프에게서 기인하는 특유한 이유에 의해 효력을 갖고 있지 못하다. 미국의 전(前) 재무차관(테러·금융정보 담당) 데이비드 코헨(David Cohen)은 2019년 3월 31일 자 미국 신문 ≪워싱턴 포스트(Washington Post)≫에서의 기고문[3] 등에서 상세하게 설명하고 있다. 오바마 정권에서 금융제재의 책정에 관여했던 코헨은 그러한 경위로부터 미국의 제재가 효력을 발휘하기 위해서는 ① 명확하고 달성 가능한 목표를 설정하는 것, ② 제재 해제 및 완화의 시나리오를 명시하는 것, ③ 외교, 경제 지원, 군사 압력 등 다른 수단과 통합시켜 제재를 발동하는 것, ④ 미국의 동맹국 및 우호국과의 협력 등 네 가지 요소가 필요하다는 결론에 도달했다고 한다.

그런데 트럼프 정권의 경우에는 이러한 네 가지 요소를 모두 결여하고 있다.

북한과 관련해서는 그 목적이 '완전하고 검증 가능하며 불가역적인 핵 포기'[4]라고 구가되고 있다. 북한의 단거리 미사일의 실험을 허용하고 김정은 위원장과 친밀하게 회담을 거듭했던 트럼프의 행동으로부터는 대륙간탄도미사일(ICBM)의 개발 및 핵탄두의 소형화를 저지할 수 있다면 충분하다고 하는 그의 속내가 전해져 온다. 제재의 목적이 확실하지 않은 것이다. 이처럼 해서는 북한을 비핵화의 방향으로 유도할 수 없다.

---

3 David Cohen, "Why Trump's sanctions aren't working", *Washington Post* (March 31, 2019).

4 일반적으로 CVID(complete, verifiable, irreversible dismantlement)라고 일컬어지며 '완전하고 검증 가능하며 불가역적인 비핵화'를 의미한다.

체제 전복을 노리는가

이란에 대해서도 트럼프의 목적은 확실하지 않다. 2018년 5월에 핵합의로부터 이탈할 때에는 이란에 대한 12개 항목의 요구사항을 들이밀며, 이란으로부터의 원유 수출을 제로(zero)로 한다고 선언했다. 12개 항목의 요구사항은 궁극적으로 이란의 이슬람 성직자 지도체제의 종언을 요구하는 것이었다. 미국은 이란의 체제 전복을 노리고 있다는 것으로 억측되더라도 별 수 없는 것이다.

국가의 체제 교체는 경제제재로는 실현할 수 없다. 이란의 핵보유를 두려워하면서도 체제 전환까지는 요구하지 못하고 있는 것이 세계 각국의 생각이기 때문에 미국에게 협력하지 않는다. 미국 정부의 내부에서도 트럼프 정권의 대(對)이란 강경책에 거리를 두고 있는 사람들도 있다. 이란 국민은 미국의 횡포에 반발을 강화하고 있으며, 이슬람 지도체제에 대한 충성을 맹세하게 될 것이다. 제재의 궁극적인 목적을 그렇지 않아도 어려운 핵개발 문제로부터 더 나아가 체제 교체로까지 확대시켜버림으로써 제재는 핵문제 해결에 역효과를 발생시키고 있는 것이 아닐까?

러시아와 관련해서도 제재의 목적은 명확하지도 않고 달성가능하지도 않다. 전술한 바와 같이, 러시아는 크림 반도의 병합 이래에도 2016년 미국 대통령선거에 해커 및 SNS를 활용하여 선거에 개입했다고 미국 정보기관은 단정하고 있으며 제재의 대상과 목적이 확대되고 있는데, 그 달성은 갈수록 불가능해지고 있다. 실로 무엇을 한다면 제재가 완화·해제되는 것인지, 그 시나리오가 명백하지 않기 때문에 러시아 측은 협력 자세도 보이지 않는다.

또한 미국 국방부 및 미군은 러시아의 군비확대를 경계하고 있으며,

대(對)러시아 강경파가 많은 미국 의회에서는 러시아의 인권 상황을 이유로 한 제재법을 제정하고 있다. 하지만 트럼프는 푸틴 대통령을 좋아하며, 대(對)러시아 제재에 소극적이다. 트럼프가 푸틴에게 온화적이기 때문에 제재가 효과를 거두지는 못할 것이다.

트럼프 정권이 들어서고 나서 더욱 강화되었던 베네수엘라에 대한 제재도 민주화 운동의 진압, 부정 선거 등을 이유로 하고 있지만, 최종 목표는 반미 노선을 취하고 있는 마두로 정권의 퇴진이다. 하지만 쿠바, 중국, 러시아가 마두로 정권을 지원하고 있을 뿐만 아니라, 유엔 회원국의 절반 이상이 마두로 정권을 정통의 정권으로 인정하고 있는 것이 현실이다. 마두로 정권의 경제 운영에 있어서의 실정(失政) 및 반정부파에 대한 탄압은 비판받아야 하지만, 정권을 외부로부터 압력을 가하여 교체시키려고 하는 미국의 '간섭 외교'는 국제적으로 받아들여지지 않는 것이다. 경제제재를 통해 고통을 주고 최후에는 군사력으로 정권을 타도한다는 시나리오로까지 흘러가버린 모양새이다. 그런데 이러한 미국의 정책은 오로지 반발을 초래하게 될 뿐이다.

무역 불균형인가, 패권 경쟁인가

트럼프 정권의 제재 정책이 지니고 있는 결점은 대중(對中) 정책에서 여실히 나타나고 있다.

트럼프는 대통령 선거전이 한창일 때부터 중국에 의한 3,000억 달러가 넘는 대미(對美) 무역 흑자를 문제시하고 그 삭감을 우선 과제로 삼아왔다. 구체적인 정책은 중국이 미국의 농산품 등을 대량으로 구입하고, 중국으로부터의 대미 수출을 억제시켜 미국 국내의 산업을 보호한다는 것이다. 순수하게 무역·경제 정책이다. 그것이 가능하다면, 중국의 대규모 보조금에 의한 국내 산업육성 정책에도 브레이크가 걸리게 되는 것이었다.

그런데 트럼프 정권 내부에는 중국을 미국의 패권을 위협하는 강력한 라이벌로 보고 중국의 대두 그 자체를 어떤 일이 있어도 저지해야 한다는 강경파가 있다. 중국 인민해방군의 확장 및 첨단기술의 개발 등도 그들은 저지하고 싶어 한다. 또한 중국의 공산당 독재체제 아래에서 정치 및 언론, 신앙의 자유가 결여되어 있고 소수민족 등의 인권이 탄압되고 있다는 것을 비난하며 이러한 것을 바꾸고자 하는 그룹도 있다.

다양한 이해를 지닌 그룹이 트럼프 정권의 중국에 대한 무역 강경정책에 그 주장을 반영시키는 것에 성공하고 있다. 이 때문에 추가 관세 및 화웨이에 대한 제재, 중국으로부터의 투자에 대한 심사의 엄격화, 과학기술 연구자에 대한 단속, 인권 탄압의 중단 요구 등, 트럼프 정권의 대중(對中) 정책은 대단히 광범위한 것이 되어버렸으며, 진정한 목적을 눈으로 살펴보기가 어렵게 되고 있다.

무역에 초점을 맞추어보면, 높은 관세 및 특정 기업에 대한 제재를 부과하여 양보를 이끌어냄으로써 미국이 납득할 수 있는 합의를 도출하는 것은 가능하다. 하지만 중국의 안전보장 정책 및 첨단기술의 개발에 대한 방해, 나아가서는 공산당 지배의 국가체제에 대한 수정까지를 목표로 상정한다면, 그 달성은 불가능한 것이 아닐까? 여기에서도 무엇을 한다면 어떤 제재가 해제되는지를 알 수 없다.

2018년 3월 중국에 대해서 관세를 부과하는 무역전쟁에 나서는 데 있어서 트럼프가 "나는 관세맨(Tariff Man)이다", "무역전쟁은 간단하다. 곧바로 미국이 이긴다"라고 낙관했던 것은 무역과 관련해서는 중국이 양보해올 것이라는 독해가 있었기 때문이다. 실제로 중국은 2020년 1

월의 제1단계 합의에서 대량의 미국 생산품을 수입하는 것에 동의했다. 하지만 미중 양국의 패권 경쟁에서 본다면, 그처럼 간단하게 중국이 굴복하지는 않을 것이다.

금융제재는 '효과적이다'

그럼에도 이처럼 제재가 다양한 목적으로 다용(多用)되고 있음을 알게 되면, 근원적인 의문이 떠오르게 된다. '애당초 경제제재란 효과가 있는 것인가?'라는 것이다.

미국의 제재에 대한 평가와 관련하여 신뢰할 수 있는 것으로는 미국의 싱크탱크 CNAS가 2016년 8월에 발표한 보고서 『경제전쟁의 새로운 수단(The New Tools of Economic Warfare)』[5]을 들 수 있다. 미국 재무부에서 장기간 금융제재를 입안해왔던 엘리자베스 로젠버그(Elizabeth Rosenberg)가 중심이 되어 정리한 것이다.

그 결론은 미국이 부과하고 있는 지금의 제재는 금융제재를 추가함으로써 '효과를 올리고 있다'라는 것이었다. 여기에서 말하는 '효과를 올리고 있다'라는 것은 제재 대상국의 문제로 간주되는 정책의 변경, 즉 그 국가의 태도가 변하고 있다는 것을 의미한다.

경제제재를 놓고 말하자면, 과거에는 무역제재였다. 하지만 그 효과는 거의 없었다. 대(對)이라크 제재는 10년 이상 계속되었지만, 사담 후세인 정권의 정책 변경을 실현하지 못했다. 2003년의 이라크 침공이라

---

5 Elizabeth Rosenberg, Daniel Drezner, Julia Solomon-Strauss and Zachary Goldman, *The New Tools of Economic Warfare: Effects and Effectiveness of Contemporary U.S. Financial Sanctions* (CNAS, 2016)를 지칭한다.

는 군사력의 투입을 통해 결국 미국은 목적을 달성했지만, 그 이후의 '진흙창화'와 중동의 가일층 불안정화를 초래했다.

9·11 테러 이후 미국의 제재는 무역 금수가 아니라 미국의 금융 시스템에 접근하지 못하도록 하는 것을 통해 더욱 커다란 효과를 노리고 있다.

달러로 보내는 송금을 중지시키고 나아가 위반한 기업 및 은행은 미국으로부터 추방한다는 협박도 있기에, 미국에 비판적인 국가들도 에워싸는 '국제 포위망'을 형성할 수 있다. 제재는 일국(一國)에 의한 발동보다도 가능한 한 많은 국가들이 참가하는 쪽이 효과적이다.

그 대표적인 사례로는 오바마 정권이 2010년부터 강화했던 대(對)이란 제재를 들 수 있다. 이란은 미국과의 핵개발을 둘러싼 교섭에 응했고, 그 성과가 2015년의 JCPOA로 귀결되었다. 이란은 이란 혁명 이래 미국으로부터 제재를 부과 받아왔는데, 교섭의 테이블에 앉아 본격적인 합의에 응했던 것은 금융제재가 발동되면서부터였다. 트럼프의 대(對)이란 제재의 부활은 오바마의 금융제재의 성공을 본 따, 더욱 거센 압력을 가하여 미사일 개발 및 중동의 시아파 민병조직 지원의 중단 등 더 많은 양보를 이끌어내고자 하는 노림수였다. 금융제재의 본격적인 도입을 "무역제재는 대학생 레벨, 금융제재는 대학원 레벨"이라고 지적하는 전문가도 있다.

북한도 2017년의 '최대의 압력'으로 트럼프와의 대화 노선으로 방향을 전환했다. 군사 충돌을 두려워했다거나, 또는 핵·미사일 개발이 일단락되었기 때문에 대화에 응했다고 하는 견해도 있을 수 있지만, 북미 정상회담에서 김정은이 제재 완화를 최우선적으로 요구하는 모습을 보면, 제재는 효과가 없다고 단언할 수도 없다.

'성공한 것'은 36%

CNAS의 보고서는 미국이 금융제재를 포함시킨 9·11 테러 이후의 제재 대상국 25개국에 대해서 성공했는지 여부를 조사했다. '성공한 것'은 9개국으로 전체의 36%에 해당한다. CNAS 보고서의 판정 내용은 다음과 같다[( ) 안은 제재의 목적을 나타낸다].

'성공한 것'은 중앙아프리카(민주주의와 법치주의의 복귀), 기니아비사우(군사 쿠데타에 대한 제재, 선거를 통해 선출된 지도부의 회복), 온두라스(군사 쿠데타에 대한 제재), 이란(핵무기 개발의 중단, 핵 포기 교섭에 대한 압력), 코트디부아르(반정부 조직에 대한 공격 정지), 리비아(반체제파에 대한 무력 탄압의 정지, 정권 이관의 준비), 미얀마(민주주의 선거의 실시, 아웅산 수치(Aung San Suu Kyi)의 석방], 나이지리아[전쟁범죄로 소추된 라이베리아의 전(前) 대통령 찰스 테일러(Charles Taylor)의 인도(引渡)], 우즈베키스탄(2005년 반정부 폭동에 대한 국제조사 수용 요구) 등이었다.

CNAS 보고서는 국가만을 조사하고 있지만, 과격파 조직 '이슬람국가(IS)'에 대해서도 자금 공급을 정지하도록 하는 제재를 부과하여 IS는 지금 궤멸 상태에 있다. 물론 시리아 정부군, 러시아군, 미군 등의 격렬한 공격이 그 주요 원인이며 제재는 보조적이지만, IS가 자금원을 차단당해 궁핍해졌다는 보도도 있기에 '성공한 것'에 들어가도 좋을지 모른다.

'성공하지 못한 것'으로는 벨라루스(부정 선거의 시정), 콩고 민주공화국(소년 병사, 인권 침해, 유엔 PKO병사에 대한 공격 정지), 레바논(민주주의 제도의 수호, 시리아의 간섭 수용의 정지), 북한(핵개발과 확산의 저지, 미사일 개발의 정지), 러시아(크림 반도 병합의 철회와 우크라이나 동부에 대한 개입의 정지), 수단(다르푸르에서의 잔학 행위의 정지), 시리아(테러 지원, 미사일 및 대량살상무기의 개발, 시민의 시위에 대한 탄압의 정지), 베네수엘라(부패, 반정부 항의에 대한 무력 탄압의 정지), 예멘(평화적인 정권 교체의 실현) 등이다.

쿠바(민주화, 경제 성장의 저지)에 대해서는 판단이 내려지지 않고 있다.

2016년에 이루어진 판정이기 때문에, 현재의 평가는 변하게 된다. 예를 들면, 이란은 역사적인 핵합의를 2015년에 체결하는 데 이르게 됨으로써 '성공한 것'으로 간주되었지만, 트럼프 정권의 이탈로 인해 현재 군사적인 긴장이 고조되고 있으므로 단순하게 평가를 내릴 수는 없다. 북한은 북미 대화가 시작되었기 때문에 '성공한 것'이 될지 모르지만, 실제로 비핵화를 실현할 수 있을 것인가를 놓고 말하자면 낙관할 수 없다. '성공도 아니고 실패도 아니다'라고 할 수 있을까?

리비아는 반체제파가 무암마르 가다피(Muammar Gaddafi) 정권을 타도했지만 내전에 돌입했고, 평화의 징후는 보이지 않고 있다. 가다피 정권의 붕괴에 이르는 과정에서는 나토(NATO)군의 공중폭격이 정부군을 제압했으며 정권 붕괴에 압도적인 영향을 미쳤다. 따라서 제재가 '성공한 것'이라고는 확실하게 말하기 어렵다.

미얀마와 관련해서도 확실히 민주적인 선거가 행해지고 아웅산 수치가 사실상의 최고권력자가 되었지만, 이슬람교도의 소수파 민족인 로힝야에 대한 탄압, 민주화의 정체(停滯) 등을 보면 '성공한 것'이라고 할 수 있을지는 의문이다.

중앙아프리카공화국, 나이지리아 등의 아프리카 국가들도 '안정'과는 거리가 멀다. 중앙아메리카의 온두라스는 현재 치안의 악화 및 경제 부진을 이유로 미국을 향해 대량의 이민 '캐러밴(caravan)'이 향하고 있는 국가가 되고 있다. 트럼프 정권이 미군을 남부 국경에 파견하여 그 유입을 저지하고 있으며, 미국의 이민 배척파로부터 '파탄국가' 취급을 받으며 눈엣가시와 같은 적으로 여겨지고 있다.

이와 같은 분석에 입각해서 볼 경우, CNAS 보고서의 평가는 전체적으로 다소 낙관적인 것이라고 말하지 않을 수 없다.

단기적인 목표는 달성

'성공한 것'의 범주에서 말할 수 있는 것은 단기적인 목적은 어쨌든 달성했지만, 장기적인 대상국의 안정 및 발전으로 귀결되지 못하고 있다는 점이다.

또한 '성공하지 못한 것'의 범주에서는 러시아, 시리아, 베네수엘라, 예멘 등, 대대적인 선전 아래에서 제재를 부과하면서도 미국이 바라는 효과를 전혀 올리지 못하고 있는 국가들이 두드러진다. 오히려 거꾸로 미국에 대한 반발이 강화되고 있으며, 상황은 '진흙창화'가 되고 있다.

러시아에 대해서는 경제제재와 함께 주요 8개국(G8) 그룹으로부터 추방하는 등 그럴듯한 제재가 이루어졌다. 하지만 러시아는 중국 및 중동 국가들과의 연대를 심화하며 핵 군비확대를 추진하는 등 미국에 대해 도전하는 자세를 농도 짙게 강화하고 있다.

시리아도 아사드 정권은 내전으로 황폐해진 국토를 반정부 세력과 분단하는 상태에 있으면서 체제를 유지하고 있다. 베네수엘라는 사회주의 독재정권이라는 미국이 가장 혐오하는 성격을 띠고 있기 때문에 철저한 제재를 부과하고 있지만, 마두로 정권은 버텨내고 있다. 예멘과 관련해서는 이란이 밀고 있는 반정부 세력 시아파와 미국이 밀고 있는 예멘 정부 및 사우디아라비아 연합군 간에 벌어지고 있는 내전이 해결의 출구를 찾을 수 없는 상태에 있다.

모두 국가의 분단과 길어지고 있는 내전 및 대립으로 국민이 피난민이 되거나 인도적인 비극이 발생하고 있다.

미국의 제재는 단기적인 목표의 달성에 지나치게 초점을 맞춘 나머지, 국가를 안정시키고 발전시킨다는 장기적·전략적인 그림을 그려내지 못하고 있다는 점이 공통되고 있다.

애당초 제재의 목적은 실현되기 어렵거나 또는 불가능한 것이 많다.

아래에서는 이 책의 제2장에서 언급한 제재 목적의 다섯 가지 분류에 기초하여 그 실현 가능성을 분석해보도록 하겠다.

제재만으로는 목적을 달성할 수 없다

제재의 목적에는 ① 국제적인 분쟁 및 대립이 일어났을 때에 '적국'의 경제력을 약화시키는 것, ② 핵무기의 개발·확산을 저지시키는 것, ③ 인도(人道) 및 민주화를 촉진하는 것, ④ 테러 조직을 처벌하고 재발을 방지하는 것, ⑤ 타국의 영토 침공 등 국제법 위반을 처벌하는 것 등이 있다.

이 책의 제2장에서도 다룬 바가 있지만, 이 가운데 어느 것도 제재만으로는 목적하는 효과를 거두기는 어렵다.

①과 ⑤는 군사력 및 군사 방면의 압력을 포함하는 종합적인 대결로 발전한 끝에 승부가 결정되어지게 된다. 태평양전쟁 시 대일(對日) 석유 금수의 ABCD 포위망 및 냉전 시대의 코콤이 전형적인 사례이다. ⑤는 이라크의 쿠웨이트 침공 및 러시아의 크림 반도 병합의 사례가 있는데, 애당초 국가가 타국의 영토를 빼앗을 때에는 결정적인 의지를 갖고 행하는 것이다. 따라서 제재를 받게 되는 것 정도는 이미 각오한 행동이라고 할 수 있다.

②의 핵무기의 개발 및 확산 저지는 목적이 핀포인트에 맞추어져 있

으며 해제의 조건도 실제로 핵을 포기·동결한 경우라는 것은 명확하다. 하지만 핵보유 5대국이 보유하고 있는 핵을 계속 지니고 있는 것에 대한 불공평감이 배경에 있기 때문에 포기를 요구하는 것의 설득력이 약한 것으로 여겨져 버린다.

③의 인도 및 민주화는 그 명확한 기준이 없으며, 애당초 인도 및 민주화는 외부로부터의 압력으로 실현할 수 있는 것이 아니다. 어떤 국가의 정치 형태를 타국이 선택하여 강요한다고 하는 수법에 정통성이 있는 것인지 의문이 부각된다. 이라크전쟁에서처럼 '미국형 민주화'를 강요하는 것이 '진흙창화'를 초래하는 일도 있다.

④의 테러를 처벌하고 재발을 방지하는 것도 제재를 통해 실현하기는 어렵다. 테러의 충동은 사람의 마음속에서 생겨나는 것이기 때문에 금융제재로 자금원을 차단하더라도 테러는 없어지지 않는다.

왜 제재는 효과가 없는가

그중에서도 제재의 효과를 비교적 올리고 있는 것이 국제 사회가 일치하여 특정 국가에게 압력을 가할 때이다. 유엔 안보리가 강력한 제재 결의를 채택하고 각국이 그것을 이해하는 경우가 그 일례이다. 그 때문에 미국, 중국, 러시아, 영국, 프랑스의 5개 상임이사국이 거부권을 던지지 않는 것이 요구된다.

이러한 5개국의 의견이 일치할 수 있는 것은 위에서 언급한 ②의 핵무기의 확산 저지와 ④의 테러 대책이다. 이란에 대해서는 2010년부터 미국의 주도하에 유엔 안보리가 강력한 제재를 부과하여 효과를 올렸고, 북한에 대해서도 유엔 안보리의 제재 결의도 있어 각국이 제재를 이행하고 있으며 2018년에 들어서 남북한과 북미 간의 대화 노선으로 전환되었다. '이슬람국가' 등 과격파 조직에 대한 테러 지원 자금을 차단하는 제재에 있어서도 유엔 안보리는 의견의 일치를 보고 있다.

그러나 ③의 민주화 요구는 선진 민주주의국가가 중시하고 있는 목적이며, 중국 및 러시아의 강권 통치를 피한다는 것이 되기도 하므로, 종종 유엔 안보리에서는 인정되지 않는다. 그 결과, 미국이 단독으로 제재를 부과하게 되는데, 그 효과는 생각했던 대로 되지 않는다. 민주화를 요구하며 쿠바에 대해 미국이 1960년대 초부터 약 60년 동안 경제제재를 부과하고 있지만, 효과를 거두지 못하고 있다.

⑤는 소국(小國)에 의한 침공은 유엔 안보리 제재가 될 가능성이 있지만, 현재 문제가 되고 있는 러시아에 의한 크림 반도 병합은 러시아가 당사자이기 때문에 유엔 안보리 결의에 의한 제재가 이루어질 전망은 없다. 미국 및 EU, 일본이 최초에는 유지연합(有志聯合)으로서 제재를 부과했지만, 유엔 안보리 제재가 아니기 때문에 중국 및 인도를 비롯한 많은 국가가 러시아와의 경제 관계를 기존처럼 계속 유지하고 있다. 대(對)러시아 제재는 그 이후 미국 대통령선거에 대한 개입 및 인권 침해, 부패 등 대상이 확대되고 있지만, 이러한 것은 모두 미국의 단독 제재이다. ①의 '적국'에 대한 제재도 원래 대립 및 분쟁이 세계를 분단시키는 경우가 많으며, 국제 사회가 일치하여 가담하는 '제재 체제'가 되지는 못한다.

대상국의 정치, 경제, 사회에 파멸적인 영향을 미치는 제재라고 한다면 제재의 목적을 달성할 수 있겠지만, 그것은 시민 생활을 지옥과 같은 상태에 빠뜨려버리기 때문에 인도적으로 문제가 된다. CNAS 보고서도 제재에 의해 정치 부패는 갈수록 진전되고 있으며, 강권 국가는 더욱 강권적이 되고 민주화를 역행시킬 우려가 있음을 지적하고 있다.

⑤의 타국의 영토 병합 등에 대한 제재는 부과하지 않으면 안 되지만, 그 효과는 거두지 못하고 있으며 그러한 까닭으로 해제도 불가능하여 장기화되어버린다.

경제제재만으로 어떤 국가가 행동 양식 및 정치의 기본 체제를 바꾸도록 만드는 것은 어려우며, 그 때문에 군사 압력, 외교, 경제 지원, 지적 교류 등 다양한 수단이 필요하다. 경제제재에 대한 상세한 연구 서적인 『경제제재: 법과 공공 정책(Economic Sanctions: Law and Public Policy)』[6]을 저술한 컨 알렉산더(Kern Alexander)는 제재가 해낼 수 있는 것은 '국가의 봉쇄', '더욱 나쁜 일을 하지 못하도록 저지하는 것'까지로 보아야 한다고 지적한다.

제재를 당한 국가를 지원하는 국가들

제재가 효과를 거두지 못하는 커다란 이유는 제재에 참가하기는커녕 표적이 된 국가를 지원하는 국가들이 있다는 점이다.

트럼프 정권의 대(對)이란 제재의 부활에 대해서, 미국 이외의 핵합의 관련 참가국인 러시아, 중국, 영국, 프랑스, 독일은 모두 이란이 합의를 이행했으며 일방적으로 이탈한 미국 측에 '잘못'이 있다는 입장이다. 중국, 러시아는 이란과의 경제 관계를 유지하고 있다. 영국, 프랑스, 독일 등 3개국은 벌칙을 두려워하며 미국의 제재에 마지못해 따르고 있지만, 미국의 금융제재를 위반하지 않는 형태의 무역 방법을 모색하고 있다.

---

6   해당 책의 전체 서지 사항은 다음과 같다. Kern Alexander, *Economic Sanctions: Law and Public Policy* (Palgrave Macmillan, 2009).

이라크, 터키, 중앙아시아 국가들 등 이란과 국경을 접하고 있는 국가들도 이란과의 무역을 계속하고 있다. 일본도 유럽 국가들과 마찬가지로 마지못해 제재에 따르고 있을 뿐이다.

제재에 참가하지 않고 있는 국가의 동기(動機)에는 경제적인 것과 정치적인 것이 있다. 중국 및 러시아는 미국의 대(對)이란 제재가 국제 사회의 지지를 얻지 못하고 있음을 간파하고 미국의 '잘못'을 비난함으로써 그 권위를 실추시키려는 정치적 노림수가 있다. 영국, 프랑스, 독일은 이란의 핵무기 개발은 유럽에 있어서는 위협이지만, 그것을 방지하기 위해서 핵합의를 이행하는 것이 최선의 방책이라고도 생각하고 있다.

경제적인 측면에서 중국 및 인도는 이란으로부터의 원유 수입을 에너지원으로 삼고 있으며, 유럽에게도 이란은 시장으로서 매력을 갖고 있다. 이란과 국경을 접하고 있는 국가들도 그와 같을 것으로 여겨진다. 이란 제재에 참가함으로써 이란과의 관계 악화를 피하고자 하는 생각은 지역의 국가들에게 강하게 있다.

북한에 대한 제재도 미국과 경합하고 있는 중국 및 러시아는 미국과 의견이 완전히 일치하여 참가하고 있는 것은 아니다. 오히려 미국을 견제하고 한반도에 대한 영향력을 확보하는 것을 노리고 있다.

러시아에 대한 미국의 제재에도 중국 및 인도는 참가하고 있지 않다. 일본도 크림 반도 병합은 문제로 삼고 있지만, 미국 대통령선거에 대한 개입 및 러시아의 인권 상황을 둘러싼 제재에는 거리를 두고 있다. 거기까지 미국을 추종한다면 영토 교섭의 문제가 존재하는 러일 관계가 결정적으로 악화되어버린다. 냉전 중의 대(對)소련 제재에서는 동측 진영뿐만 아니라, 인도 등 비동맹 국가들, 나아가 경우에 따라서는 캐나다, 독일, 프랑스도 참가하지 않았다. 이란 혁명 이후의 대(對)이란 제재에도 소련 및 동유럽 국가들, 중동 국가들, 비동맹 국가들, 그리고 서측 국가들 중에서도 참가하지 않았던 국가가 있다.

미국 내부의 공통되는 위기감

미국의 싱크탱크 및 정부의 전(前) 고위 관리 등은 제재를 질서 있게 만들고 효과를 최대화하기 위한 제언을 왕성하게 행하고 있다. 트럼프 정권이 제재를 다용(多用)하고 있는 만큼, 그것에 대한 비판적 제언도 활발하게 이루어지고 있다.

이러한 제언에 공통되는 구체적인 포인트는 다음과 같은 네 가지 사항이다.

우선 첫째, 제재 목표 등 전략을 명확히 하는 것이다. 징벌을 하기 위한 제재를 멈추고 어떠한 행동의 변화가 실현될 경우에 해제할 것인지를 명확히 한다. 트럼프가 "김정은과 사랑에 빠졌다"라고 말하거나, "오바마 정권이 만들어낸 합의는 무엇이라도 부정한다"라고 시사하는 등 개인적인 선호도에 기초하여 제재 대상국에 임하는 것은 논외라는 것이다. 또한 트럼프의 정책에 뚜렷하게 보이는, 대통령선거에서 호소할 수 있는 업적 만들기 등의 경향도 불식시켜야 한다.

특히 해제를 포함한 제재 정책의 장기적인 일관성이 불가결하다. 대(對)이란 제재와 관련하여 트럼프 정권은 오바마 정권 시대에 이루어진 해제의 방향에 입각한 합의를 일방적으로 무효화하고 제재를 부활시켰다. 쿠바에 대한 제재에서도 마찬가지로 오바마 시대의 화해 및 제재 해제의 방침을 반전시켜 대결 자세로 되돌아갔다. 이러한 방침 전환은 미국의 제재 및 외교 정책의 신뢰성을 훼손시키며, 미국으로부터 제재를 부과 받고 있는 국가들은 제재 해제의 협의에 응하지 않게 된다. 이에 따라 제재의 효과 등을 기대할 수 없게 되는 것이다.

타국의 영토에 대한 병합 및 인권 위반 등 그 국가의 '나쁜 일'에 제재를 부과하고 싶다는 그 기분은 충분히 이해할 수 있다. 하지만 제재만으로는 효과를 거둘 수 없다. 따라서 끈질긴 외교 및 경제 지원을 전개하며 아울러 침략 등의 국제 규범 위반의 확대는 군사력에 의한 제재도 있을 수 있다는 압력을 조합하지 않으면 안 된다.

둘째, 미국 정부의 내부 및 민간 섹터와의 연대를 충실히 해야 한다. 미국에는 국가안보전략 등 국가 차원에서 실시하는 전략이 있는데, 그러한 국가전략이 제재에 있어서는 없다. 제재의 발동에 있어서는 재무부, 법무부, 국무부가 협의하도록 되어 있지만, 국방부 및 CIA 등도 관계하며 정부 전체에서의 제재 정책의 이행이라는 형태를 띠게 된다.

외교 및 경제 지원, 군사 압력과 조합하여 상대국이 어떤 '나쁜 일'을 했을 경우에 어떤 경제제재와 어떤 군사 압력을 가할 것인지 등 '압력의 격화(escalations)'에 대한 책정이 자주 제창되고 있는데, 그러한 경우에는 각 부처 간의 연대가 불가결하다.

최근에는 미국 의회가 행정부와 의견의 일치가 이루어지지 않은 상태에서 제재법을 제정하는 일도 있는데, 이것은 피하지 않으면 안 된다. 1983년부터 2014년까지를 대상으로 행한 조사이지만, 의회가 제재법을 제안하더라도 그중에 76개에 대해서 백악관은 반대했다고 한다. 의회는 정의감에 의해 촉발되거나 또는 압력단체의 의향을 반영하여 제재를 부과하고자 하지만, 대통령부(大統領府, 행정부)는 외교적인 관점에 입각하여 소극적이다.

민간 섹터와의 협력도 제재가 초래하는 과중한 벌금 및 이 책에서 지적한 바 있는 '디리스킹' 등 부정적인 측면이 있기 때문에 그것을 최저한으로 하기 위해서 불가결하다.

셋째, 달러에 의한 결제에서 유로(euro)로의 이행 및 가상통화[7] 결제 등 새로운 금융의 시대에 적응할 수 있게 하는 연구 및 개발 체제를 정비하는 것이다. 제재하는 국가와 제재에서 벗어나고자 하는 국가 및 조직·개인 간의 관계는 쳇바퀴 돌 듯 한 것으로, 미국의 제재 능력이 향상된다면 그것을 회피하고자 하는 노력도 증가하게 된다. 이 책에서 다루어왔던 '누명' 및 '디리스킹', 일반 시민의 희생 등, 경제제재의 부정적인 측면을 제거할 수 있는 조치의 연구 및 개발도 강화되지 않으면 안된다.

마지막으로 넷째, 철저한 국제 협력이다. 미국의 금융제재는 대단히 강력하지만, 이 책에서도 지적하고 있는 바와 같이 제재를 당하는 국가를 지원하는 국가들이 출현할 경우 그 효과는 반감되는 것이다.

이처럼 제재에 대한 미국 내부의 다양한 제언을 분석해보면, 지금처럼 효과가 확인되지 않고 있는 제재를 무모하게 난발하게 될 경우 미국의 위신이 훼손되고 국제 사회에서의 고립을 초래하며, 결국 미국의 파워가 약화된다는 위기감으로 공통되어 있다.

과연 트럼프 정권에 의한 금융제재의 난발이 달러 결제를 회피하도록 만들어 달러의 힘이 약화되고 미국의 패권이 쇠퇴로 향하도록 만들 것인가? 이 문제에 대해서는 다음의 마지막 장에서 고찰해보도록 하겠다.

---

7 virtual currency를 지칭하며, 가상화폐로 일컬어지기도 한다.

제 11 장

기축통화 달러의 행방

세계의 국가들 및 기업은 달러를 사용하여 무역을 행한다. 달러로 자산을 보유하고 있기 때문에 달러의 사용을 중단당하면 사활적인 타격을 받게 된다. 달러 자체가 미국에 의한 금융제재의 핵심이다. 따라서 금융제재의 향배는 기축통화 달러의 장래에 달려 있다.

세계에 등을 돌리고 있는 트럼프의 '미국제일' 및 유럽의 미국 이탈, 러시아의 미국에 대한 반발, 그리고 중국의 패권을 향한 야심이 세계에서 동시에 일어나고 있다. 파워가 서로 부딪힐 때에 금융제재는 달러 결제의 회피를 촉진하며, 도리어 달러의 쇠퇴를 가속시켜버리는 것은 아닐까? 전문가들은 지금 그러한 예상을 하기 시작하고 있다.

통화 주권

여기에서 다시 달러의 강력함을 정리해보도록 하겠다.

현재 세계의 무역 결제 및 국제 투자의 대다수는 달러로 행해진다. 달러 결제는 일반적으로 뉴욕 연방준비은행(FRB)에 각 은행이 보유한 달러 계좌를 장부상으로 움직여서 행하고 있다. 만약 뉴욕 FRB에 계좌를 갖고 있지 않은 은행이라면, 계좌를 갖고 있는 은행과 코레스 계약을 체결하고 자금의 이동을 행한다.

하지만 미국의 중앙은행 제도의 핵심인 뉴욕 FRB를 통하게 된다면, 거기에는 미국의 관할권이 미치게 되며 미국에 의한 다양한 규제의 대상이 된다. 미국 법인과 미국인이 송금 업무에 연대하고 있기 때문에 미국법의 준수 의무가 발생하게 된다. 이를 위반할 경우에는 다액의 제재금이 부과되며, 최악의 경우에는 미국에서의 은행 업무의 면허를 상실하게 된다. 그것은 은행으로부터 본다면 사형 선고이다. 금융제재가 두렵게 여겨지는 까닭인 것이다.

국가는 통화 주권을 지닌다. 통화 주권이란 그 국가의 법정 통화를 발행하고 관리하는 권리를 지칭한다. 그것은 국가 주권의 근본이다. 통화 주권을 철저히 할 경우, 미국은 달러가 악용되지 않도록 세계 전체를 감시할 수 있다. 그러한 형태로 미국은 달러에 대한 통화 주권을 수행하고 있다.

물론 달러를 사용하지 않고 결제를 한다면, 미국의 관할에서 벗어나게 된다. 하지만 달러는 세계의 기축통화, 즉 국제간의 결제에 폭넓게 사용되는 통화이며, 대단히 사용하기가 편하기 때문에 달러를 사용하지 않을 수 없다.

과거에 세계의 기축통화는 영국의 파운드였으며, 제2차 세계대전 이후에 달러가 되었다. 지금은 국제간의 결제에 있어서 유로도 상당히 사용되고 있으며, 일본 엔화도 그렇다. 중국 인민폐가 사용되는 비중도 확대되고 있지만, 달러가 여전히 압도적이다.

국제결제은행(BIS)이 3년마다 발표하는 세계 전체의 외국환거래와 관련된 통계에 의하면, 2019년 4월의 외국환거래 중에서 달러를 한쪽의 통화로 하는 거래는 88%였다. 이것은 1998년의 87%와 변함이 없다. 제2위는 유로를 포함한 거래로 32%, 제3위는 엔화의 17%였다. 그런데 중국 인민폐는 2019년에는 4%였다. 2010년의 1%로부터 본다면 4배가 급증된 것이었지만, 영국의 파운드 13%, 호주 달러 7%, 캐나다 달러 5%의 뒤를 밟고 있다. 외국환거래는 두 가지의 통화 간에 행해지므로 이러한 숫자를 합계해보면 200%가 된다. 즉 세계 외국환거래의 양을 100으로 하면, 그중에 88은 달러와 다른 통화의 거래가 차지하게 된다. 달러가 관련되어 있지 않은 거래는 12에 불과하므로 달러의 존재감은 대단히 크다.

또 한 가지 지표인 세계 각국의 외환보유고 중에서 차지하는 달러의 비중은 국제통화기금(IMF)이 4분기마다 발표하고 있는 통계에 의하면 2019년 제3사분기에 62%를 차지했다. 이것에 반해서 유로는 20%, 일본 엔화는 5.6%, 영국 파운드는 4.4%, 중국 인민폐는 2%였다.

또한 달러 지폐는 미국 바깥에서 폭넓게 유통되고 있다. 개도국 및 정정(政情)이 불안한 국가 중에서는 달러 지폐가 가장 신용할 수 있는 통화로서 사용되고 있는 국가도 있다. 달러 지폐의 70% 정도가 해외에서 사용되고 있다.

미국 이외의 국가들 간의 거래에서도 달러가 사용된다. 일본이 사우디아라비아로부터 원유를 구입할 때의 결제에는 달러가 사용된다. 일본 엔화 및 사우디 리얄(Saudi riyal)은 사용되지 않는다. 원래 원유는 국제시장에서 달러로 가격이 책정되며 그것을 기준으로 매매가 이루어지기 때문이다. 또한 달러가 가장 안정되어 있기 때문이기도 하다. 일본 엔화 및 사우디 리얄로는 환율의 변동으로 원유 가격이 오르락내리락 해버리며 거래가 안정되지 않는다.

파운드에서 달러로

세계에서는 미국 국력의 쇠퇴, 또는 다극화, G0(G zero) 등으로 일컬어지면서도 통화의 세계에서는 달러가 기축통화로서 여전히 압도적인 영향력을 지니고 있다.

기축통화 달러를 밑받침하는 제도적인 강함이라고 한다면, 그 누구라도 브레튼 우즈 체제(Bretton Woods system)를 생각하게 될 것이다. 1944년 7월에 연합국 정부가 미국 뉴햄프셔 주 브레튼 우즈에서 개최한 회의는 국제통화기금(IMF)과 세계은행(World Bank)의 창설을 결정했고 미국 달러는 금과의 교환이 보장되었으며, 각국은 미국 달러와 자국 통화의 고정 비율을 유지하는 의무를 짊어지게 되었다. 미국 달러는 세계의 다른 통화를 고정 비율로 매달아놓고 실로 국제통화 체제에서 중추의 자리에 앉게 되었다.

제2차 세계대전에서 파괴된 유럽과 아시아의 국가들은 자본 유출을 두려워하여 외국환거래가 원칙적으로 금지되었는데, 미국 달러는 교환이 자유로운 통화였으며, 해외와의 자유로운 거래가 가능했다. 이것도 달러가 기축통화가 되는 데 있어서 제도적으로 밑받침해주는 요소였다.

또 한 가지 잊어서는 안 되는 것은 중앙은행 제도인 미국 연방준비제도가 1913년에 창설되었다는 것이다.

미국에서는 중앙은행으로서 건국 당초에 미합중국 제1은행(First Bank of the United States),[1] 미합중국 제2은행(Second Bank of the United States)[2]이 계속해서 만들어졌는데, 모두 창설법이 20년간의 시효를 내용으로 하는 입법이었고 갱신되지 않았기에 두 은행 모두 소멸되었다. 주(州)의 권한이 강력했던 당시에 북부의 금융 자본이 중앙은행을 사용하여 정부와 결탁해서 남부를 지배하는 구도가 받아들여지지 않았기 때문이다. 대단히 '미국스러운 것'이라고 할 수 있다.

미국이 연방준비제도를 창설했던 1913년까지 미국에는 중앙은행이 없었으며, 연방 레벨에서 통일적인 금융 정책이 없었다는 것은 놀라운 일이다. 영국의 중앙은행인 잉글랜드 은행(Bank of England)은 1694년에 창설되었으며, 일본은행(日本銀行, Bank of Japan)도 1882년에 세워졌다.

미국에 중앙은행이 없었던 것은 미국 달러가 기축통화가 되는 것을 장기간 늦추게 만들었다. 미국은 남북 전쟁(1861~1865년)을 통해 국토의 통일을 유지한 이후, 대륙횡단 철도의 개통도 이루어져 급속하게 경제 성장을 실현했다. 1870년에는 생산력에서 이미 영국을 초월했다는 추계도 있을 정도이다.

그러나 금융의 세계에서는 뒤쳐졌다. 영국이 기축통화 파운드를 장악하고 미국 달러로의 기축통화의 본격적인 교체가 늦추어졌던 이유 중의 한 가지는, 미국 정부가 은행을 규제하고 외국에 지점을 설치하는 것을 금지하고 무역 금융도 인정하지 않았던 점이다. 즉 금융이 거대한 권력을 장악하는 것을 기피했기 때문이다. 또한 런던에는 무역 금융을 운영하는 은행이 다수 있고 시장도 성숙되어 있었다. 경제 규모에서는 미국에 의해 추월당했지만, 파운드는 무역에 관계된 통화로서 '선행(先行)의 강점'이었던 것이다.

1　1791년 2월부터 20년간 존속되었다.
2　1817년 2월부터 20년간 존속되었다.

지금에 이르러서는 말해지지 않지만, 미국의 무역업자는 수수료를 지불하고 런던의 은행으로부터 송금을 하는 것을 통해 미국과 세계 사이의 무역을 행했다. 미국 시카고의 한 은행가는 "이러한 런던을 통한 시스템은 영국의 은행에 대한 공물(貢物)의 지불이며, 런던을 부당한 무역의 중심지로 삼고 있다. 이 시스템은 어떻게 해서든지 종료시키고 미국과 무역 상대국을 직접 연결시키지 않으면 안 된다"라고 논한 바 있다. 하지만 런던이 제안하는 송금 서비스는 사용하기가 간편하기에 미국의 무역업자에게 있어서는 훨씬 매력적이었던 것이다.

이러한 미국의 무역 금융에서의 뒤처짐을 만회했던 것이 연방준비제도의 창설에 따른 일련의 제도 개혁이었다. 통일적인 통화 발행, 정책 금리의 결정을 포함해 신뢰할 수 있는 금융 제도가 만들어지고, 미국 은행은 해외 지점의 개설도 인정되었으며, 무역 등 국제 업무도 해금되었다. 런던과 파운드가 유지해왔던 국제 금융에서의 지배적인 지위에 도전할 수 있는 환경이 만들어졌던 것이다.

물론 두 차례의 세계대전에 의한 대영제국의 쇠퇴라는 지정학적인 격동도 컸다. 미국에서는 1929년에 대공황의 피해를 입었지만, 두 차례의 세계대전을 거쳐 비약적으로 경제가 확대되어 영국을 지정학적으로도 지경학적(地經學的)으로도 완전히 제치게 되었다.

금과 달러 간의 교환에 대해서는 베트남전쟁의 방대한 전비(戰費) 지출 등에 의한 달러의 가치 저하에 고통을 겪은 끝에, 1971년 8월 리처드 닉슨(Richard Nixon)이 정지를 선언했다. 달러와 세계의 통화 간의 관계는 변동 상장(變動相場)이 되었다. 그런데 그로부터 약 반세기가 지나가고 있음에도 달러가 세계의 기축통화로서의 지위를 유지하고 있는 것은 왜일까?

기축통화의 조건

기축통화로서의 기능을 수행하기 위해서는 다음과 같은 조건이 필요한 것으로 간주되고 있다. ① 발행국이 거대한 경제 규모를 보유하고 있고, ② 통화 가치가 안정되어 있으며, ③ 고도로 발달한 금융 시장을 지니고 있고, ④ 국경을 초월한 거래 및 이동이 용이하며, ⑤ 강력한 군사력을 보유하고 있는 것이다.

이 가운데 ①부터 ③까지는 이미 설명한 바와 같이, 19세기부터 20세기 전반에 걸친 미국의 경제 성장, 거기에 조금 늦어졌던 중앙은행의 창설과 안정된 금융 제도의 확립으로 납득되어간다. ④의 국경을 초월한 이동이 용이하다는 것은 각국 통화가 다양한 규제의 대상이 되었던 가운데 달러만이 일관하여 자유롭게 타국 통화와의 교환이 가능하며 세계적으로 유통되어왔다는 것을 의미한다. 달러는 일종의 자산으로서 외국에서도 보유된다. 달러가 국제 결제에서 지배적으로 사용되고 있으므로 양의 측면에서 메리트가 있으며 다양한 수수료도 저렴하다. 즉 사용하기가 편하고 좋은 것이다.

그리고 ⑤의 군사력이다. 미국이 압도적인 군사력을 보유하고 있다는 것은 말할 필요도 없다. 스톡홀름 국제평화연구소(SIPRI)의 2019년 통계에 의하면, 미국의 군사비는 6,490억 달러로 세계 군사비의 35.6%를 차지하고 있으며, 제2위 중국(13.7%)의 2.6배이다.[3]

---

3 2020년 4월 스톡홀름 평화연구소(Stockholm International Peace Research Institute: SIPRI)의 최근 보고서에 따르면, 2019년 미국의 군사비 지출은 7,320억 달러(전년 대비 5.3% 증가)로 세계 전체 군사비의 38%를 차지했고, 제2위 중국은 2,610억 달러(전년 대비 5.1% 증가)로 14%의 비중을 차지했

군사력은 외국의 공격으로부터 자국을 지키거나, 외국의 도발을 억지하거나, 또는 외국의 행동을 자국이 바라는 방향으로 변화시키기 위해 사용된다. 이러한 군사력은 미국이 각국에 대해 말하는 것을 듣고 따르게 하는 것, 즉 패권국(覇權國)의 지위를 확보하기 위해서는 필요 불가결한 것이라고 할 수 있다. 북한, 이란, 러시아, 그리고 중국 등에 대해서도 미국이 압도적인 군사력을 지니고 있어야만 비로소 외교를 유리하게 전개할 수 있는 것이다.

기축통화와의 관계에 대해서 말하자면, 발행국은 강대한 군사력을 보유하기 위해 전쟁에서 패배한 국가가 소멸하거나, 또는 괴멸적인 타격을 받는 일은 없다고 하는 안심감(安心感)이 크다. 미국이 패전하여 국가가 소멸한다면, 미국 달러는 가치가 없어지게 되며 외국이 거대한 외환보유고를 달러로 보유하고 있더라도 의미가 없어지게 된다. 압도적인 군사력을 보유한다면 그 가능성은 거의 제로(zero)라고 말할 수 있다.

통화의 파수꾼

각국의 통화를 발행하고 관리하는 중앙은행은 '통화의 파수꾼'으로 정의된다. 세계의 기축통화인 달러는 미국의 중앙은행 제도인 연방준비제도가 발행한다. 통화 가치의 안정은 중앙은행의 사명이기 때문에,

---

다. 다만 중국의 군사비 지출과 관련된 실제 내역은 그 전모를 명확히 파악할 수 없다는 한계를 감안할 필요가 있다"Trends in World Military Expenditure, 2019", SIPRI(April, 2020), https://www.sipri.org/sites/default/files/2020-04/fs_2020_04_milex_0.pdf].

연방준비제도는 위조 등 달러가 위법적으로 사용되어 그 가치가 훼손되는 것을 방지해야 하는 의무가 있다.

바로 그렇기 때문에 테러 조직 및 마약 조직, 핵무기를 개발·확산시키는 '불량배 국가(북한, 이란)', 대규모의 인권 위반을 행하는 국가(러시아), 나아가 미국의 패권을 위협하는 국가(중국)가 무역 등에서 달러를 사용하는 것을 중지시킨다는 정책적인 정당성을 미국은 갖고 있다는 것이다.

미국은 지금 세계의 무역 및 송금의 생사를 결정하는 수도꼭지를 틀어쥐고 있다. 기축통화가 미국 달러이기 때문이다. 여기에 미국에 의한 제재가 지닌 힘의 원천이 있는 것이다.

이 책에서 미국의 금융제재를 말할 때에 수차례나 등장했던 원점(原點)이 되는 법률인 '국제긴급경제권한법(IEEPA, 1977년 제정)'에서는 대통령이 국가비상사태를 선언하고 미국의 안전보장, 외교, 경제에 있어서 이례적이며 또한 중대한 위협으로 인정될 경우에 외국환거래, 통화 및 유가증권 등의 수출입을 금지할 수 있도록 정하고 있다. 이 규정은 미국의 은행에 금융 서비스의 제공을 금지하도록 규정하고 있는데, 기축통화 달러를 사용한 거래를 저지하여 심각한 타격을 받게 하려는 목적이 있다. 외국의 개인 및 기업이라고 하더라도 무역 등 국제적 비즈니스를 행하는 데 있어서는 미국 달러를 결제에 사용하지 않을 수 없다. 따라서 미국의 은행 등 미국 금융 시스템을 사용하기 때문에 미국의 금융제재는 광범위한 국외 적용의 효과를 지닌다. 실로 기축통화를 장악하고 있는 국가만이 지닌 특권적 파워인 것이다.

유엔 안보리 결의에 의한 최근의 제재도 개인 및 단체에 대한 금융 서비스의 제공을 금지하고 있다. 이것도 노림수는 미국의 금융기관이 기축통화 달러를 사용하는 금융 거래를 거부함으로써 제재 대상이 죽는소리를 내며 항복하게 되기를 기대했던 것이다. 유엔 안보리가 실행하는 제재도 달러의 힘에 의존하고 있다.

여기까지 살펴본 바에 의하면, 달러가 기축통화가 아니게 된다면 미국의 제재 파워는 크게 훼손될 것으로 추측된다. 다른 통화를 사용하는 것이 간편해진다면 그것을 사용하면 된다. 하지만 그렇게 될 전망은 상당히 앞의 시기까지는 없다고 하는 것이 전문가들의 일치된 의견이다.

경제 규모가 세계 제1위가 되는 것만으로는 기축통화의 지위를 획득할 수 없다. 미국은 19세기 후반에 그 생산력이 영국을 추월했던 것으로 추정되고 있지만, 달러가 본격적으로 기축통화가 된 것은 연방준비제도의 창설, 두 차례의 세계대전에서의 영국의 피폐, 그리고 '브레튼우즈 체제'라는 긴 코스를 거칠 필요가 있었다.

세계 최대의 경제대국이 된 이후부터 그 국가의 통화가 기축통화가 되기 위해서는 반세기가 필요하다고 가정해보자. 중국이 세계 제일의 경제대국이 되는 것이 2030년이라고 할 경우, 중국 인민폐가 미국 달러로부터 기축통화의 지위를 쟁취하게 되는 것은 21세기 후반, 지금으로부터 아직 먼 미래의 일이다.

노골적인 도전

그렇다고 하더라도, 달러의 쇠퇴를 시사하는 움직임은 다양한 부분에서 시작되고 있다. 금융제재에 대한 각국의 도전도 그중의 한 가지이다.

미국 재무부는 2018년에 대(對)이란 제재를 부활한 이후부터 베이징에 있는 무역 기업의 동향을 감시하고 있다. 주하이전룽(珠海振戎公司)은 이란산 원유의 수입을 도맡아 실행하고 있는 기업이다. 중국은 전 세계의 국가들로부터 에너지를 수입하고 있으며, 그 양은 세계 톱인데 과거 20년간 50배로 팽창했다. 특히 이란과의 관계가 깊으며 이란산 원유의 수출량 가운데 50%에서 70%가 중국을 향하고 있는 것으로 추정되고 있다. 주하이전룽은 이란산 원유의 수입을 전문으로 취급하는 기업으로서 1994년에 설립되었다.

미국은 2019년 5월에 이란에 원유 수출을 인정하지 않는 '제로(zero) 정책'을 개시했으며, 이를 위반한 국가 및 기업에 대해서는 제재를 부과한다고 발표했다. 이에 따라 주하이전룽이 이란산 원유를 계속 수입할 것인지 여부가 주목을 받았다.

중국은 그다음 6월이 되어서도 이란산 원유를 일량(日量)으로 21만 배럴이나 수입했다는 것이 판명되었다. 이것은 전년의 3분의 1 정도이지만, 미국의 제재를 위반한 것이었다. 이 때문에 미국 정부는 7월 하순에 이란과의 원유 무역의 중심을 담당하는 주하이전룽과 간부 리유민(李右民)의 이름을 미국 재무부의 제재 리스트에 올리고, 향후 미국과의 금융 및 거래가 불가능하도록 하는 조치를 취했다.

하지만 중국 외교부 대변인은 미국의 제재를 "국제법 위반이며 인정할 수 없다. 중국은 국제 규칙을 지키고 있다"라고 반론을 제기했으며, 7월이 되면서부터도 수입을 계속했다. 그 양은 일량으로 36만 배럴이라고 하며, 5척의 유조선이 톈진(天津) 등 3곳의 항구로 운반했다. 이란의 원유 수출량은 트럼프 정권의 제재가 시작되기 전에는 일량 250만 배럴이었지만 그것이 제재가 개시되는 것과 함께 100만 배럴로 저하되었다고 하는데, 중국의 수입은 그중에서 상당한 부분을 차지했다.

중국은 과연 2019년 가을이 되자, 이란으로부터의 원유 수입을 대폭 줄였다고 발표했지만, 석유 무역의 전문가들은 말레이시아를 경유하여 이란산 원유의 구입을 계속하고 있는 것으로 보고 있다. 이란이 말레이시아에 원유를 수출하고 말레이시아로부터 중국이 구입하는 '중계 수입'이다. 실제로 중국의 말레이시아로부터의 수입은 2019년 여름 이래 확대되고 있다. 미국은 대형 유조선을 운행하는 중국원양해운그룹(中國遠洋海運集團, COSCO)⁴에 대해 제재를 부과하여 이란 원유의 수입을 저지하고자 하고 있지만, 단거리의 항로라면 대형 유조선은 필요가 없다. 중국의 유조선은 페르시아 만 부근에 접근하게 되면, 자동으로 위치를 발신하는 선박 자동식별장치를 끊어 잡히지 않도록 하는 묘안을 강구하고 있다.

이란은 석유를 정제(精製)하여 연료유(燃料油) 및 가솔린 등 다양한 석유 관련 제품을 만들고 있는데, 그 수출고는 이란 석유부에 의하면 2019년 8월에는 일량 40만~50만 배럴로 과거 최고에 도달했다. 이란 석유부 장관 비잔 남다르 잔게네(Bijan Namdar Zangeneh)는 "석유 정제품의 수출에는 아무런 문제도 없다"라고 당당하게 말하고 있다. 장기간 이란은 채굴한 원유를 그 상태 그대로 수출해왔는데, 국내에서의 정제 기술을 서서히 확보하고 이른바 '하류 부문(downstream)'도 힘을 받고 있다. 예를 들면 액화석유가스는 그중의 95%가 중국으로 수출되고 있다.

그럼에도 왜 주하이전룽이 제재를 깨뜨리고 있는가 하면, 이 기업은 미국에서의 비즈니스를 행하고 있지 않기 때문이다. 실은 2012년에도 이란과의 무역을 이유로 하여 제재의 대상이 되었지만, 미국과의 무역이 없기 때문에 커다란 타격을 받지 않았다. 미국은 이란 제재의 재개

---

4 전체 영어 명칭은 China COSCO Shipping Corporation이다.

이후에도 미국에서 비즈니스를 행하고 있지 않기 때문에, 미국 시장으로부터의 추방이라는 협박은 효과를 거두지 못하고 있다. 원유 수입은 인민폐(RMB) 결제 및 중국산 제품과 교환하는 형태로 계속되고 있을 것으로 보인다. 중국은 2017년에는 달러를 통해 수입하는 것이 상식이었던 원유에서도 RMB를 통한 수입을 개시했다. RMB를 통해서 거래를 진행한다면 미국의 금융제재에서 벗어나게 된다.

미국이 이것을 봉쇄하기 위해서는 중앙은행인 중국인민은행(中國人民銀行), 그리고 이란산 원유를 최종적으로 구입하는 중국석유천연가스그룹(CNPC) 및 중국석유화공그룹(中國石油化工股份有限公司, SINOPEC)[5] 등의 국영 대기업을 제재하는 수단도 강구할 수 있지만, 그것은 세계 경제에 커다란 영향을 미쳐버리게 된다.

중국이 미국에 도전하는 것은 이란 원유의 경제적인 매력과 함께 미국의 패권에 도전하는 수단으로서 이란 문제를 규정하고 있기 때문으로 보인다. 중국은 미국과의 '경제 냉전'에서 일방적인 추가 관세를 적용받고 수차례나 호되게 당하고 있다. 미국의 부조리한 제재에는 도전하고자 하는 중국의 의지가 느껴진다.

중국과 나란히 이란산 원유의 대규모 수입국이었던 한국과 일본은 미국의 분노를 사는 것을 두려워하며 수입을 정지했다. 하지만 중국이 수입을 계속한다면, 다른 국가들도 '왜 미국의 지시에 따르지 않으면 안 되는가?'라며 불만을 표출하기 시작하게 될 것이다. 그것은 미국의 위압이 효과를 거두지 못하게 된다는 의미를 갖는다.

---

5 전체 영어 명칭은 the China Petroleum and Chemical Corporation이며, 약칭 SINOPEC으로 일컬어진다.

푸틴의 집념

러시아의 대통령 블라디미르 푸틴도 미국에 대한 도전을 내세우고 있다.

2018년 러시아가 미국 국채(國債)를 대량으로 매각하여, 외환보유고[6]에서 차지하는 달러의 비중을 2018년 초의 46%에서 1년 동안에 23%로 반감시켰다.[7] 유로의 비중은 22%에서 32%로, 중국 인민폐는 3%에서 14%로 올라갔으며, 일본 엔화의 보유도 증가시켰다.

러시아 중앙은행(Bank of Russia)[8]의 엘비라 나비울리나(Elvira Nabiullina)[9] 총재는 인터뷰에서 "경제, 지정학적 리스크를 고려하여 외환보유 자산의 다양화를 위해 노력하고 있다"라고 설명했다. 러시아는 크림반도의 병합 등으로 인해 미국에 의해 제재를 부과 받고 있다. 제재 대상의 기업 및 '올리가르히'라고 불리는 정상(政商)들은 달러를 사용하여 결제할 수 없다. 향후 달러를 최대한 사용하지 않는 국제 비즈니스로 이행하는 쪽이 지정학적 리스크를 피하게 된다는 판단이다.

---

6   2020년 7월 기준 러시아 외환보유고의 규모는 달러 가치로 환산할 경우 5,918억 달러 규모로 중국(3조 2,982억 달러), 일본(1조 3,831억 달러), 스위스(8,961억 달러)에 이어 세계 제4위를 차지했다.

7   미국의 제재에 대항하는 차원에서 2018년 4월 러시아는 보유하고 있던 미국 국채를 961억 달러에서 487달러로 줄였으며, 2018년 5월 다시 149억 달러로 더욱 감소시켰다[Tim Korso, "Marching Toward Zero? Russian Investments in US Treasury Securities Drop to Record Low", *Sputnik News* (May 16, 2020)].

8   공식 명칭은 Central Bank of the Russian Federation이다.

9   2007년부터 2012년까지 러시아 경제발전무역부(The Ministry of Economic Development) 장관을 역임했다.

푸틴은 2018년 5월 "전 세계가 달러 독점 상태의 위험성을 인식하고 있다"라고 말했다. 바로 달러 '기축통화 체제' 자체가 미국의 패권을 밑받침하고 있다면서 이것을 붕괴시키고자 하는 의지를 표명한 것이다. 미국 국채의 대량 방출은 푸틴의 장기 전략의 일보라고 할 수 있다.

러시아는 무역 결제에서도 달러로부터의 이탈을 추진하고 있다. 2019년 상반기의 유럽연합과의 무역은 유로 결제가 42%에 달하고 있으며, 달러 결제와 어깨를 나란히 했다. 유로를 통한 무역은 2018년에는 32%였기 때문에 큰 약진이다. 중국과의 무역도 수년 전까지 유로 결제는 제로(zero)였지만, 지금은 그 3분의 1일 차지하고 있다.

또한 중러 양국 접근의 상징인 러시아의 원유 및 천연가스 등의 대중(對中) 수출에서는 중국 인민폐(RMB)를 통한 결제가 시작되었다. RMB는 중국 정부의 규제가 준엄하여 사용하기가 다소 나쁘지만 중국의 세계 제2위 경제력과 러시아 간의 친밀한 관계를 고려해보면, 러시아로부터의 에너지 수입의 측면에서는 더욱 증가하게 될 것으로 보인다. 러시아 재무장관 안톤 실루아노프(Anton Siluanov)[10]는 "원유 거래도 유로 및 RMB 결제가 가능하며, 장래에는 루블 결제도 가능할 것이다"라고 피력한 바 있다.

놀라운 것은 러시아와 인도 양국 간의 무역이다. 러시아와 인도는 냉전 시대부터 관계가 양호했으며, 현재는 그 무역량이 연간 110억 달러이다. 그중에 4분의 3이 러시아의 통화인 루블로 결제되고 있는 것으로 알려져 있다. 무역의 중심을 차지하는 러시아제 무기의 대(對)인

---

10 2018년 5월부터 2020년 1월까지 러시아 제1부총리를 역임했다.

도 수출은 루블로 행한다는 합의를 푸틴이 인도 총리 나렌드라 모디 (Narendra Modi)와 이루었다.

러시아는 이란과도 2019년 9월에 달러가 아닌 통화를 사용하는 무역 거래를 확대하기로 합의했다.

인민폐가 아직이라면 루블이 실제로 국제 통화가 될 것인가? 고개를 갸웃거리게 만든다. 이러한 합의 및 발언은 미국에 대항한다는 정치적인 의미가 강하게 포함되어 있다. 비(非)달러 결제가 실제로 어느 정도로 행해지고 있는지에 대해서는 향후 검증이 필요할 것이다.

INSTEX와 CIPS

미국의 제재를 회피하기 위해서 달러를 사용하지 않고 이란과 무역을 행하고 있다는 점은 영국, 프랑스, 독일이 공동으로 설립한 '무역거래지원기관(INSTEX)'[11]이 실로 그러하다. 유로 및 바터 무역으로 결제를 한다. 영국, 프랑스, 독일이라는 미국의 유력한 동맹국이 미국에 반기를 들고 이란과의 무역을 계속하기 위해 이러한 기관을 특별히 만들었던 것이다. 다른 유럽연합 국가들 및 러시아, 중국에도 참가하도록 호소하고 있기도 하다.

INSTEX가 취급하는 것은 미국의 제재 대상이 아닌 의약품 및 의료기기, 식료, 농산품에 한정되며, 이란이 바라는 석유는 포함되어 있지 않다. 또한 그러한 비(非)석유 제품이라고 하더라도 미국의 제재를 두

---

11 Instrument in Support of Trade Exchanges(INSTEX)를 지칭하며 2019년 1월에 설립되었다. 2019년 11월에 벨기에, 덴마크, 네덜란드, 핀란드, 스웨덴이 참가를 선언했다.

려워하여 기업은 참가를 주저하고 있으며, 그 실적은 2019년 말의 단계에서 제로(zero)였다. 이 때문에 이란은 만족하지 못하고 있다. 하지만 INSTEX의 창설에 유럽이 나섰다는 것은 미국에 대한 일종의 도전이라고 할 수 있다.

중국이 만든 '국제은행간결제시스템(CIPS)'도 주목을 받고 있다. 인민폐를 통한 무역 결제 및 투자, 국경을 초월한 자산의 이동을 행하기 위해서 중국의 중앙은행인 중국인민은행이 2015년 10월에 출범시켰다. 국제 결제에서는 세계에서 가장 신뢰받고 있는 벨기에에 본부를 두고 있는 '국제은행간통신협회(SWIFT)'와 각서(覺書)를 체결했고, SWIFT와 마찬가지의 세계 기준으로 운영하고 있다.

'일대일로(一帶一路)' 구상 등에서 중국의 경제권이 확대되고 있기 때문에, RMB 결제도 조금씩이지만 확대되고 있다. CIPS는 그러한 경향을 더욱 가속화시키고자 하는 노림수가 있다. CIPS에 참가하고 있는 은행은 일본 은행도 포함하여 세계 각국의 900개 은행에 달하고 있다.

러시아 및 터키 등 미국의 제재 대상국의 은행도 CIPS에 참가하고 있다. 이것도 달러 '기축 체제'에 대한 도전으로 볼 수 있는 동향이라고 할 수 있다. 중국에는 알리바바(Alibaba), 텐센트(Tencent) 등이 운영하는 비현금(非現金, cashless) 결제 시스템이 있으며, 이것은 통상의 은행 결제 시스템을 통하지 않는 국제 결제로 발전할 가능성이 있다.

중국이 달러 '기축 체제'에 명확하게 도전했던 것은 2009년 3월로 소급될 수 있다. 리먼 쇼크로 미국의 금융 시스템에 대한 신뢰감이 실추되었던 그때에 중국인민은행의 총재 저우샤오촨(周小川)이 달러 '기축 체제'에서는 달러를 발행하는 미국이 자국의 이익을 우선시키고 있으며, 이 때문에 세계 경제가 불안정해지고 있다고 하며 주권 국가의 틀을 초월한 '준비 통화'의 창설을 제안했다. 구체적으로는 제1단계로서 국제통화기금(IMF)의 특별인출권(特別引出權, SDR)[12]을 '준비 통화'로 삼고 통상의 결제에 사용한다는 구상이다.

이것에 대해 미국이 '달러를 대신하는 기축통화는 불필요하다'라며 맹렬하게 반발하여 그 구상은 무너졌지만, 그로부터 10년이 경과하며 중국은 착실하게 움직임을 보이며 추진하고 있다.

또한 2019년 12월에 쿠알라룸푸르에서 개최된 이슬람권 국가들의 정상회담에서는 이란은 물론이고 터키, 말레이시아, 카타르 등의 정상이 달러 지배의 세계 금융 시스템으로부터의 이탈을 요구했다. 미국의 금융제재에 대해 반발하는 목소리가 전 세계로 확대되고 있는 것이다.

영국 중앙은행 총재의 제언

또 한 가지 달러 '기축 체제'를 뒤흔들고 있는 것이 가상통화의 출현이다. 법정 통화처럼 정부 및 중앙은행의 관할을 받지 않기 때문에, 각국 정부가 쥐고 있는 통화 주권이 위협받고 있는 것이다. 지금 상태로는 불법적인 결제에 사용되더라도 제재의 대상으로 삼기가 어렵다.

미국 금융 당국을 놀라게 만들었던 것이 페이스북의 새로운 가상통화 '리브라(Libra)'의 발행 계획이었다. 페이스북 이용자 27억 명을 잠재적인 고객으로 보고, 달러 및 유로 등의 주요 통화 및 미국 국채 등의 법정 자산을 밑받침하며 안정된 통화를 지향하고 있다. 이제까지 금융 서비스를 받지 못했던 개도국의 사람들로부터 본다면, 스마트폰을 보

12 Special Drawing Rights(SDR)를 지칭한다.

유하고 페이스북을 사용한다면 그 곤궁함을 해소할 수 있기 때문에 실로 감사하게 생각할 것임에 틀림없다.

하지만 국가가 관리하는 통화와는 다르기 때문에 자금 세탁 등을 규제할 수 있는 방도가 없다. 미국의 금융제재는 달러 결제를 대상으로 하여 효과를 올리는 것이기 때문에, 리브라 결제가 확대된다면 제재에서 벗어나는 것이 횡행하게 되어버릴 것이다.

'리브라'에 위협을 느끼고 있는 각국의 금융 당국은 2019년의 주요 선진 7개국(G7) 재무장관·중앙은행 총재 회의에서 국가의 관리 없이는 민간 기업이 통화를 발행할 수 없다는 입장을 공유했으며, 어디까지나 국가가 통화 발행의 주체라는 것을 확인했다. 국가에 의한 '가상통화 봉쇄'인 것이다.

이러한 가운데 통화의 파수꾼인 중앙은행 총재로부터 놀랄만한 발언이 날아들었다.

영국의 중앙은행인 잉글랜드은행의 총재 마크 카니(Mark Carney)가 2019년 8월, 세계의 중앙은행 총재 및 재무장관이 모인 미국 잭슨 홀(Jackson Hole)에서의 강연에서 달러에 대한 의존을 멈추고 각국이 협조하여 '합성패권통화(合成覇權通貨, SHC)'[13]를 만들어내야 한다고 제언했던 것이다.

미국 경제는 세계의 24%, 수입 규모로는 13%, 그것에 반해서 신흥국의 경제는 세계의 60%를 차지하는 수준까지 되었으며, 세계는 다극화되었다. 그럼에도 세계 무역의 대부분은 달러로 행해지며, 전 세계의

---

13 Synthetic Hegemonic Currency(SHC)를 지칭한다.

국가들이 외화 준비로서 달러를 비축하고 있다. 이러한 달러 의존은 세계 경제의 실태와 갭(gap)이 있으며, 미국의 경제 운영의 실패로 전 세계가 위기에 휘말려들고 있다. 이러한 사태를 회피하기 위해서 각국의 중앙은행이 협력하여 '디지털 세계 기축통화'를 만들자고 하는 것이다.

10년 전에 제기되었던 중국인민은행 총재 저우샤오촨의 제안과 유사한 것이다. 이러한 카니의 제안도 과격하다고 하며 미국에서는 부정되었지만, 달러 패권에 대한 의문은 확산되고 있다. 카니의 제안이 노골적인 보호주의를 실행하고 미국 연방준비제도이사회를 향해 대담한 금리 인하를 요구하고 있는 트럼프에 대해 빗대어 말한 것이라는 점은 틀림없다.

2019년 후반기에는 '리브라' 발행 계획의 발표에 따라, 중국인민은행이 '디지털 인민폐(RMB)'의 발행 준비를 가속화하고 있으며, 유럽중앙은행(EBC)도 '디지털 유로'를 발행하는 것에 대한 검토 작업에 들어갔다. 이러한 것은 '리브라' 등 사적(私的)인 통화와 달리 정부로부터 뒷받침을 받는 안정된 법정 통화이다. 디지털화함으로써 지폐가 유통되지 않는 지역에서도 결제를 신속하게 처리하고 결제의 절차 및 비용을 낮추는 것이 목적으로 여겨진다. '디지털 RMB', '디지털 유로'가 발행된다면, 달러에 비해서 자신의 경제권 바깥 지역에서는 '사용하기'가 다소 나빴던 이 두 가지 통화의 지위를 향상시키고 그 유통이 확대될 것으로 보인다. 또한 미국의 금융제재망으로부터 벗어나는 것도 가능해지는 만큼 미국 정부는 불안감을 드러내고 있다.

위기감을 말하는 실무가들

세계의 다극화로 달러 '기축 체제'의 기반이 동요하고 있는 가운데,

미국에 의한 금융제재의 다발(多發) 경향이 달러로부터의 이탈을 가속화시키고 있다는 우려가 미국 내부로부터 들려오고 있다.

오바마 정권의 재무장관으로서 금융제재를 입안했던 제이콥 루(Jacob Lew)가 그중의 한 명이다. 2019년 2월 강연에서 유럽의 INSTEX 등 달러를 회피하는 제도에 대해서 "틀이 만들어졌기 때문에, 시행착오를 거치며 언젠가 그것은 완전한 것이 될 것이다. (달러 결제를 대신하는) 대체 방안이 만들어진 것이다. 그때에도 미국이 지금처럼 고립되어 있다면 결국 미국 중심의 체제는 붕괴될 것이다"라고 경고했다. 달러 '기축 체제'의 붕괴에 대한 경고인 것이다.

루는 재무장관으로 재직하고 있던 시절부터 "미국이 충분한 정당성도 없는 제재, 특히 (제재 대상국·기업과 거래한 외국 기업에 대해 제재를 부과하는) 2차 제재를 발동하게 된다면, 타국은 미국에서의 비즈니스 및 달러를 통한 결제를 회피할 방법을 모색하게 될 것이다"(2016년 3월의 강연)라고 말해왔다. 트럼프 정권의 제재 난발 및 그것에 따른 유럽, 중국, 러시아의 미국 달러에 대한 회피 움직임이 현실화되는 것을 보고, 그러한 생각을 강하게 갖게 되었을 것으로 보인다.

루의 아래에서 실무를 맡은 재무차관 대행 애덤 주빈(Adam Szubin)도 비슷한 무렵에 발표한 논문을 통해서 마찬가지의 우려를 밝혔다. 주빈은 2019년 3월에 공동 저자로 참여하여 집필한『미국의 강제적 경제력을 유지하기(Maintaining America's Coercive Economic Strength)』[14]라

---

14 해당 글의 구체적인 서지 사항은 다음과 같다. Howard Berman, Paula Dobriansky(Co-Chair), Sue Eckert, Kimberly Ann Elliot, David Goldwyn, Peter Harrell(Principal Co-Author), Theodore Kassinger, George Lopez,

는 제목의 보고서에서 기축통화 달러와 금융 시스템 자체가 미국의 강점이라고 분석한 뒤에 중국이 RMB 결제를 세계로 확대시키려는 노력 및 유럽이 시작한 달러를 사용하지 않는 결제 시스템을 "과소평가해서는 안 된다"라고 경고했다.

그러한 새로운 시스템은 반드시 달러 결재의 지위를 빼앗을 필요는 없으며, 이란 및 북한 등의 제재 대상국이 사용한다면 그것만으로 미국의 금융제재를 무력화시킬 수 있기 때문에 잠재력은 크다고 한다. 주빈은 새로운 상황 아래에서 미국의 달러 패권이 향후에도 장기간에 걸쳐 계속될 것인지 여부를 판가름하는 열쇠는 인도 등 제3국이 새로운 결제 시스템에 참가할 것인지 여부가 될 것으로 보고 있다.

일본 정부의 재무관(財務官)[15]을 역임했던 와타나베 히로시(渡邊博史) 국제통화연구소(國際通貨硏究所) 이사장도 "미국의 금융제재가 달러의 지위를 장래 동요하게 만들지 않겠는가"라고 보고 있다. '달러로부터의 이탈'이 진행되는 몇 가지의 요인 중의 하나로서 미국이 달러 결제를 금지하는 금융제재의 다발(多發)은 외국 기업에게 달러를 사용하지 않는 결제를 하도록 촉진하게 될 것으로 예상하고 있다. "비(非)미국의 금

Richard Nephew, Stephen Rademaker, Frederick Reynolds, Elizabeth Rosenberg(Principal Co-Author), Daleep Singh, Julianne Smith, Adam Szubin(Co-Chair), Juan Zarate, and Rachel Ziemba, *Maintaining America's Coercive Economic Strength: Five Trends to Watch in U.S. Sanctions, A Report from Select Members of the CNAS Task Force on the Future of U.S. Sanctions* (Center for a New American Security, March 2019).

15 영어로는 Vice Minister of Finance for International Affairs로 표기되며, 일본 재무성의 차관급 포스트(post)이다.

융기관이 자국 통화를 '무기'로 삼아 달러 이외의 결제를 확대하는 것을 핵심 업무로 진행하게 되는 것은 상정할 수 없는 일이 아니다. 이것은 어떤 의미에서 달러의 완만한 쇠퇴 기조를 가속화시킬 가능성도 있다"라는 그의 분석은 설득력을 갖고 있다.

부시 정권 시기에 재무부에서 북한에 대한 금융제재의 구도를 그려냈던 후안 자라테(Juan Zarate)는 현재 미국의 금융 파워를 침식하고 있는 것으로서 ① 가상통화 및 새로운 틀을 통해 기존의 미국 뉴욕을 중심으로 하는 금융 시스템을 사용하지 않으려는 움직임이 나타나고 있는 것, ② '불량배 국가' 등이 한통속이 되어 미국의 금융 압력을 회피하고 있는 것, ③ 미국의 금융 파워를 혐오하는 세력이 기축통화 달러의 약화를 도모하고 있는 것 등을 들었다.

자라테는 "2008년의 '리먼 쇼크' 이래, 달러의 신인도(信認度)가 흔들리고 국제 통화 시스템의 재편을 향해 나아가고 있다", "달러에 대한 의존을 줄이기 위해 몇 가지의 통화를 사용하는 무역 계약으로 이행하고 있는 중이다"라고 언급했다. 각국에서 확대되고 있는 달러가 아닌 통화를 사용하는 것을 통한 무역의 합의, '국제은행간통신협회(SWIFT)'를 대체하는 결제 시스템이 그 사례로 거론된다.

미국의 요청을 받고 SWIFT는 이미 이란 및 북한과 관련된 송금 통신 서비스를 정지했다. 조지워싱턴대학 교수 헨리 파렐(Henry Farrell)과 조지타운대학 교수 에이브러햄 뉴먼(Abraham Newman)은 2018년 11월에 공동으로 미국 신문에 기고를 했는데,[16] 특히 이란을 SWIFT로

---

16 Henry Farrell and Abraham Newman, "The Wrong Way to Punish Iran", *The New York Times* (November 1, 2018).

부터 배제하는 결정에 대해 반론을 제기하며 유럽 등 이란과 무역을 계속하고자 하는 국가들은 SWIFT를 통하지 않는 결제 시스템을 만들게 될 것이므로, 전 세계 국가들이 참가하는 것을 통해 그 강력함을 확보해왔던 미국의 금융 시스템이 약화될 것이라고 지적했다. 그리고 "그 결과, 달러의 패권도 상실되어갈 것이다"라고 논했다.

금융제재는 부메랑처럼 미국에 재난을 가져온다. 제재를 다발(多發)한다면 제재에서 벗어나기 위해 비(非)달러 결제 시스템이 고안되며, 그 결과 금융제재는 효과를 거두지 못하게 되고 궁극적으로는 달러가 힘을 잃게 된다. 처음부터 달러 '기축 체제'를 파괴한다는 장대한 목표 등은 들어가 있지 않았을 것이다. 제재 회피의 시도가 부차적인 효과로서 달러 '기축 체제'를 훼손시키게 된다. 그렇기 때문에 제재의 발동은 신중하게 행해야 한다는 제언은 '제재' 관련 전문가들 사이에서 공통되고 있다.

'법외 특권'이 상실되는 날

영국 파운드가 기축통화의 지위를 달러에게 빼앗겼던 것은 20세기 중반의 일이었다. 그 무렵 미국의 경제 규모는 영국의 4배였다. 따라서 중국이 미국에 대해 경제 규모에서 어깨를 나란히 하는 정도로는 달러가 지닌 우위성에는 아직 변함이 없다.

세계의 무역 결제에서 중국 인민폐(RMB)가 사용되는 비중은 아직 적다. 중국은 RMB의 교환성을 제고시키고 국내외에서의 이동이 정부에 의해 규제를 받지 않으며, 아울러 그 시세가 단순하게 시장에서 결정되는 제도를 도입하지 않으면 안 된다. 그렇게 함으로써 달러와 마찬가지의 '사용하기가 편하고 좋은' 상태를 RMB가 확보하게 되지만, 공산당 정권이 그것에 나설 용기는 아직 없는 것으로 여겨진다.

유로에 대해서는 유럽연합으로부터의 영국의 이탈[17]로 대표되는 EU의 구심력 저하와 경제 정체에 의해, 달러를 추월하는 것은 상정할 수 없다. 세계의 금융 센터인 런던도 영국의 EU 이탈로 권위가 저하될 것으로 전망된다.

그것에 비하면, 달러는 사용하기가 편하고 전 세계의 국가들이 무역 결제 및 준비 자산으로서 사용하고 있다는 '선행(先行)의 강점'이 있다. 탁월한 금융 시스템을 지니고 있어, 전 세계의 경제 활동이 그 금융 시스템을 향수해왔다. 그리고 압도적인 군사력이 통화를 수호해왔다.

그러나 전 재무장관 제이콥 루, 전 재무관 와타나베 히로시가 말하고 있는 바와 같이, 미국의 금융 시스템을 통하게 될 경우 제재가 부과된다고 하는 상황은 달러의 강점에 해당하는 '사용하기 편하고 좋다는 것'을 훼손시키는 부작용을 야기한다. 외국의 금융기관이 미국을 회피하는 움직임이 조금씩 시작되고 있는 것이다.

게다가 트럼프 정권이 달러 '기축 체제'의 장래를 불길하게 만들고 있다. 미국제일주의가 미국 경제를 고립시키고 달러 '기축 체제'의 기반인 미국의 세계에 대한 관여가 결여되는 현실이 있다. '환태평양경제동반자협정(TPP)' 이탈 등 자유무역으로부터의 철수는 미국이 세계와의 통상에 등을 돌리고 있다는 증거이다.

금융 정책에 있어서도 제롬 파월(Jerome Powell) 연방준비제도이사회 의장에게 압력을 가하며 저금리를 유도하며, 중국과의 무역전쟁을

---

17 일명 '브렉시트(Brexit)'로 일컬어진다.

위해서 약한 달러의 지속을 노골적으로 말하고 있는 트럼프 정권의 단락적(短絡的)인 방법은 미국과 달러에 대한 신인도를 동요시키고 있다.

달러는 원유 거래의 통화로서 그 패권을 밑받침해왔는데, 셰일 혁명으로 에너지에 대한 미국의 중동 의존도는 극단적으로 저하되었다. 그러한 측면도 있어 달러를 대신하여 원유의 거래 통화로서 유로 및 인민폐(RMB)가 서서히 확대되고 있다. 트럼프는 중동에 대한 에너지 의존의 저하에 맞추어, 중동으로부터의 미군 철수도 개시했다. 미국의 내향적인 경향도 함께 고려해보면, 이러한 흐름은 트럼프 정권 이후에도 변하지 않을 것으로 보인다. 이것은 파운드의 추락이 결정적이 되었던 1960년대 말에 영국이 중동에서의 군사력 전개를 계속 유지하지 않고 철수했던 역사를 방불케 한다.

트럼프는 북대서양조약기구(NATO) 및 미일 동맹에 대해서도 거침없이 불신감을 표명하고 있다. 동맹국 터키에 대한 징벌적인 정책은 터키를 러시아 측으로 향하도록 내몰고 있으며, 미국의 패권에 있어서 중요한 수단인 NATO를 약체화시켰다. 달러 기축통화 체제를 밑받침해왔던 미군의 글로벌 차원에서의 전개에도 의문부호가 붙고 있다.

미국이 기축통화를 장악했던 것을 프랑스의 대통령 지스카르 데스탱(Giscard d'Estaing)은 "미국은 법외 특권을 획득했다"라고 말한 적이 있다. 기축통화를 장악했기 때문에 미국은 적자를 신경 쓰지 않고 세계 최강의 군대를 보유하며 핵미사일 등의 군비확대를 추진하고 한국전쟁, 베트남전쟁, 이라크전쟁을 수행했으며 초강대국의 지위를 계속 유지해왔다.

그러나 세계와 미국에서 일어나고 있는 일들을 살펴보면, 미국의 패권이 후퇴하고 있다는 것은 부정할 수 없다. 그리고 미국의 '법외 특권'

을 시기하며 유럽 및 중국, 러시아는 금융제재의 난발 사태를 좋은 기회로 파악하고 달러를 대신하는 결제 시스템을 구축하여 달러 '패권 체제'를 훼손시키는 전략적인 노림수를 갖고 움직이고 있는 것처럼 보인다.

달러라는 기축통화는 향후 어떻게 될 것인가? 달러와 미국 금융 시스템을 회피하는 움직임은 어느 정도로까지 확대될 것인가? 그것을 방지하기 위해서 미국은 동맹국 및 우호국을 포함하는 '국제 협조 체제'를 재구축할 수밖에 없지만, 현재 미국이 취하고 있는 정책은 그것의 정반대인 것이다.

패권의 행방

필자가 미국을 관찰하기 시작한 지도 30년이 되어가고 있는데, 미국이 지닌 파워의 원천은 무엇인가에 대해 언제나 생각하게 된다. 그리고 그 힘의 원천에 대해 기세가 좋은가, 아니면 위축되어 버렸는가를 계속 관찰해오고 있다.

미국이 보유한 파워의 원천으로서 곧바로 머리에 떠오르는 것은 실패를 두려워하지 않고 새로운 것에 도전하는 미국인의 살아가는 모습이다.

수많은 첨단 기술을 개발하고 기업가를 배출해낸 정신은 자유롭고 이단적(異端的)인 발상을 중시하는 미국인의 기질에서 유래한다. 황량한 대지에 입식(入植) 국가를 만들고 축적해온 수 대(代)에나 걸친 체험의 응축이 천진난만해 보일 정도로 성공을 확신하는 기질을 만들어낸 것으로 여겨진다.

IT에서 록 음악까지 그 원동력이 되었던 것도 자유와 이단에 대해 고집하는 발상에 의해서였을 것이다. 그것은 미국이 지닌 강함의 핵심이자, 최후의 보루이다.

다음으로 제도로서 조직된 미국의 강함이 생각에 떠오른다. 그것은 견제와 균형(check and balance)이라는 용어가 상징하는 정치 제도도 그러하며, 자의를 버리고 법에 따라 해결하고자 하는 틀도 그러하다고 할 수 있다. 물론 시간이 걸리고 오류도 많다. 하지만 최후에는 정해(正解)에 도달하는 것이 상정되고 있다. 법의 정신을 이상(理想)으로 삼고 있는 것이다.

최근에는 이러한 제도의 동요가 현저하다. 정치가 가져온 국가의 분단은 미국의 일체성을 침식하고 있으며, 뿌리 깊은 증오와 격차가 국민으로서의 일체성을 훼손시키고 있다. '다수파의 압정(壓政)'이라고도 불릴 수 있는 포퓰리즘이 기조가 되어버린 것처럼 보인다. 이익단체가 삼권(三權)을 전복시키고 법의 정신도 크게 의심받고 있다. 본질적인 부분에서 미국의 강함이 상실되고 있다고 생각하지 않을 수 없다.

미국의 강함을 구성하는 불가결한 요소라고 일컬어지면서도 현재 동요가 두드러지고 있는 것은 군사력과 외교이다.

미국의 군사력이 확실히 세계 제일이라는 것은 틀림없다. 하지만 미국의 군사력은 평화를 유지하기 위한 좋은 의미에서의 '세계의 경찰관'의 역할을 포기해버렸다. 현저한 '내향적 지향'이 세계와의 관여를 회피하게 만들고, 그 결과 미국의 군사력은 '종이호랑이'가 되고 있다.

'군사력은 사용하지 않는다'라는 트럼프의 자세는 외교로 문제를 해결한다고 하는 올바른 선택이다. 하지만 외교의 핵심에 대해서 논하자면 최대한 손쉬운 거래를 통해 분쟁을 당분간 뒤로 미루고자 하는 것이다. '싼값'을 추구하는 외교는 결코 결실을 맺을 수 없을 것이다.

애당초 미국의 대외 정책에서의 강함은 끈질긴 외교, 그리고 그것이 만일 실패하면 군사력의 출동이라는 강력한 실시(commitment)를 하는 것이다. 하지만 외교는 물론이고, 군사력에 대해서도 세계로 전개하기 위한 비용에의 혐오감을 트럼프가 노골적으로 보이고 있다. 따라서 미국의 파워는 축소되지 않을 수 없다. 그렇다면 금융은 어떠할까? 기축통화 달러와 미국의 금융 시스템은 장기간 미국의 세계 지배를 밑받침해왔다. 금융제재를 동원하여 상대국이 태도를 변경하도록 압박을 받게 되는 것도 달러와 금융 시스템의 탁월한 힘이 있기 때문이다.

하지만 '싼값'의 대외 정책이 주류가 되는 가운데, 금융제재에의 의존이 급속하게 높아지고 있다. 그것은 이 책에서 밝히고 있는 바와 같이, 역설적이게도 달러와 금융의 힘을 삭감시키는 것으로 귀결될 가능성이 있다.

세계의 행방을 장기적으로 본다면 정치, 안전보장, 경제, 금융 등의 모든 영역에서 내향적인 미국을 배제시키고 유라시아 대륙이 힘을 얻어 독자적인 권역을 만들며, 결국 미국을 능가하는 분류(奔流)가 되는 사태를 예상하지 않을 수 없다.

이것저것 생각해보면서 필자는 오늘날 미국에게 있어서 결여되어 있는 것은 국제 사회를 이끌어나갈 지도력과 책임감이라는 결론에 이르게 되었다. 지금 이 순간에 세계가 안고 있는 어려운 문제에 등을 돌리고 있는 '미국제일(America First)'은 미국인에게 소극성, 체념을 심어주고 있으며 미국이 지닌 강함의 보루인 성공을 확신하는 기질을 또한 침식시키게 될 것으로 여겨진다. 그렇게 된다면, 그것은 미국 패권의 쇠퇴에 해당할 뿐만 아니라, 미국의 종언이라고 할 수 있을 것이다.

혹은 미국은 지금 일시적인 혼미 속에 있을 뿐, 다시 성공을 확신하는 새로운 과제를 향해 도전하는 국가로서 부활할 수 있을까? 필자는 그러한 의문과 기대를 간직하며 이 책의 집필을 마무리하게 되었다.

이 책에는 국제법에 관한 기술이 많다. 대학 시절에 국제법이 무엇인지를 가르쳐주셨던 고(故) 미나가와 다케시(皆川洸) 교수님의 학은(學恩)에 마음으로부터 감사의 말씀을 전해드리고자 한다. 이와나미쇼텐(岩波書店)의 기요미야 미치코(清宮美稚子) 씨의 협력이 없었다면 이 책은 세상에 나올 수 없었을 것이다. 마지막으로 나의 인생에 의미를 부여해주고 있는 나의 처 마유미(麻由美)에게 감사의 말을 전해주고자 한다.

옮긴이 후기

　현재의 미국 외교는 경제제재, 특히 '달러 패권'을 배경으로 하는 금융제재를 제외하고 논할 수 없는 상황에 있습니다. 이러한 흐름 속에서 이 책은 '왜 미국은 이와 같은 경제제재·금융제재를 다용(多用) 혹은 남용(濫用)하게 되었는가', 그리고 '그것이 세계는 물론 미국 자신에게 무엇을 가져오고 있으며 앞으로 어떠한 파급 효과를 미치게 될 것인가'를 거시적인 시각에서 구체적이며 다양한 사례와 전략적인 독해를 통해 자세하게 분석하며 밝히고 있습니다.

　미국 의회조사국(CRS)의 최근 보고서에 의하면, "경제제재의 효율성은 외교정책과 국가안보의 도구로서 핵심적인 고려 대상이 될 것"이라고 전망하면서도, 핵심적인 것은 "전체적인 미국 외교정책과 국가안보 이익의 균형을 잡기 위한 방법을 찾아내는 것"이라고 말하고 있습니다.[1] 또한 "다양한 수단을 활용하는 더욱 광범위한 전략적 비전(stra-

---

1　Congressional Research Service(CRS), *North Korea: Legislative Basis for U.S. Economic Sanctions* (updated March 9, 2020), p.26.

tegic vision)의 일부"로서 기능할 수는 있겠지만, 경제제재를 포함한 "제재(sanctions)만으로는 정책(policy)을 대체할 수 없다"는 견해도 있습니다.[2]

예를 들면, 미국의 대(對)러시아 제재가 그 경제적 영향에 있어서 러시아의 정책 변경을 충분히 이끌어내지 못하고, 도리어 의도하지 않게도 러시아 정부를 향한 러시아 국민의 지지를 더욱 강화시킬 수 있다는 분석도 이루어지고 있습니다.[3] 아울러 미국의 제재 외교는 국내 정치에 있어서의 정파적(政派的) 속성을 완전히 배제할 수 없기 때문에 다양한 행위자(이익상관자)들을 속박할 수밖에 없고, 이에 따라 사안별로 미국 안팎으로부터의 저항과 반발을 초래할 여지가 상존하고 있습니다.[4] 그것은 미국의 제재 외교가 중소 국가(中小國家)의 기존 행태를 변화시키거나 체제 전환을 실현하지 못하고 있다는 주장과도 일맥상통합니다.[5]

한편 2020년 10월 26일 일본 경제산업연구소(經濟産業硏究所, RIETI)에서 개최된 웨비나(webinar)에서 이 책의 저자는 △ 미국의 경제제재

2 *Chinese and Russian Influence in the Middle East*, hearing before the Subcommittee on the Middle East, North Africa, and International Terrorism of the Committee on Foreign Affairs, House of Representatives (May 9, 2019)(Washington, D.C.: U.S. Government Printing Office, 2019), p.42.

3 Congressional Research Service, *U.S. Sanctions on Russia* (updated January 17, 2020), p.2.

4 內記香子, 「國際法學との對話」, 大矢根聰 編, 『コンストラクテイヴィズムの國際關係論』(有斐閣, 2013), p.253.

5 進藤榮一·木村朗 共編, 『中國·北朝鮮威脅論を超えて』(耕文社, 2017), pp.312~313.

가 반영구화됨에 따라 소기의 목적이 실현되지 못하고 있으며, △ 미국 정권(행정부) 이외의 행위자(의회 등)에 의한 관여 및 감시로 인해 경제 제재의 해제가 사실상 어렵고, △ 경제제재를 적용받는 국가의 무고한 시민들이 커다란 희생을 강제 받고 있으며, △ 증거가 없거나 명확하지 않은 상태에서 누명을 쓰고 경제제재를 당하는 사람이 존재하고, △ 경제제재의 목적이 명확하지 않아 설득력이 떨어지며, △ 경제제재의 해제를 위해 어떠한 조건을 충족해야 되는지도 명확하지 않고, △ 이익을 극대화하려는 미국 국내의 일부 세력에 의해 경제제재가 자의적으로 발동될 수 있으며, △ 경제제재에 과도하게 의존하게 될 경우 미국의 외교가 왜곡되거나 희박해지고, △ 선제적 디리스킹(de-risking) 조치로 인해 미국 및 미국인과의 정상적인 교역 또는 거래를 회피하는 경우가 발생할 수 있다고 지적하고 있습니다.

이를 테면, 제재 외교의 남발로 인해 미국이 경제, 외교, 군사 등의 측면에서 현저하게 고립화되고 국제적으로 외면을 당하며 더욱 내향적이 될 수 있다는 것입니다. '미국제일주의' 및 '미국예외주의'에 기초한 미국의 제재 외교는 "상대적인 '미국의 쇠퇴'를 솔직하게 반영한 것이었다고 할 수 있다. 그리고 더욱 인상적인 것은 여기에서는 미국 민주주의의 시선이 현저하게 내향적이 되고 있으며, 그 시야가 현저하게 줄어들고 있다"는 의견도 제기되고 있습니다.[6] 아울러 그것은 미국에 대한 '신뢰'와 미국의 '영향력'이 줄어들고 있다는 조 바이든(Joe Biden) 전(前) 부통령의 솔직한 고백과, 미국이 '무질서한 존재'로 전락했다는 로

---

6 古矢旬, 『グローバル時代のアメリカ: 冷戰時代から21世紀』(岩波書店, 2020), p.314.

버트 게이츠(Robert Gates) 전 국방장관의 언급에 의해서도 밑받침되고 있습니다.[7]

토머스 페인(Thomas Paine)은 『상식(Common Sense)』(1776) 중에서 영국의 통치 아래에서 미국인들이 영국으로부터 보호를 받는 것을 자랑스럽게 생각하고 있지만, "그 동기가 (우리에 대한) 애착(attachment)에 있는 것이 아니라 이익(interest)에 있다는 것을 생각하지 못했고, 그들이 우리의 적(敵)으로부터 우리를 보호했던 것이 아니라 그들의 적으로부터 그렇게 했다는 것을 생각하지 못했다"라고 논하고 있습니다. 페인의 말은 역지사지의 관점에서 다시 살펴볼 만한 가치가 있습니다. 미국 100달러 지폐에 등장하는 벤자민 프랭클린(Benjamin Franklin)은 "사랑 받고 싶다면 사랑하라, 그리고 사랑스럽게 행동하라(If you would be loved, love and be lovable)"라는 격언을 망각해서는 안 될 또 하나의 상식으로서 후대의 미국인들에게 각별히 남긴 바 있습니다.

이러한 맥락에서 미국에서 장기간 특파원 생활을 했을 뿐만 아니라 러시아와 이란 등에서도 언론 취재를 해왔던 저명한 저널리스트가 집필한 이 책은 '미국의 제재 외교'의 역사, 행태, 쟁점 및 파급 효과를 통시적으로 살펴보고 공시적으로 전망하는 데 있어서 매우 유용합니다. 또한 이 책을 통해 '미국의 제재 외교'에 대한 구미와 일본에서의 논의

---

7 Joseph R. Biden, Jr. "Why America Must Lead Again: Rescuing U.S. Foreign Policy After Trump", *Foreign Affairs*, Vol.99, No.2(March/April 2020), pp.64~76; Robert Gates, *Exercise of Power: American Failures, Successes, and a New Path Forward in the Post-Cold War World* (Knopf Doubleday Publishing Group, 2020).

와 연구 흐름을 학술적 차원에서 전반적으로 파악할 수 있을 뿐만 아니라, 정책적 측면에서의 분석과 평가도 심도 있게 이해할 수 있습니다. 특히 최근 들어 갈수록 복잡한 양상을 드러내고 있는 미중 관계와 미러 관계의 흐름 속에서 '미국의 제재 외교'의 과거를 이해하고 아울러 그 현황을 파악하며 그 미래를 제대로 가늠하는 것의 중요성은 아무리 강조해도 지나침이 없을 것입니다.

이번에 이 책을 번역하면서 세 가지 측면을 중시했습니다. 첫째, 일반 독자들이 쉽게 이해할 수 있도록 생소한 인명과 지명에는 영어를 병기하여 정확성을 추구했습니다. 둘째, 이 책의 주(註)는 모두 옮긴이가 붙인 것으로, 본문의 내용 중에서 설명이 필요한 항목에 추가되었습니다. 셋째, 본문에서 언급되고 있는 인물 및 항목에 대해 부연 설명(敷衍說明)이 필요한 경우로 독자들의 이해를 돕고자 부기(附記)했습니다.

코로나19(COVID-19)의 발발이라는 전대미문의 상황 속에서도 이 책이 세상에 나올 수 있도록 물심양면 지원해주신 한울엠플러스(주)의 김종수 사장님, 그리고 출간을 위한 제반 작업에 힘써주신 모든 분들에게 진심으로 감사의 말씀을 전합니다. 모쪼록 이 책을 통해 독자들이 '미국의 제재 외교'의 과거와 현재를 입체적으로 이해하고 향후 발전궤적과 방향을 심층적으로 파악함으로써, 인류 전체의 번영에 이바지하고 세계 전체의 이익에 기여하는 미래의 역동적인 '한반도 시대'를 거시적으로 조망하고 적극 대비하는 데 조금이라도 도움이 될 수 있기를 진심으로 바랍니다.

2020년 12월
이용빈

지은이

스기타 히로키(杉田弘毅)

- 히토쓰바시대학(一橋大學) 법학부 졸업(1980)
- 교도통신사(共同通信社) 입사. 옛 소련 및 중동 특파원으로 장기간 활약
- 교도통신 뉴욕 특파원, 워싱턴 특파원, 워싱턴 지국장, 외신부 차장,
  편집위원 겸 논설위원(2010), 편집위원실장(2013), 논설위원장(2016) 등 역임
- 일본기자클럽 기획위원, 언론NPO '도쿄·베이징 포럼' 실행위원,
  와세다대학(早稻田大學) 아시아태평양연구센터 특별연구원 등 역임
- 현재 교도통신 특별편집위원
- 주요 저서: 『검증 비핵의 선택: 핵의 현장을 추적하다(検証非核の選択: 核の現場を追う)』
  (2005), 『미국은 왜 변화하는가(アメリカはなぜ変われるのか)』(2009), 『입
  문 트럼프 정권(入門トランプ政権)』(감수, 2016), 『포스트 글로벌 시대의 지
  정학('ポスト·グローバル時代'の地政學)』(2017) 외

옮긴이

이용빈

- 인도 국방연구원(IDSA) 객원연구원 역임
- 미국 하버드대학 HPAIR 연례학술회의 참석(외교 분과)
- 이스라엘 크네세트(국회), 미국 국무부, 미국 해군사관학교 초청 방문
- 이스라엘 히브리대학, 미국 하와이대학 동서문제연구원(EWC) 학술 방문
- 중국 '시진핑 모델(習近平模式)' 전문가위원회 위원(2014.11~)
- 홍콩국제문제연구소 연구원
- 저서: *East by Mid-East* (공저, 2013) 외
- 역서: 『슈퍼리치 패밀리: 로스차일드 250년 부의 비밀』(2011), 『시리아: 아사드 정권의
  40년사』(2012), 『러시아의 논리』(2013), 『이란과 미국』(2014), 『북한과 중국』
  (공역, 2014), 『중난하이: 중국 정치와 권력의 심장부』(2016), 『이슬람의 비극』
  (2017), 『푸틴과 G8의 종언』(2019), 『미국과 중국』(근간) 외

미국의 제재 외교

피 흘리지 않는 전쟁, 그 위력과 어두운 이면

지은이 **스기타 히로키** ㅣ 옮긴이 **이용빈**

펴낸이 **김종수** ㅣ 펴낸곳 **한울엠플러스(주)** ㅣ 편집책임 **배소영**

초판 1쇄 인쇄 2021년 1월 5일 ㅣ 초판 1쇄 발행 2021년 1월 15일

주소 10881 경기도 파주시 광인사길 153 한울시소빌딩 3층

전화 031-955-0655 ㅣ 팩스 031-955-0656 ㅣ 홈페이지 www.hanulmplus.kr

등록번호 제406-2015-000143호

ISBN 978-89-460-8003-4 03340

Printed in Korea.